HEBREO

VOCABULARIO

PALABRAS MÁS USADAS

ESPAÑOL-HEBREO

Las palabras más útiles
Para expandir su vocabulario y refinar sus habilidades lingüísticas

7000 palabras

Vocabulario Español-Hebreo - 7000 palabras más usadas
por Andrey Taranov

Los vocabularios de T&P Books buscan ayudar en el aprendizaje, la memorización y la revisión de palabras de idiomas extranjeros. El diccionario se divide por temas, cubriendo toda la esfera de las actividades cotidianas, de negocios, ciencias, cultura, etc.

El proceso de aprendizaje de palabras utilizando los diccionarios temáticos de T&P Books le proporcionará a usted las siguientes ventajas:

- La información del idioma secundario está organizada claramente y predetermina el éxito para las etapas subsiguientes en la memorización de palabras.
- Las palabras derivadas de la misma raíz se agrupan, lo cual permite la memorización de grupos de palabras en vez de palabras aisladas.
- Las unidades pequeñas de palabras facilitan el proceso de reconocimiento de enlaces de asociación que se necesitan para la cohesión del vocabulario.
- De este modo, se puede estimar el número de palabras aprendidas y así también el nivel de conocimiento del idioma.

T&P Books Publishing
www.tpbooks.com

ISBN: 978-1-78716-421-5

Este libro está disponible en formato electrónico o de E-Book también.
Visite www.tpbooks.com o las librerías electrónicas más destacadas en la Red.

VOCABULARIO HEBREO
palabras más usadas

Los vocabularios de T&P Books buscan ayudar al aprendiz a aprender, memorizar y repasar palabras de idiomas extranjeros. Los vocabularios contienen más de 7000 palabras comúnmente usadas y organizadas de manera temática.

- El vocabulario contiene las palabras corrientes más usadas.
- Se recomienda como ayuda adicional a cualquier curso de idiomas.
- Capta las necesidades de aprendices de nivel principiante y avanzado.
- Es conveniente para uso cotidiano, prácticas de revisión y actividades de auto-evaluación.
- Facilita la evaluación del vocabulario.

Aspectos claves del vocabulario

- Las palabras se organizan según el significado, no según el orden alfabético.
- Las palabras se presentan en tres columnas para facilitar los procesos de repaso y auto-evaluación.
- Los grupos de palabras se dividen en pequeñas secciones para facilitar el proceso de aprendizaje.
- El vocabulario ofrece una transcripción sencilla y conveniente de cada palabra extranjera.

El vocabulario contiene 198 temas que incluyen lo siguiente:

Conceptos básicos, números, colores, meses, estaciones, unidades de medidas, ropa y accesorios, comida y nutrición, restaurantes, familia nuclear, familia extendida, características de personalidad, sentimientos, emociones, enfermedades, la ciudad y el pueblo, exploración del paisaje, compras, finanzas, la casa, el hogar, la oficina, el trabajo en oficina, importación y exportación, promociones, búsqueda de trabajo, deportes, educación, computación, la red, herramientas, la naturaleza, los países, las nacionalidades y más ...

TABLA DE CONTENIDO

GUÍA DE PRONUNCIACIÓN

El nombre de la letra	La letra	Ejemplo hebreo	T&P alfabeto fonético	Ejemplo español
Alef	א	אריה	[ɑ], [ɑ:]	altura
	א	אחד	[ɛ], [ɛ:]	buceo
	א	מְאָה	['] (hamza)	oclusiva glotal sorda
Bet	ב	בית	[b]	en barco
Guímel	ג	גמל	[g]	jugada
Guímel+geresh	ג'	ג'ונגל	[ʤ]	jazz
Dálet	ד	דג	[d]	desierto
Hei	ה	הר	[h]	registro
Vav	ו	וסת	[v]	travieso
Zayn	ז	זאב	[z]	desde
Zayn+geresh	ז'	ז'ורנָל	[ʒ]	adyacente
Jet	ח	חוט	[x]	reloj
Tet	ט	טוב	[t]	torre
Yod	י	יום	[j]	asiento
Kaf	ך כ	כריש	[k]	charco
Lámed	ל	לחם	[l]	lira
Mem	ם מ	מלך	[m]	nombre
Nun	ן נ	נר	[n]	número
Sámaj	ס	סוס	[s]	salva
Ayin	ע	עין	[ɑ], [ɑ:]	altura
	ע	תְשעִים	['] (ayn)	fricativa faríngea sonora
Pei	ף פ	פיל	[p]	precio
Tzadi	ץ צ	צעצוע	[ʦ]	tsunami
Tzadi+geresh	צ'ץ'	צָ'ק	[ʧ]	mapache
Qof	ק	קוף	[k]	charco
Resh	ר	רכבת	[r]	R francesa (gutural)
Shin	ש	שלחן, עָשׂרִים	[s], [ʃ]	salva, shopping
Taf	ת	תפוז	[t]	torre

ABREVIATURAS
usadas en el vocabulario

Abreviatura en español

adj	-	adjetivo
adv	-	adverbio
anim.	-	animado
conj	-	conjunción
etc.	-	etcétera
f	-	sustantivo femenino
f pl	-	femenino plural
fam.	-	uso familiar
fem.	-	femenino
form.	-	uso formal
inanim.	-	inanimado
innum.	-	innumerable
m	-	sustantivo masculino
m pl	-	masculino plural
m, f	-	masculino, femenino
masc.	-	masculino
mat	-	matemáticas
mil.	-	militar
num.	-	numerable
p.ej.	-	por ejemplo
pl	-	plural
pron	-	pronombre
sg	-	singular
v aux	-	verbo auxiliar
vi	-	verbo intransitivo
vi, vt	-	verbo intransitivo, verbo transitivo
vr	-	verbo reflexivo
vt	-	verbo transitivo

Abreviatura en hebreo

ז	-	masculino
ז"ר	-	masculino plural
ז, נ	-	masculino, femenino
נ	-	femenino
נ"ר	-	femenino plural

CONCEPTOS BÁSICOS

Conceptos básicos. Unidad 1

1. Los pronombres

yo	ani	אֲנִי (ז, נ)
tú (masc.)	ata	אַתָּה (ז)
tú (fem.)	at	אַתְּ (נ)
él	hu	הוּא (ז)
ella	hi	הִיא (נ)
nosotros, -as	a'naχnu	אֲנַחנוּ (ז, נ)
vosotros	atem	אַתֶּם (ז"ר)
vosotras	aten	אַתֶּן (נ"ר)
Usted	ata, at	אַתָּה (ז), אַתְּ (נ)
Ustedes	atem, aten	אַתֶּם (ז"ר), אַתֶּן (נ"ר)
ellos	hem	הֵם (ז"ר)
ellas	hen	הֵן (נ"ר)

2. Saludos. Salutaciones. Despedidas

¡Hola! (fam.)	ʃalom!	שָׁלוֹם!
¡Hola! (form.)	ʃalom!	שָׁלוֹם!
¡Buenos días!	'boker tov!	בּוֹקֶר טוֹב!
¡Buenas tardes!	tsaha'rayim tovim!	צָהֳרַיִים טוֹבִים!
¡Buenas noches!	'erev tov!	עֶרֶב טוֹב!
decir hola	lomar ʃalom	לוֹמַר שָׁלוֹם
¡Hola! (a un amigo)	hai!	הַיי!
saludo (m)	ahlan	אַהלַן
saludar (vt)	lomar ʃalom	לוֹמַר שָׁלוֹם
¿Cómo estáis?	ma ʃlomeχ?, ma ʃlomχa?	מַה שלוֹמֵך? (נ), מַה שלוֹמךָ? (ז)
¿Cómo estás?	ma niʃma?	מַה נִשמָע?
¿Qué hay de nuevo?	ma χadaʃ?	מַה חָדָש?
¡Hasta la vista! (form.)	lehitra'ot!	לְהִתרָאוֹת!
¡Hasta la vista! (fam.)	bai!	בַּיי!
¡Hasta pronto!	lehitra'ot bekarov!	לְהִתרָאוֹת בְּקָרוֹב!
¡Adiós!	lehitra'ot!	לְהִתרָאוֹת!
despedirse (vr)	lomar lehitra'ot	לוֹמַר לְהִתרָאוֹת
¡Hasta luego!	bai!	בַּיי!
¡Gracias!	toda!	תוֹדָה!
¡Muchas gracias!	toda raba!	תוֹדָה רַבָּה!
De nada	bevakaʃa	בְּבַקָשָׁה

No hay de qué	al lo davar	עַל לֹא דָבָר
De nada	ein beʿad ma	אֵין בְּעַד מָה
¡Disculpa! ¡Disculpe!	sliχa!	סלִיחָה!
disculpar (vt)	lis'loaχ	לִסלוֹחַ
disculparse (vr)	lehitnaʦel	לְהִתנַצֵל
Mis disculpas	ani mitnaʦel, ani mitna'ʦelet	אֲנִי מִתנַצֵל (ז), אֲנִי מִתנַצֶלֶת (נ)
¡Perdóneme!	ani miʦtaʿer, ani miʦta'ʿeret	אֲנִי מִצטַעֵר (ז), אֲנִי מִצטַעֶרֶת (נ)
perdonar (vt)	lis'loaχ	לִסלוֹחַ
¡No pasa nada!	lo nora	לֹא נוֹרָא
por favor	bevakaʃa	בְּבַקָשָׁה
¡No se le olvide!	al tiʃkaχ!	אַל תִשׁכַּח! (ז)
¡Ciertamente!	'betaχ!	בֶּטַח!
¡Claro que no!	'betaχ ʃelo!	בֶּטַח שֶׁלֹא!
¡De acuerdo!	okei!	אוֹקֵיי!
¡Basta!	maspik!	מַספִּיק!

3. Números cardinales. Unidad 1

cero	'efes	אֶפֶס (ז)
uno	eχad	אֶחָד (ז)
una	aχat	אַחַת (נ)
dos	'ʃtayim	שתַיִים (נ)
tres	ʃaloʃ	שָלוֹש (נ)
cuatro	arba	אַרבַּע (נ)
cinco	χameʃ	חָמֵש (נ)
seis	ʃeʃ	שֵש (נ)
siete	'ʃeva	שֶבַע (נ)
ocho	'ʃmone	שמוֹנֶה (נ)
nueve	'teʃa	תֵשַע (נ)
diez	'eser	עֶשֶׂר (נ)
once	aχat esre	אַחַת־עֶשׂרֵה (נ)
doce	ʃteim esre	שתֵים־עֶשׂרֵה (נ)
trece	ʃloʃ esre	שלוֹש־עֶשׂרֵה (נ)
catorce	arba esre	אַרבַּע־עֶשׂרֵה (נ)
quince	χameʃ esre	חֲמֵש־עֶשׂרֵה (נ)
dieciséis	ʃeʃ esre	שֵש־עֶשׂרֵה (נ)
diecisiete	ʃva esre	שבַע־עֶשׂרֵה (נ)
dieciocho	ʃmone esre	שמוֹנֶה־עֶשׂרֵה (נ)
diecinueve	tʃa esre	תשַע־עֶשׂרֵה (נ)
veinte	esrim	עֶשׂרִים
veintiuno	esrim ve'eχad	עֶשׂרִים וְאֶחָד
veintidós	esrim u'ʃnayim	עֶשׂרִים ושנַיִים
veintitrés	esrim uʃloʃa	עֶשׂרִים ושלוֹשָה
treinta	ʃloʃim	שלוֹשִים
treinta y uno	ʃloʃim ve'eχad	שלוֹשִים וְאֶחָד

treinta y dos	ʃloʃim u'ʃnayim	שלוֹשִים ושנַיִים
treinta y tres	ʃloʃim uʃloʃa	שלוֹשִים ושלוֹשָה
cuarenta	arba'im	אַרבָּעִים
cuarenta y uno	arba'im ve'eχad	אַרבָּעִים וְאֶחָד
cuarenta y dos	arba'im u'ʃnayim	אַרבָּעִים ושנַיִים
cuarenta y tres	arba'im uʃloʃa	אַרבָּעִים ושלוֹשָה
cincuenta	χamiʃim	חֲמִישִים
cincuenta y uno	χamiʃim ve'eχad	חֲמִישִים וְאֶחָד
cincuenta y dos	χamiʃim u'ʃnayim	חֲמִישִים ושנַיִים
cincuenta y tres	χamiʃim uʃloʃa	חֲמִישִים ושלוֹשָה
sesenta	ʃiʃim	שִישִים
sesenta y uno	ʃiʃim ve'eχad	שִישִים וְאֶחָד
sesenta y dos	ʃiʃim u'ʃnayim	שִישִים ושנַיִים
sesenta y tres	ʃiʃim uʃloʃa	שִישִים ושלוֹשָה
setenta	ʃiv'im	שִבעִים
setenta y uno	ʃiv'im ve'eχad	שִבעִים וְאֶחָד
setenta y dos	ʃiv'im u'ʃnayim	שִבעִים ושנַיִים
setenta y tres	ʃiv'im uʃloʃa	שִבעִים ושלוֹשָה
ochenta	ʃmonim	שמוֹנִים
ochenta y uno	ʃmonim ve'eχad	שמוֹנִים וְאֶחָד
ochenta y dos	ʃmonim u'ʃnayim	שמוֹנִים ושנַיִים
ochenta y tres	ʃmonim uʃloʃa	שמוֹנִים ושלוֹשָה
noventa	tiʃ'im	תִשעִים
noventa y uno	tiʃ'im ve'eχad	תִשעִים וְאֶחָד
noventa y dos	tiʃ'im u'ʃayim	תִשעִים ושנַיִים
noventa y tres	tiʃ'im uʃloʃa	תִשעִים ושלוֹשָה

4. Números cardinales. Unidad 2

cien	'me'a	מֵאָה (נ)
doscientos	ma'tayim	מָאתַיִים
trescientos	ʃloʃ me'ot	שלוֹש מֵאוֹת (נ)
cuatrocientos	arba me'ot	אַרבַּע מֵאוֹת (נ)
quinientos	χameʃ me'ot	חֲמֵש מֵאוֹת (נ)
seiscientos	ʃeʃ me'ot	שֵש מֵאוֹת (נ)
setecientos	ʃva me'ot	שבַע מֵאוֹת (נ)
ochocientos	ʃmone me'ot	שמוֹנֶה מֵאוֹת (נ)
novecientos	tʃa me'ot	תשַע מֵאוֹת (נ)
mil	'elef	אֶלֶף (ז)
dos mil	al'payim	אַלפַּיִים (ז)
tres mil	'ʃloʃet alafim	שלוֹשֶת אֲלָפִים (ז)
diez mil	a'seret alafim	עֲשֶׂרֶת אֲלָפִים (ז)
cien mil	'me'a 'elef	מֵאָה אֶלֶף (ז)
millón (m)	milyon	מִיליוֹן (ז)
mil millones	milyard	מִיליַארד (ז)

5. Números. Fracciones

fracción (f)	'ʃever	שֶׁבֶר (ז)
un medio	'χetsi	חֲצִי (ז)
un tercio	ʃliʃ	שליש (ז)
un cuarto	'reva	רֶבַע (ז)
un octavo	ʃminit	שמִינִית (נ)
un décimo	asirit	עֲשִׂירִית (נ)
dos tercios	ʃnei ʃliʃim	שנֵי שלִישִים (ז)
tres cuartos	'ʃloʃet riv'ei	שלוֹשֶת רִבעֵי

6. Números. Operaciones básicas

sustracción (f)	χisur	חִיסוּר (ז)
sustraer (vt)	leχaser	לְחַסֵר
división (f)	χiluk	חִילוּק (ז)
dividir (vt)	leχalek	לְחַלֵק
adición (f)	χibur	חִיבּוּר (ז)
sumar (totalizar)	leχaber	לְחַבֵּר
adicionar (vt)	leχaber	לְחַבֵּר
multiplicación (f)	'kefel	כֶּפֶל (ז)
multiplicar (vt)	lehaχpil	לְהַכפִּיל

7. Números. Miscelánea

cifra (f)	sifra	סִפרָה (נ)
número (m) (~ cardinal)	mispar	מִספָּר (ז)
numeral (m)	ʃem mispar	שֵם מִספָּר (ז)
menos (m)	'minus	מִינוּס (ז)
más (m)	plus	פּלוּס (ז)
fórmula (f)	nusχa	נוּסחָה (נ)
cálculo (m)	χiʃuv	חִישוּב (ז)
contar (vt)	lispor	לִספּוֹר
calcular (vt)	leχaʃev	לְחַשֵב
comparar (vt)	lehaʃvot	לְהַשווֹת
¿Cuánto?	'kama?	כַּמָה?
suma (f)	sχum	סכוּם (ז)
resultado (m)	totsa'a	תוֹצָאָה (נ)
resto (m)	ʃe'erit	שְאֵרִית (נ)
algunos, algunas ...	'kama	כַּמָה
poco (adv)	ktsat	קצָת
poco (num.)	me'at	מְעַט
poco (innum.)	me'at	מְעַט
resto (m)	ʃe'ar	שְאָר (ז)
uno y medio	eχad va'χetsi	אֶחָד וָחֵצִי (ז)
docena (f)	tresar	תְרֵיסָר (ז)

en dos	'χetsi 'χetsi	חֵצִי חֵצִי
en partes iguales	ʃave beʃave	שָׁווֶה בְּשָׁווֶה
mitad (f)	'χetsi	חֵצִי (ז)
vez (f)	'pa'am	פַּעַם (נ)

8. Los verbos más importantes. Unidad 1

abrir (vt)	lif'toaχ	לִפתוֹחַ
acabar, terminar (vt)	lesayem	לְסַייֵם
aconsejar (vt)	leya'ets	לְייַעֵץ
adivinar (vt)	lenaχeʃ	לְנַחֵש
advertir (vt)	lehazhir	לְהַזהִיר
alabarse, jactarse (vr)	lehitravrev	לְהִתרַברֵב
almorzar (vi)	le'eχol aruχat tsaha'rayim	לֶאֱכוֹל אֲרוּחַת צָהֳרַיִים
alquilar (~ una casa)	liskor	לִשׂכּוֹר
amenazar (vt)	le'ayem	לְאַייֵם
arrepentirse (vr)	lehitsta'er	לְהִצטַעֵר
ayudar (vt)	la'azor	לַעֲזוֹר
bañarse (vr)	lehitraχets	לְהִתרַחֵץ
bromear (vi)	lehitba'deaχ	לְהִתבַּדֵחַ
buscar (vt)	leχapes	לְחַפֵּשׂ
caer (vi)	lipol	לִיפּוֹל
callarse (vr)	liʃtok	לִשתוֹק
cambiar (vt)	leʃanot	לְשַנוֹת
castigar, punir (vt)	leha'aniʃ	לְהַעֲנִיש
cavar (vt)	laχpor	לַחפּוֹר
cazar (vi, vt)	latsud	לָצוּד
cenar (vi)	le'eχol aruχat 'erev	לֶאֱכוֹל אֲרוּחַת עֶרֶב
cesar (vt)	lehafsik	לְהַפסִיק
coger (vt)	litfos	לִתפּוֹס
comenzar (vt)	lehatχil	לְהַתחִיל
comparar (vt)	lehaʃvot	לְהַשווֹת
comprender (vt)	lehavin	לְהָבִין
confiar (vt)	liv'toaχ	לִבטוֹחַ
confundir (vt)	lehitbalbel	לְהִתבַּלבֵּל
conocer (~ a alguien)	lehakir et	לְהַכִּיר אֶת
contar (vt) (enumerar)	lispor	לִספּוֹר
contar con …	lismoχ al	לִסמוֹך עַל
continuar (vt)	lehamʃiχ	לְהַמשִיך
controlar (vt)	liʃlot	לִשלוֹט
correr (vi)	laruts	לָרוּץ
costar (vt)	la'alot	לַעֲלוֹת
crear (vt)	litsor	לִיצוֹר

9. Los verbos más importantes. Unidad 2

dar (vt)	latet	לָתֵת
dar una pista	lirmoz	לִרמוֹז

decir (vt)	lomar	לוֹמַר
decorar (para la fiesta)	lekaʃet	לְקַשֵּׁט
defender (vt)	lehagen	לְהָגֵן
dejar caer	lehapil	לְהַפִּיל
desayunar (vi)	le'eχol aruχat 'boker	לֶאֱכוֹל אֲרוּחַת בּוֹקֶר
descender (vi)	la'redet	לָרֶדֶת
dirigir (administrar)	lenahel	לְנַהֵל
disculpar (vt)	lis'loaχ	לִסלוֹחַ
disculparse (vr)	lehitnatsel	לְהִתנַצֵּל
discutir (vt)	ladun	לָדוּן
dudar (vt)	lefakpek	לְפַקפֵּק
encontrar (hallar)	limtso	לִמצוֹא
engañar (vi, vt)	leramot	לְרַמּוֹת
entrar (vi)	lehikanes	לְהִיכָּנֵס
enviar (vt)	liʃloaχ	לִשלוֹחַ
equivocarse (vr)	lit'ot	לִטעוֹת
escoger (vt)	livχor	לִבחוֹר
esconder (vt)	lehastir	לְהַסתִיר
escribir (vt)	liχtov	לִכתוֹב
esperar (aguardar)	lehamtin	לְהַמתִין
esperar (tener esperanza)	lekavot	לְקַווֹת
estar (vi)	lihyot	לִהיוֹת
estar de acuerdo	lehaskim	לְהַסכִּים
estudiar (vt)	lilmod	לִלמוֹד
exigir (vt)	lidroʃ	לִדרוֹש
existir (vi)	lehitkayem	לְהִתקַייֵם
explicar (vt)	lehasbir	לְהַסבִּיר
faltar (a las clases)	lehaχsir	לְהַחסִיר
firmar (~ el contrato)	laχtom	לַחתוֹם
girar (~ a la izquierda)	lifnot	לִפנוֹת
gritar (vi)	lits'ok	לִצעוֹק
guardar (conservar)	liʃmor	לִשמוֹר
gustar (vi)	limtso χen be'ei'nayim	לִמצוֹא חֵן בְּעֵינַיִים
hablar (vi, vt)	ledaber	לְדַבֵּר
hacer (vt)	la'asot	לַעֲשׂוֹת
informar (vt)	leho'dia	לְהוֹדִיעַ
insistir (vi)	lehit'akeʃ	לְהִתעַקֵּש
insultar (vt)	leha'aliv	לְהַעֲלִיב
interesarse (vr)	lehit'anyen be...	לְהִתעַנייֵן בְּ...
invitar (vt)	lehazmin	לְהַזמִין
ir (a pie)	la'leχet	לָלֶכֶת
jugar (divertirse)	lesaχek	לְשַׂחֵק

10. Los verbos más importantes. Unidad 3

leer (vi, vt)	likro	לִקרוֹא
liberar (ciudad, etc.)	leʃaχrer	לְשַחרֵר

llamar (por ayuda)	likro	לִקרוֹא
llegar (vi)	leha'giʿa	לְהַגִיעַ
llorar (vi)	livkot	לִבכּוֹת
matar (vt)	laharog	לַהֲרוֹג
mencionar (vt)	lehazkir	לְהַזכִּיר
mostrar (vt)	lehar'ot	לְהַראוֹת
nadar (vi)	lisχot	לִשׂחוֹת
negarse (vr)	lesarev	לְסָרֵב
objetar (vt)	lehitnaged	לְהִתנַגֵד
observar (vt)	litspot, lehaʃkif	לִצפּוֹת, לְהַשקִיף
oír (vt)	liʃmoʿa	לִשמוֹעַ
olvidar (vt)	liʃkoaχ	לִשכּוֹחַ
orar (vi)	lehitpalel	לְהִתפַּלֵל
ordenar (mil.)	lifkod	לִפקוֹד
pagar (vi, vt)	leʃalem	לְשַלֵם
pararse (vr)	laʿatsor	לַעֲצוֹר
participar (vi)	lehiʃtatef	לְהִשתַתֵף
pedir (ayuda, etc.)	levakeʃ	לְבַקֵש
pedir (en restaurante)	lehazmin	לְהַזמִין
pensar (vi, vt)	laχʃov	לַחשוֹב
percibir (ver)	lasim lev	לָשִׂים לֵב
perdonar (vt)	lis'loaχ	לִסלוֹחַ
permitir (vt)	leharʃot	לְהַרשוֹת
pertenecer a …	lehiʃtayeχ	לְהִשתַיֵיך
planear (vt)	letaχnen	לְתַכנֵן
poder (v aux)	yaχol	יָכוֹל
poseer (vt)	lihyot 'baʿal ʃel	לִהיוֹת בַּעַל שֶל
preferir (vt)	lehaʿadif	לְהַעֲדִיף
preguntar (vt)	liʃol	לִשאוֹל
preparar (la cena)	levaʃel	לְבַשֵל
prever (vt)	laχazot	לַחֲזוֹת
probar, tentar (vt)	lenasot	לְנַסוֹת
prometer (vt)	lehav'tiaχ	לְהַבטִיחַ
pronunciar (vt)	levate	לְבַטֵא
proponer (vt)	leha'tsiʿa	לְהַצִיעַ
quebrar (vt)	liʃbor	לִשבּוֹר
quejarse (vr)	lehitlonen	לְהִתלוֹנֵן
querer (amar)	le'ehov	לֶאֱהוֹב
querer (desear)	lirtsot	לִרצוֹת

11. Los verbos más importantes. Unidad 4

recomendar (vt)	lehamlits	לְהַמלִיץ
regañar, reprender (vt)	linzof	לִנזוֹף
reírse (vr)	litsχok	לִצחוֹק
repetir (vt)	laχazor al	לַחֲזוֹר עַל

reservar (~ una mesa)	lehazmin meroʃ	לְהַזמִין מֵרֹאש
responder (vi, vt)	laʿanot	לַעֲנוֹת
robar (vt)	lignov	לִגנוֹב
saber (~ algo mas)	la'daʿat	לָדַעַת
salir (vi)	latset	לָצֵאת
salvar (vt)	lehatsil	לְהַצִיל
seguir ...	laʿakov aχarei	לַעֲקוֹב אַחֲרֵי
sentarse (vr)	lehityaʃev	לְהִתיַישֵב
ser (vi)	lihyot	לִהיוֹת
ser necesario	lehidareʃ	לְהִידָרֵש
significar (vt)	lomar	לוֹמַר
sonreír (vi)	leχayeχ	לְחַייֵך
sorprenderse (vr)	lehitpale	לְהִתפַּלֵא
subestimar (vt)	lehamʿit beʿereχ	לְהַמעִיט בְּעֶרֶך
tener (vt)	lehaχzik	לְהַחזִיק
tener hambre	lihyot raʿev	לִהיוֹת רָעֵב
tener miedo	lefaχed	לְפַחֵד
tener prisa	lemaher	לְמַהֵר
tener sed	lihyot tsame	לִהיוֹת צָמֵא
tirar, disparar (vi)	lirot	לִירוֹת
tocar (con las manos)	la'gaʿat	לָגַעַת
tomar (vt)	la'kaχat	לָקַחַת
tomar nota	lirʃom	לִרשוֹם
trabajar (vi)	laʿavod	לַעֲבוֹד
traducir (vt)	letargem	לְתַרגֵם
unir (vt)	leʾaχed	לְאַחֵד
vender (vt)	limkor	לִמכּוֹר
ver (vt)	lirʾot	לִראוֹת
volar (pájaro, avión)	laʿuf	לָעוּף

12. Los colores

color (m)	'tseva	צֶבַע (ז)
matiz (m)	gavan	גָוון (ז)
tono (m)	gavan	גָוון (ז)
arco (m) iris	'keʃet	קֶשֶת (נ)
blanco (adj)	lavan	לָבָן
negro (adj)	ʃaχor	שָחוֹר
gris (adj)	afor	אָפוֹר
verde (adj)	yarok	יָרוֹק
amarillo (adj)	tsahov	צָהוֹב
rojo (adj)	adom	אָדוֹם
azul (adj)	kaχol	כָּחוֹל
azul claro (adj)	taχol	תָכוֹל
rosa (adj)	varod	וָרוֹד
naranja (adj)	katom	כָּתוֹם

violeta (adj)	segol	סָגוֹל
marrón (adj)	χum	חוּם
dorado (adj)	zahov	זָהוֹב
argentado (adj)	kasuf	כָּסוּף
beige (adj)	beʒ	בֶּז'
crema (adj)	be'tseva krem	בְּצֶבַע קְרֶם
turquesa (adj)	turkiz	טוּרקִיז
rojo cereza (adj)	bordo	בּוֹרדוֹ
lila (adj)	segol	סָגוֹל
carmesí (adj)	patol	פָּטוֹל
claro (adj)	bahir	בָּהִיר
oscuro (adj)	kehe	כֵּהֶה
vivo (adj)	bohek	בּוֹהֵק
de color (lápiz ~)	tsivʻoni	צִבעוֹנִי
en colores (película ~)	tsivʻoni	צִבעוֹנִי
blanco y negro (adj)	ʃaχor lavan	שָחוֹר־לָבָן
unicolor (adj)	χad tsivʻi	חַד־צִבעִי
multicolor (adj)	sasgoni	סַסגוֹנִי

13. Las preguntas

¿Quién?	mi?	מִי?
¿Qué?	ma?	מָה?
¿Dónde?	'eifo?	אֵיפֹה?
¿Adónde?	le'an?	לְאָן?
¿De dónde?	me"eifo?	מֵאֵיפֹה?
¿Cuándo?	matai?	מָתַי?
¿Para qué?	'lama?	לָמָה?
¿Por qué?	ma'duʻa?	מַדוּעַ?
¿Por qué razón?	biʃvil ma?	בִּשבִיל מָה?
¿Cómo?	eiχ, keitsad?	כֵּיצַד? אֵיך?
¿Qué ...? (~ color)	'eize?	אֵיזֶה?
¿Cuál?	'eize?	אֵיזֶה?
¿A quién?	lemi?	לְמִי?
¿De quién? (~ hablan ...)	al mi?	עַל מִי?
¿De qué?	al ma?	עַל מָה?
¿Con quién?	im mi?	עִם מִי?
¿Cuánto?	'kama?	כַּמָה?
¿De quién?	ʃel mi?	שֶל מִי?

14. Las palabras útiles. Los adverbios. Unidad 1

¿Dónde?	'eifo?	אֵיפֹה?
aquí (adv)	po, kan	פֹּה, כָּאן
allí (adv)	ʃam	שָם

en alguna parte	'eifo ʃehu	אֵיפֹה שֶׁהוּא
en ninguna parte	beʃum makom	בְּשׁוּם מָקוֹם
junto a ...	leyad ...	לְיַד ...
junto a la ventana	leyad haχalon	לְיַד הַחַלוֹן
¿A dónde?	le'an?	לְאָן?
aquí (venga ~)	'hena, lekan	הֵנָה; לְכָאן
allí (vendré ~)	leʃam	לְשָׁם
de aquí (adv)	mikan	מִכָּאן
de allí (adv)	miʃam	מִשָּׁם
cerca (no lejos)	karov	קָרוֹב
lejos (adv)	raχok	רָחוֹק
cerca de ...	leyad	לְיַד
al lado (de ...)	karov	קָרוֹב
no lejos (adv)	lo raχok	לֹא רָחוֹק
izquierdo (adj)	smali	שְׂמָאלִי
a la izquierda (situado ~)	mismol	מִשְּׂמֹאל
a la izquierda (girar ~)	'smola	שׂמֹאלָה
derecho (adj)	yemani	יְמָנִי
a la derecha (situado ~)	miyamin	מִיָּמִין
a la derecha (girar)	ya'mina	יָמִינָה
delante (yo voy ~)	mika'dima	מִקָּדִימָה
delantero (adj)	kidmi	קִדמִי
adelante (movimiento)	ka'dima	קָדִימָה
detrás de ...	me'aχor	מֵאָחוֹר
desde atrás	me'aχor	מֵאָחוֹר
atrás (da un paso ~)	a'χora	אָחוֹרָה
centro (m), medio (m)	'emtsa	אֶמצַע (ז)
en medio (adv)	ba''emtsa	בָּאֶמצַע
de lado (adv)	mehatsad	מֵהַצַד
en todas partes	beχol makom	בְּכָל מָקוֹם
alrededor (adv)	misaviv	מִסָבִיב
de dentro (adv)	mibifnim	מִבִּפנִים
a alguna parte	le'an ʃehu	לְאָן שֶׁהוּא
todo derecho (adv)	yaʃar	יָשָׁר
atrás (muévelo para ~)	baχazara	בַּחֲזָרָה
de alguna parte (adv)	me'ei ʃam	מֵאֵי שָׁם
no se sabe de dónde	me'ei ʃam	מֵאֵי שָׁם
primero (adv)	reʃit	רֵאשִׁית
segundo (adv)	ʃenit	שֵׁנִית
tercero (adv)	ʃliʃit	שלִישִׁית
de súbito (adv)	pit'om	פִּתאוֹם
al principio (adv)	behatslaχa	בַּהַתחָלָה

por primera vez	lariʃona	לָרִאשוֹנָה
mucho tiempo antes …	zman rav lifnei …	זמַן רַב לִפנֵי ...
de nuevo (adv)	meχadaʃ	מֵחָדָש
para siempre (adv)	letamid	לְתָמִיד
jamás, nunca (adv)	af 'paʿam, meʿolam	מֵעוֹלָם, אַף פַּעַם
de nuevo (adv)	ʃuv	שוּב
ahora (adv)	aχʃav, kaʿet	עַכשָיו, כָּעֵת
frecuentemente (adv)	leʿitim krovot	לְעִיתִים קרוֹבוֹת
entonces (adv)	az	אָז
urgentemente (adv)	bidχifut	בִּדחִיפוּת
usualmente (adv)	be'dereχ klal	בְּדֶרֶך כּלָל
a propósito, …	'dereχ 'agav	דֶרֶך אַגַב
es probable	efʃari	אֶפשָרִי
probablemente (adv)	kanirʾe	כַּנִראֶה
tal vez	ulai	אוּלַי
además …	χuts mize …	חוּץ מִזֶה ...
por eso …	laχen	לָכֵן
a pesar de …	lamrot …	לַמרוֹת ...
gracias a …	hodot le…	הוֹדוֹת לְ...
qué (pron)	ma	מָה
que (conj)	ʃe	שֶ
algo (~ le ha pasado)	'maʃehu	מַשֶהוּ
algo (~ así)	'maʃehu	מַשֶהוּ
nada (f)	klum	כּלוּם
quien	mi	מִי
alguien (viene ~)	'miʃehu, 'miʃehi	מִישֶהוּ (ז), מִישֶהִי (נ)
alguien (¿ha llamado ~?)	'miʃehu, 'miʃehi	מִישֶהוּ (ז), מִישֶהִי (נ)
nadie	af eχad, af aχat	אַף אֶחָד (ז), אַף אַחַת (נ)
a ninguna parte	leʃum makom	לְשוּם מָקוֹם
de nadie	lo ʃayaχ leʾaf eχad	לֹא שַייָך לְאַף אֶחָד
de alguien	ʃel 'miʃehu	שֶל מִישֶהוּ
tan, tanto (adv)	kol kaχ	כָּל־כָּך
también (~ habla francés)	gam	גַם
también (p.ej. Yo ~)	gam	גַם

15. Las palabras útiles. Los adverbios. Unidad 2

¿Por qué?	ma'duʿa?	מַדוּעַ?
no se sabe porqué	miʃum ma	מִשוּם־מָה
porque …	miʃum ʃe	מִשוּם שֶ
por cualquier razón (adv)	lematara 'kolʃehi	לְמַטָרָה כָּלשֶהִי
y (p.ej. uno y medio)	ve …	וְ ...
o (p.ej. té o café)	o	אוֹ
pero (p.ej. me gusta, ~)	aval, ulam	אֲבָל, אוּלָם
para (p.ej. es para ti)	biʃvil	בִּשבִיל
demasiado (adv)	yoter midai	יוֹתֵר מִדַי
sólo, solamente (adv)	rak	רַק

exactamente (adv)	bediyuk	בְּדִיוּק
unos ..., cerca de ... (~ 10 kg)	be'ʿereχ	בְּעֵרֶך
aproximadamente	be'ʿereχ	בְּעֵרֶך
aproximado (adj)	meʃoʿar	מְשוֹעָר
casi (adv)	kimʿat	כִּמעַט
resto (m)	ʃeʾar	שְאָר (ז)
el otro (adj)	aχer	אַחֵר
otro (p.ej. el otro día)	aχer	אַחֵר
cada (adj)	kol	כֹּל
cualquier (adj)	kolʃehu	כָּלשֶהוּ
mucho (adv)	harbe	הַרבֵּה
muchos (mucha gente)	harbe	הַרבֵּה
todos	kulam	כּוּלָם
a cambio de ...	tmurat ...	תמוּרַת ...
en cambio (adv)	bitmura	בִּתמוּרָה
a mano (hecho ~)	bayad	בַּיָד
poco probable	safek im	סָפֵק אִם
probablemente	karov levadai	קָרוֹב לְוַודַאי
a propósito (adv)	'davka	דַווקָא
por accidente (adv)	bemikre	בְּמִקרֶה
muy (adv)	meʾod	מְאוֹד
por ejemplo (adv)	lemaʃal	לְמָשָל
entre (~ nosotros)	bein	בֵּין
entre (~ otras cosas)	be'kerev	בְּקֶרֶב
tanto (~ gente)	kol kaχ harbe	כָּל־כָּך הַרבֵּה
especialmente (adv)	bimyuχad	בִּמיוּחָד

Conceptos básicos. Unidad 2

16. Los opuestos

rico (adj)	aʃir	עָשִׁיר
pobre (adj)	ani	עָנִי
enfermo (adj)	χole	חוֹלֶה
sano (adj)	bari	בָּרִיא
grande (adj)	gadol	גָדוֹל
pequeño (adj)	katan	קָטָן
rápidamente (adv)	maher	מַהֵר
lentamente (adv)	le'at	לְאַט
rápido (adj)	mahir	מָהִיר
lento (adj)	iti	אִיטִי
alegre (adj)	sa'meaχ	שָׂמֵחַ
triste (adj)	atsuv	עָצוּב
juntos (adv)	be'yaχad	בְּיַחַד
separadamente	levad	לְבַד
en voz alta	bekol ram	בְּקוֹל רָם
en silencio	belev, be'ʃeket	בְּלֵב, בְּשֶׁקֶט
alto (adj)	ga'voha	גָבוֹהַ
bajo (adj)	namuχ	נָמוּך
profundo (adj)	amok	עָמוֹק
poco profundo (adj)	radud	רָדוּד
sí	ken	כֵּן
no	lo	לֹא
lejano (adj)	raχok	רָחוֹק
cercano (adj)	karov	קָרוֹב
lejos (adv)	raχok	רָחוֹק
cerco (adv)	samuχ	סָמוּך
largo (adj)	aroχ	אָרוֹך
corto (adj)	katsar	קָצָר
bueno (de buen corazón)	tov lev	טוֹב לֵב
malvado (adj)	raʃa	רָשָׁע

casado (adj)	nasui	נָשׂוּי
soltero (adj)	ravak	רַווָק
prohibir (vt)	le'esor al	לֶאֱסוֹר עַל
permitir (vt)	leharʃot	לְהַרשׁוֹת
fin (m)	sof	סוֹף (ז)
principio (m)	hatχala	הַתחָלָה (נ)
izquierdo (adj)	smali	שׂמָאלִי
derecho (adj)	yemani	יְמָנִי
primero (adj)	riʃon	רִאשׁוֹן
último (adj)	aχaron	אַחֲרוֹן
crimen (m)	'peʃa	פֶּשַׁע (ז)
castigo (m)	'oneʃ	עוֹנֶשׁ (ז)
ordenar (vt)	letsavot	לְצַווֹת
obedecer (vi, vt)	letsayet	לְצַייֵת
recto (adj)	yaʃar	יָשָׁר
curvo (adj)	me'ukal	מְעוּקָל
paraíso (m)	gan 'eden	גַן עֵדֶן (ז)
infierno (m)	gehinom	גֵיהִינוֹם (ז)
nacer (vi)	lehivaled	לְהִיווָלֵד
morir (vi)	lamut	לָמוּת
fuerte (adj)	χazak	חָזָק
débil (adj)	χalaʃ	חַלָשׁ
viejo (adj)	zaken	זָקֵן
joven (adj)	tsa'ir	צָעִיר
viejo (adj)	yaʃan	יָשָׁן
nuevo (adj)	χadaʃ	חָדָשׁ
duro (adj)	kaʃe	קָשֶׁה
blando (adj)	raχ	רַך
tibio (adj)	χamim	חָמִים
frío (adj)	kar	קַר
gordo (adj)	ʃamen	שָׁמֵן
delgado (adj)	raze	רָזֶה
estrecho (adj)	tsar	צַר
ancho (adj)	raχav	רָחָב
bueno (adj)	tov	טוֹב
malo (adj)	ra	רַע
valiente (adj)	amits	אַמִיץ
cobarde (adj)	paχdani	פַּחדָנִי

17. Los días de la semana

lunes (m)	yom ʃeni	יוֹם שֵׁנִי (ז)
martes (m)	yom ʃliʃi	יוֹם שלִישִׁי (ז)
miércoles (m)	yom revi'i	יוֹם רְבִיעִי (ז)
jueves (m)	yom χamiʃi	יוֹם חֲמִישִׁי (ז)
viernes (m)	yom ʃiʃi	יוֹם שִׁישִׁי (ז)
sábado (m)	ʃabat	שַׁבָּת (נ)
domingo (m)	yom riʃon	יוֹם רִאשׁוֹן (ז)
hoy (adv)	hayom	הַיוֹם
mañana (adv)	maχar	מָחָר
pasado mañana	maχara'tayim	מָחֳרָתַיִים
ayer (adv)	etmol	אֶתמוֹל
anteayer (adv)	ʃilʃom	שִׁלשׁוֹם
día (m)	yom	יוֹם (ז)
día (m) de trabajo	yom avoda	יוֹם עֲבוֹדָה (ז)
día (m) de fiesta	yom χag	יוֹם חַג (ז)
día (m) de descanso	yom menuχa	יוֹם מְנוּחָה (ז)
fin (m) de semana	sof ʃa'vu'a	סוֹף שָׁבוּעַ
todo el día	kol hayom	כָּל הַיוֹם
al día siguiente	lamaχarat	לַמָחֳרָת
dos días atrás	lifnei yo'mayim	לִפנֵי יוֹמַיִים
en vísperas (adv)	'erev	עֶרֶב
diario (adj)	yomyomi	יוֹמיוֹמִי
cada día (adv)	midei yom	מִדֵי יוֹם
semana (f)	ʃa'vua	שָׁבוּעַ (ז)
semana (f) pasada	baʃa'vu'a ʃe'avar	בַּשָׁבוּעַ שֶׁעָבַר
semana (f) que viene	baʃa'vu'a haba	בַּשָׁבוּעַ הַבָּא
semanal (adj)	ʃvu'i	שבוּעִי
cada semana (adv)	kol ʃa'vu'a	כָּל שָׁבוּעַ
2 veces por semana	pa'a'mayim beʃa'vu'a	פַּעֲמַיִים בְּשָׁבוּעַ
todos los martes	kol yom ʃliʃi	כָּל יוֹם שלִישִׁי

18. Las horas. El día y la noche

mañana (f)	'boker	בּוֹקֶר (ז)
por la mañana	ba'boker	בַּבּוֹקֶר
mediodía (m)	tsaha'rayim	צָהֳרַיִים (ז"ר)
por la tarde	aχar hatsaha'rayim	אַחַר הַצָהֳרַיִים
noche (f)	'erev	עֶרֶב (ז)
por la noche	ba''erev	בָּעֶרֶב
noche (f) (p.ej. 2:00 a.m.)	'laila	לַילָה (ז)
por la noche	ba'laila	בַּלַילָה
medianoche (f)	χatsot	חֲצוֹת (נ)
segundo (m)	ʃniya	שנִיָיה (נ)
minuto (m)	daka	דַקָה (נ)
hora (f)	ʃa'a	שָׁעָה (נ)

media hora (f)	χatsi ʃa'a	חֲצִי שָׁעָה (נ)
cuarto (m) de hora	'reva ʃa'a	רֶבַע שָׁעָה (ז)
quince minutos	χameʃ esre dakot	חָמֵש עֶשׂרֵה דַקוֹת
veinticuatro horas	yemama	יְמָמָה (נ)
salida (f) del sol	zriχa	זרִיחָה (נ)
amanecer (m)	'ʃaχar	שַׁחַר (ז)
madrugada (f)	'ʃaχar	שַׁחַר (ז)
puesta (f) del sol	ʃki'a	שקִיעָה (נ)
de madrugada	mukdam ba'boker	מוּקדָם בַּבּוֹקֶר
esta mañana	ha'boker	הַבּוֹקֶר
mañana por la mañana	maχar ba'boker	מָחָר בַּבּוֹקֶר
esta tarde	hayom aχarei hatzaha'rayim	הַיוֹם אַחֲרֵי הַצָהֳרַיִים
por la tarde	aχar hatsaha'rayim	אַחַר הַצָהֳרַיִים
mañana por la tarde	maχar aχarei hatsaha'rayim	מָחָר אַחֲרֵי הַצָהֳרַיִים
esta noche (p.ej. 8:00 p.m.)	ha''erev	הָעֶרֶב
mañana por la noche	maχar ba''erev	מָחָר בָּעֶרֶב
a las tres en punto	baʃa'a ʃaloʃ bediyuk	בְּשָׁעָה שָׁלוֹש בְּדִיוּק
a eso de las cuatro	bisvivot arba	בִּסבִיבוֹת אַרבַּע
para las doce	ad ʃteim esre	עַד שתֵים־עֶשׂרֵה
dentro de veinte minutos	be'od esrim dakot	בְּעוֹד עֶשׂרִים דַקוֹת
dentro de una hora	be'od ʃa'a	בְּעוֹד שָׁעָה
a tiempo (adv)	bazman	בַּזמַן
... menos cuarto	'reva le...	רֶבַע לְ...
durante una hora	toχ ʃa'a	תוֹך שָׁעָה
cada quince minutos	kol 'reva ʃa'a	כָּל רֶבַע שָׁעָה
día y noche	misaviv laʃa'on	מִסָבִיב לַשָׁעוֹן

19. Los meses. Las estaciones

enero (m)	'yanu'ar	יָנוּאָר (ז)
febrero (m)	'febru'ar	פֶבּרוּאָר (ז)
marzo (m)	merts	מֶרץ (ז)
abril (m)	april	אַפּרִיל (ז)
mayo (m)	mai	מַאי (ז)
junio (m)	'yuni	יוּנִי (ז)
julio (m)	'yuli	יוּלִי (ז)
agosto (m)	'ogust	אוֹגוּסט (ז)
septiembre (m)	sep'tember	סֶפּטֶמבֶּר (ז)
octubre (m)	ok'tober	אוֹקטוֹבֶּר (ז)
noviembre (m)	no'vember	נוֹבֶמבֶּר (ז)
diciembre (m)	de'tsember	דֶצֶמבֶּר (ז)
primavera (f)	aviv	אָבִיב (ז)
en primavera	ba'aviv	בָּאָבִיב
de primavera (adj)	avivi	אֲבִיבִי
verano (m)	'kayits	קַיִץ (ז)

en verano	ba'kayits	בְּקַיִץ
de verano (adj)	ketsi	קֵיצִי
otoño (m)	stav	סתָיו (ז)
en otoño	bestav	בְּסתָיו
de otoño (adj)	stavi	סתָווִי
invierno (m)	'χoref	חוֹרֶף (ז)
en invierno	ba'χoref	בַּחוֹרֶף
de invierno (adj)	χorpi	חוֹרפִּי
mes (m)	'χodeʃ	חוֹדֶשׁ (ז)
este mes	ha'χodeʃ	הַחוֹדֶשׁ
al mes siguiente	ba'χodeʃ haba	בַּחוֹדֶשׁ הַבָּא
el mes pasado	ba'χodeʃ ʃeʿavar	בַּחוֹדֶשׁ שֶׁעָבַר
hace un mes	lifnei 'χodeʃ	לִפנֵי חוֹדֶשׁ
dentro de un mes	beʿod 'χodeʃ	בְּעוֹד חוֹדֶשׁ
dentro de dos meses	beʿod χod'ʃayim	בְּעוֹד חוֹדשַׁיִים
todo el mes	kol ha'χodeʃ	כָּל הַחוֹדֶשׁ
todo un mes	kol ha'χodeʃ	כָּל הַחוֹדֶשׁ
mensual (adj)	χodʃi	חוֹדשִׁי
mensualmente (adv)	χodʃit	חוֹדשִׁית
cada mes	kol 'χodeʃ	כָּל חוֹדֶשׁ
dos veces por mes	paʿa'mayim be'χodeʃ	פַּעֲמַיִים בְּחוֹדֶשׁ
año (m)	ʃana	שָׁנָה (נ)
este año	haʃana	הַשָּׁנָה
el próximo año	baʃana habaʾa	בַּשָּׁנָה הַבָּאָה
el año pasado	baʃana ʃeʿavra	בַּשָּׁנָה שֶׁעָברָה
hace un año	lifnei ʃana	לִפנֵי שָׁנָה
dentro de un año	beʿod ʃana	בְּעוֹד שָׁנָה
dentro de dos años	beʿod ʃna'tayim	בְּעוֹד שנָתַיִים
todo el año	kol haʃana	כָּל הַשָּׁנָה
todo un año	kol haʃana	כָּל הַשָּׁנָה
cada año	kol ʃana	כָּל שָׁנָה
anual (adj)	ʃnati	שנָתִי
anualmente (adv)	midei ʃana	מִדֵי שָׁנָה
cuatro veces por año	arba paʿamim be'χodeʃ	אַרבַּע פְּעָמִים בְּחוֹדֶשׁ
fecha (f) (la ~ de hoy es ...)	taʾariχ	תַּאֲרִיך (ז)
fecha (f) (~ de entrega)	taʾariχ	תַּאֲרִיך (ז)
calendario (m)	'luaχ ʃana	לוּחַ שָׁנָה (ז)
medio año (m)	χatsi ʃana	חֲצִי שָׁנָה (ז)
seis meses	ʃiʃa χodaʃim, χatsi ʃana	חֲצִי שָׁנָה, שִׁישָׁה חוֹדָשִׁים
estación (f)	ona	עוֹנָה (נ)
siglo (m)	'meʾa	מֵאָה (נ)

20. La hora. Miscelánea

tiempo (m)	zman	זמַן (ז)
momento (m)	'rega	רֶגַע (ז)

instante (m)	'rega	רֶגַע (ז)
instantáneo (adj)	miyadi	מִייָדִי
lapso (m) de tiempo	tkufa	תקוּפָה (נ)
vida (f)	χayim	חַיִים (ז"ר)
eternidad (f)	'netsaχ	נֶצַח (ז)
época (f)	idan	עִידָן (ז)
era (f)	idan	עִידָן (ז)
ciclo (m)	maχzor	מַחזוֹר (ז)
periodo (m)	tkufa	תקוּפָה (נ)
plazo (m) (~ de tres meses)	tkufa	תקוּפָה (נ)
futuro (m)	atid	עָתִיד (ז)
futuro (adj)	haba	הַבָּא
la próxima vez	ba'paʿam haba'a	בַּפַּעַם הַבָּאָה
pasado (m)	avar	עָבָר (ז)
pasado (adj)	ʃeʿavar	שֶעָבַר
la última vez	ba'paʿam hako'demet	בַּפַּעַם הַקוֹדֶמֶת
más tarde (adv)	meʾuχar yoter	מְאוּחָר יוֹתֵר
después	aχarei	אַחֲרֵי
actualmente (adv)	kayom	כַּיוֹם
ahora (adv)	aχʃav, kaʿet	עַכשָיו, כָּעֵת
inmediatamente	miyad	מִיָד
pronto (adv)	bekarov	בְּקָרוֹב
de antemano (adv)	meroʃ	מֵרֹאש
hace mucho tiempo	mizman	מִזמַן
hace poco (adv)	lo mizman	לֹא מִזמַן
destino (m)	goral	גוֹרָל (ז)
recuerdos (m pl)	ziχronot	זִיכרוֹנוֹת (ז"ר)
archivo (m)	arχiyon	אַרכִיוֹן (ז)
durante ...	bezman ʃel ...	בְּזמַן שֶל ...
mucho tiempo (adv)	zman rav	זמַן רַב
poco tiempo (adv)	lo zman rav	לֹא זמַן רַב
temprano (adv)	mukdam	מוּקדָם
tarde (adv)	meʾuχar	מְאוּחָר
para siempre (adv)	la'netsaχ	לָנֶצַח
comenzar (vt)	lehatχil	לְהַתחִיל
aplazar (vt)	lidχot	לִדחוֹת
simultáneamente	bo zmanit	בּוֹ זמַנִית
permanentemente	bikviʿut	בִּקבִיעוּת
constante (ruido, etc.)	ka'vuʿa	קָבוּעַ
temporal (adj)	zmani	זמַנִי
a veces (adv)	lifʿamim	לִפעָמִים
raramente (adv)	leʿitim reχokot	לְעִיתִים רְחוֹקוֹת
frecuentemente	leʿitim krovot	לְעִיתִים קרוֹבוֹת

21. Las líneas y las formas

cuadrado (m)	ri'buʿa	רִיבּוּעַ (ז)
cuadrado (adj)	meruba	מְרוּבָּע

círculo (m)	maʿagal, igul	מַעֲגָל, עִיגוּל (ז)
redondo (adj)	agol	עָגוֹל
triángulo (m)	meʃulaʃ	מְשׁוּלָשׁ (ז)
triangular (adj)	meʃulaʃ	מְשׁוּלָשׁ
óvalo (m)	e'lipsa	אֶלִיפְּסָה (נ)
oval (adj)	e'lipti	אֶלִיפְּטִי
rectángulo (m)	malben	מַלְבֵּן (ז)
rectangular (adj)	malbeni	מַלְבֵּנִי
pirámide (f)	pira'mida	פִּירָמִידָה (נ)
rombo (m)	meʿuyan	מְעוּיָּן (ז)
trapecio (m)	trapez	טרַפֶּז (ז)
cubo (m)	kubiya	קוּבִּייָה (נ)
prisma (m)	minsara	מִנסָרָה (נ)
circunferencia (f)	maʿagal	מַעֲגָל (ז)
esfera (f)	sfira	ספִירָה (נ)
globo (m)	kadur	כַּדוּר (ז)
diámetro (m)	'koter	קוֹטֶר (ז)
radio (m)	'radyus	רַדיוּס (ז)
perímetro (m)	hekef	הֶיקֵף (ז)
centro (m)	merkaz	מֶרכָּז (ז)
horizontal (adj)	ofki	אוֹפקִי
vertical (adj)	anaχi	אֲנָכִי
paralela (f)	kav makbil	קַו מַקבִּיל (ז)
paralelo (adj)	makbil	מַקבִּיל
línea (f)	kav	קַו (ז)
trazo (m)	kav	קַו (ז)
recta (f)	kav yaʃar	קַו יָשָׁר (ז)
curva (f)	akuma	עֲקוּמָה (נ)
fino (la ~a línea)	dak	דַק
contorno (m)	mitʾar	מִתאָר (ז)
intersección (f)	χituχ	חִיתוּך (ז)
ángulo (m) recto	zavit yaʃara	זָווִית יְשָׁרָה (נ)
segmento (m)	mikta	מִקטָע (ז)
sector (m)	gizra	גִזרָה (נ)
lado (m)	'tsela	צֶלַע (ז)
ángulo (m)	zavit	זָווִית (נ)

22. Las unidades de medida

peso (m)	miʃkal	מִשקָל (ז)
longitud (f)	'oreχ	אוֹרֶך (ז)
anchura (f)	'roχav	רוֹחַב (ז)
altura (f)	'gova	גוֹבַה (ז)
profundidad (f)	'omek	עוֹמֶק (ז)
volumen (m)	'nefaχ	נֶפַח (ז)
área (f)	'ʃetaχ	שֶטַח (ז)
gramo (m)	gram	גרַם (ז)
miligramo (m)	miligram	מִילִיגרַם (ז)

kilogramo (m)	kilogram	קִילוֹגְרָם (ז)
tonelada (f)	ton	טוֹן (ז)
libra (f)	'pa'und	פָאוּנד (ז)
onza (f)	'unkiya	אוּנקִיָה (נ)
metro (m)	'meter	מֶטֶר (ז)
milímetro (m)	mili'meter	מִילִימֶטֶר (ז)
centímetro (m)	senti'meter	סֶנטִימֶטֶר (ז)
kilómetro (m)	kilo'meter	קִילוֹמֶטֶר (ז)
milla (f)	mail	מַייל (ז)
pulgada (f)	intʃ	אִינץ' (ז)
pie (m)	'regel	רֶגֶל (נ)
yarda (f)	yard	יַרד (ז)
metro (m) cuadrado	'meter ra'vu'a	מֶטֶר רָבוּעַ (ז)
hectárea (f)	hektar	הֶקטָר (ז)
litro (m)	litr	לִיטר (ז)
grado (m)	ma'ala	מַעֲלָה (נ)
voltio (m)	volt	ווֹלט (ז)
amperio (m)	amper	אַמפֶּר (ז)
caballo (m) de fuerza	'koaχ sus	כּוֹחַ סוּס (ז)
cantidad (f)	kamut	כַּמוּת (נ)
un poco de ...	ktsat ...	קְצָת ...
mitad (f)	'χetsi	חֲצִי (ז)
docena (f)	tresar	תְרֵיסָר (ז)
pieza (f)	yeχida	יְחִידָה (נ)
dimensión (f)	'godel	גוֹדֶל (ז)
escala (f) (del mapa)	kne mida	קְנֵה מִידָה (ז)
mínimo (adj)	mini'mali	מִינִימָאלִי
el más pequeño (adj)	hakatan beyoter	הַקָטָן בְּיוֹתֵר
medio (adj)	memutsa	מְמוּצָע
máximo (adj)	maksi'mali	מַקסִימָלִי
el más grande (adj)	hagadol beyoter	הַגָדוֹל בְּיוֹתֵר

23. Contenedores

tarro (m) de vidrio	tsin'tsenet	צִנצֶנֶת (נ)
lata (f)	paχit	פַּחִית (נ)
cubo (m)	dli	דלִי (ז)
barril (m)	χavit	חָבִית (נ)
palangana (f)	gigit	גִיגִית (נ)
tanque (m)	meiχal	מֵיכָל (ז)
petaca (f) (de alcohol)	meimiya	מֵימִייָה (נ)
bidón (m) de gasolina	'dʒerikan	ג'ֶרִיקָן (ז)
cisterna (f)	meχalit	מֵיכָלִית (נ)
taza (f) (mug de cerámica)	'sefel	סֵפֶל (ז)
taza (f) (~ de café)	'sefel	סֵפֶל (ז)

platillo (m)	taχtit	תַחתִית (נ)
vaso (m) (~ de agua)	kos	כּוֹס (נ)
copa (f) (~ de vino)	ga'viʿa	גָבִיעַ (ז)
olla (f)	sir	סִיר (ז)
botella (f)	bakbuk	בַּקבּוּק (ז)
cuello (m) de botella	ʦavar habakbuk	צַווָאר הַבַּקבּוּק (ז)
garrafa (f)	kad	כַּד (ז)
jarro (m) (~ de agua)	kankan	קַנקַן (ז)
recipiente (m)	kli	כּלִי (ז)
tarro (m)	sir 'χeres	סִיר חֶרֶס (ז)
florero (m)	agartal	אֲגַרטָל (ז)
frasco (m) (~ de perfume)	ʦloχit	צלוֹחִית (נ)
frasquito (m)	bakbukon	בַּקבּוּקוֹן (ז)
tubo (m)	ʃfo'feret	שפוֹפֶרֶת (נ)
saco (m) (~ de azúcar)	sak	שַׂק (ז)
bolsa (f) (~ plástica)	sakit	שַׂקִית (נ)
paquete (m) (~ de cigarrillos)	χafisa	חֲפִיסָה (נ)
caja (f)	kufsa	קוּפסָה (נ)
cajón (m) (~ de madera)	argaz	אַרגָז (ז)
cesta (f)	sal	סַל (ז)

24. Materiales

material (m)	'χomer	חוֹמֶר (ז)
madera (f)	eʦ	עֵץ (ז)
de madera (adj)	meʿeʦ	מֵעֵץ
vidrio (m)	zχuχit	זכוּכִית (נ)
de vidrio (adj)	mizχuχit	מִזכוּכִית
piedra (f)	'even	אֶבֶן (נ)
de piedra (adj)	me''even	מֵאֶבֶן
plástico (m)	'plastik	פּלַסטִיק (ז)
de plástico (adj)	mi'plastik	מִפּלַסטִיק
goma (f)	'gumi	גוּמִי (ז)
de goma (adj)	mi'gumi	מִגוּמִי
tela (f)	bad	בַּד (ז)
de tela (adj)	mibad	מִבַּד
papel (m)	neyar	נְייָר (ז)
de papel (adj)	mineyar	מִנְייָר
cartón (m)	karton	קַרטוֹן (ז)
de cartón (adj)	mikarton	מִקַרטוֹן
polietileno (m)	'nailon	נַיילוֹן (ז)
celofán (m)	ʦelofan	צֶלוֹפָן (ז)

linóleo (m)	li'nole'um	לינוֹלֵיאוּם (ז)
contrachapado (m)	dikt	דִיקט (ז)
porcelana (f)	χar'sina	חַרסִינָה (נ)
de porcelana (adj)	meχar'sina	מֵחַרסִינָה
arcilla (f), barro (m)	χarsit	חַרסִית (נ)
de barro (adj)	me'χeres	מֵחֶרֶס
cerámica (f)	ke'ramika	קֵרָמִיקָה (נ)
de cerámica (adj)	ke'rami	קֵרָמִי

25. Los metales

metal (m)	ma'teχet	מַתֶכֶת (נ)
metálico (adj)	mataχti	מַתַכתִי
aleación (f)	sag'soget	סַגסוֹגֶת (נ)
oro (m)	zahav	זָהָב (ז)
de oro (adj)	mizahav, zahov	מִזָהָב, זָהוֹב
plata (f)	'kesef	כֶּסֶף (ז)
de plata (adj)	kaspi	כַּספִּי
hierro (m)	barzel	בַּרזֶל (ז)
de hierro (adj)	mibarzel	מִבַּרזֶל
acero (m)	plada	פלָדָה (נ)
de acero (adj)	miplada	מִפּלָדָה
cobre (m)	ne'χoʃet	נְחוֹשֶת (נ)
de cobre (adj)	mine'χoʃet	מִנְחוֹשֶת
aluminio (m)	alu'minyum	אָלוּמִיניוּם (ז)
de aluminio (adj)	me'alu'minyum	מֵאָלוּמִיניוּם
bronce (m)	arad	אָרָד (ז)
de bronce (adj)	me'arad	מֵאָרָד
latón (m)	pliz	פלִיז (ז)
níquel (m)	'nikel	נִיקֶל (ז)
platino (m)	'platina	פלָטִינָה (נ)
mercurio (m)	kaspit	כַּספִּית (נ)
estaño (m)	bdil	בּדִיל (ז)
plomo (m)	o'feret	עוֹפֶרֶת (נ)
zinc (m)	avats	אָבָץ (ז)

EL SER HUMANO

El ser humano. El cuerpo

26. El ser humano. Conceptos básicos

ser (m) humano	ben adam	בֶּן אָדָם (ז)
hombre (m) (varón)	'gever	גֶּבֶר (ז)
mujer (f)	iʃa	אִשָּׁה (נ)
niño -a (m, f)	'yeled	יֶלֶד (ז)
niña (f)	yalda	יַלדָה (נ)
niño (m)	'yeled	יֶלֶד (ז)
adolescente (m)	'naʿar	נַעַר (ז)
viejo, anciano (m)	zaken	זָקֵן (ז)
vieja, anciana (f)	zkena	זקֵנָה (נ)

27. La anatomía humana

organismo (m)	guf ha'adam	גוּף הָאָדָם (ז)
corazón (m)	lev	לֵב (ז)
sangre (f)	dam	דָם (ז)
arteria (f)	'orek	עוֹרֵק (ז)
vena (f)	vrid	ורִיד (ז)
cerebro (m)	'moaχ	מוֹחַ (ז)
nervio (m)	atsav	עָצָב (ז)
nervios (m pl)	atsabim	עֲצַבִּים (ז"ר)
vértebra (f)	χulya	חוּליָה (נ)
columna (f) vertebral	amud haʃidra	עַמוּד הַשִדרָה (ז)
estómago (m)	keiva	קֵיבָה (נ)
intestinos (m pl)	me'ʿayim	מֵעַיִים (ז"ר)
intestino (m)	meʿi	מְעִי (ז)
hígado (m)	kaved	כָּבֵד (ז)
riñón (m)	kilya	כִּליָה (נ)
hueso (m)	'etsem	עֶצֶם (נ)
esqueleto (m)	'ʃeled	שֶלֶד (ז)
costilla (f)	'tsela	צֶלַע (ז)
cráneo (m)	gul'golet	גוּלגוֹלֶת (נ)
músculo (m)	ʃrir	שרִיר (ז)
bíceps (m)	ʃrir du raʃi	שרִיר דוּ־רָאשִי (ז)
tríceps (m)	ʃrir tlat raʃi	שרִיר תלָת־רָאשִי (ז)
tendón (m)	gid	גִיד (ז)
articulación (f)	'perek	פֶּרֶק (ז)

pulmones (m pl)	re'ot	רֵיאוֹת (נ"ר)
genitales (m pl)	evrei min	אֵבְרֵי מִין (ז"ר)
piel (f)	or	עוֹר (ז)

28. La cabeza

cabeza (f)	roʃ	רֹאשׁ (ז)
cara (f)	panim	פָּנִים (ז"ר)
nariz (f)	af	אַף (ז)
boca (f)	pe	פֶּה (ז)
ojo (m)	'ayin	עַיִן (נ)
ojos (m pl)	ei'nayim	עֵינַיִים (נ"ר)
pupila (f)	iʃon	אִישׁוֹן (ז)
ceja (f)	gaba	גַּבָּה (נ)
pestaña (f)	ris	רִיס (ז)
párpado (m)	af'af	עַפעַף (ז)
lengua (f)	laʃon	לָשׁוֹן (נ)
diente (m)	ʃen	שֵׁן (נ)
labios (m pl)	sfa'tayim	שְׂפָתַיִים (נ"ר)
pómulos (m pl)	atsamot leχa'yayim	עַצמוֹת לְחָיַיִם (נ"ר)
encía (f)	χani'χayim	חֲנִיכַיִים (ז"ר)
paladar (m)	χeχ	חֵך (ז)
ventanas (f pl)	neχi'rayim	נְחִירַיִים (ז"ר)
mentón (m)	santer	סַנטֵר (ז)
mandíbula (f)	'leset	לֶסֶת (נ)
mejilla (f)	'leχi	לֶחִי (נ)
frente (f)	'metsaχ	מֵצַח (ז)
sien (f)	raka	רַקָּה (נ)
oreja (f)	'ozen	אוֹזֶן (נ)
nuca (f)	'oref	עוֹרֶף (ז)
cuello (m)	tsavar	צַוָואר (ז)
garganta (f)	garon	גָּרוֹן (ז)
pelo, cabello (m)	se'ar	שֵׂיעָר (ז)
peinado (m)	tis'roket	תִסרוֹקֶת (נ)
corte (m) de pelo	tis'poret	תִספּוֹרֶת (נ)
peluca (f)	pe'a	פֵּאָה (נ)
bigote (m)	safam	שָׂפָם (ז)
barba (f)	zakan	זָקָן (ז)
tener (~ la barba)	legadel	לְגַדֵל
trenza (f)	tsama	צַמָּה (נ)
patillas (f pl)	pe'ot leχa'yayim	פֵּאוֹת לְחָיַיִם (נ"ר)
pelirrojo (adj)	'dʒindʒi	ג'ינג'י
gris, canoso (adj)	kasuf	כָּסוּף
calvo (adj)	ke'reaχ	קֵירֵחַ
calva (f)	ka'raχat	קָרַחַת (נ)
cola (f) de caballo	'kuku	קוּקוּ (ז)
flequillo (m)	'poni	פּוֹנִי (ז)

29. El cuerpo

mano (f)	kaf yad	כַּף יָד (נ)
brazo (m)	yad	יָד (נ)
dedo (m)	'etsba	אֶצבַּע (נ)
dedo (m) del pie	'bohen	בּוֹהֶן (נ)
dedo (m) pulgar	agudal	אֲגוּדָל (ז)
dedo (m) meñique	'zeret	זֶרֶת (נ)
uña (f)	tsi'poren	צִיפּוֹרֶן (ז)
puño (m)	egrof	אֶגרוֹף (ז)
palma (f)	kaf yad	כַּף יָד (נ)
muñeca (f)	'ʃoreʃ kaf hayad	שוֹרֶש כַּף הַיָד (ז)
antebrazo (m)	ama	אַמָה (ז)
codo (m)	marpek	מַרפֵּק (ז)
hombro (m)	katef	כָּתֵף (נ)
pierna (f)	'regel	רֶגֶל (נ)
planta (f)	kaf 'regel	כַּף רֶגֶל (נ)
rodilla (f)	'bereχ	בֶּרֶך (נ)
pantorrilla (f)	ʃok	שוֹק (ז)
cadera (f)	yareχ	יָרֵך (ז)
talón (m)	akev	עָקֵב (ז)
cuerpo (m)	guf	גוּף (ז)
vientre (m)	'beten	בֶּטֶן (נ)
pecho (m)	χaze	חָזֶה (ז)
seno (m)	ʃad	שָד (ז)
lado (m), costado (m)	tsad	צַד (ז)
espalda (f)	gav	גַב (ז)
zona (f) lumbar	mot'nayim	מוֹתנַיִים (ז"ר)
cintura (f), talle (m)	'talya	טַלִיָה (נ)
ombligo (m)	tabur	טַבּוּר (ז)
nalgas (f pl)	aχo'rayim	אֲחוֹרַיִים (ז"ר)
trasero (m)	yaʃvan	יַשבָן (ז)
lunar (m)	nekudat χen	נְקוּדַת חֵן (נ)
marca (f) de nacimiento	'ketem leida	כֶּתֶם לֵידָה (ז)
tatuaje (m)	ka'a'ku'a	קַעֲקוּע (ז)
cicatriz (f)	tsa'leket	צַלֶקֶת (נ)

La ropa y los accesorios

30. La ropa exterior. Los abrigos

ropa (f)	bgadim	בְּגָדִים (ז"ר)
ropa (f) de calle	levuʃ elyon	לְבוּשׁ עֶלְיוֹן (ז)
ropa (f) de invierno	bigdei 'χoref	בִּגְדֵי חוֹרֶף (ז"ר)
abrigo (m)	meʿil	מְעִיל (ז)
abrigo (m) de piel	meʿil parva	מְעִיל פַּרווָה (ז)
abrigo (m) corto de piel	meʿil parva katsar	מְעִיל פַּרווָה קָצָר (ז)
chaqueta (f) plumón	meʿil puχ	מְעִיל פּוּך (ז)
cazadora (f)	meʿil katsar	מְעִיל קָצָר (ז)
impermeable (m)	meʿil 'geʃem	מְעִיל גֶשֶׁם (ז)
impermeable (adj)	amid be'mayim	עָמִיד בְּמַיִם

31. Ropa de hombre y mujer

camisa (f)	χultsa	חוּלצָה (נ)
pantalones (m pl)	miχna'sayim	מִכנָסַיִים (ז"ר)
jeans, vaqueros (m pl)	miχnesei 'dʒins	מִכנְסֵי ג'ינְס (ז"ר)
chaqueta (f), saco (m)	ʒaket	ז'קֶט (ז)
traje (m)	χalifa	חֲלִיפָה (נ)
vestido (m)	simla	שִׂמלָה (נ)
falda (f)	χatsa'it	חֲצָאִית (נ)
blusa (f)	χultsa	חוּלצָה (נ)
rebeca (f), chaqueta (f) de punto	ʒaket 'tsemer	ז'קֶט צֶמֶר (ז)
chaqueta (f)	ʒaket	ז'קֶט (ז)
camiseta (f) (T-shirt)	ti ʃert	טִי שֶׁרט (ז)
pantalones (m pl) cortos	miχna'sayim ktsarim	מִכנָסַיִים קצָרִים (ז"ר)
traje (m) deportivo	'trening	טרֶנִינג (ז)
bata (f) de baño	χaluk raχatsa	חֲלוּק רַחְצָה (ז)
pijama (m)	pi'dʒama	פִּיגָ'מָה (נ)
suéter (m)	'sveder	סְוֶודֶר (ז)
pulóver (m)	afuda	אֲפוּדָה (נ)
chaleco (m)	vest	וֶסט (ז)
frac (m)	frak	פרָאק (ז)
esmoquin (m)	tuk'sido	טוּקסִידוֹ (ז)
uniforme (m)	madim	מַדִים (ז"ר)
ropa (f) de trabajo	bigdei avoda	בִּגדֵי עֲבוֹדָה (ז"ר)
mono (m)	sarbal	סַרבָּל (ז)
bata (f) (p. ej. ~ blanca)	χaluk	חָלוּק (ז)

32. La ropa. La ropa interior

ropa (f) interior	levanim	לְבָנִים (ז"ר)
bóxer (m)	taχtonim	תַחתוֹנִים (ז"ר)
bragas (f pl)	taχtonim	תַחתוֹנִים (ז"ר)
camiseta (f) interior	gufiya	גוּפִייָה (נ)
calcetines (m pl)	gar'bayim	גַרבַּיִים (ז"ר)
camisón (m)	'ktonet 'laila	כּתוֹנֶת לַילָה (נ)
sostén (m)	χaziya	חֲזִייָה (נ)
calcetines (m pl) altos	birkon	בִּרכּוֹן (ז)
pantimedias (f pl)	garbonim	גַרבּוֹנִים (ז"ר)
medias (f pl)	garbei 'nailon	גַרבֵּי נַילוֹן (ז"ר)
traje (m) de baño	'beged yam	בֶּגֶד יָם (ז)

33. Gorras

gorro (m)	'kova	כּוֹבַע (ז)
sombrero (m) de fieltro	'kova 'leved	כּוֹבַע לֶבֶד (ז)
gorra (f) de béisbol	'kova 'beisbol	כּוֹבַע בֵּייסבּוֹל (ז)
gorra (f) plana	'kova mitsχiya	כּוֹבַע מִצחִייָה (ז)
boina (f)	baret	בָּרֶט (ז)
capuchón (m)	bardas	בַּרדָס (ז)
panamá (m)	'kova 'tembel	כּוֹבַע טֶמבֶּל (ז)
gorro (m) de punto	'kova 'gerev	כּוֹבַע גֶרֶב (ז)
pañuelo (m)	mit'paχat	מִטפַּחַת (נ)
sombrero (m) de mujer	'kova	כּוֹבַע (ז)
casco (m) (~ protector)	kasda	קַסדָה (נ)
gorro (m) de campaña	kumta	כּוּמתָה (נ)
casco (m) (~ de moto)	kasda	קַסדָה (נ)
bombín (m)	mig'ba'at me'u'gelet	מִגבַּעַת מְעוּגֶלֶת (נ)
sombrero (m) de copa	tsi'linder	צִילִינדֶר (ז)

34. El calzado

calzado (m)	han'ala	הַנְעָלָה (נ)
botas (f pl)	na'a'layim	נַעֲלַיִים (נ"ר)
zapatos (m pl) (~ de tacón bajo)	na'a'layim	נַעֲלַיִים (נ"ר)
botas (f pl) altas	maga'fayim	מַגָפַיִים (ז"ר)
zapatillas (f pl)	na'alei 'bayit	נַעֲלֵי בַּיִת (נ"ר)
tenis (m pl)	na'alei sport	נַעֲלֵי ספּוֹרט (נ"ר)
zapatillas (f pl) de lona	na'alei sport	נַעֲלֵי ספּוֹרט (נ"ר)
sandalias (f pl)	sandalim	סַנדָלִים (ז"ר)
zapatero (m)	sandlar	סַנדלָר (ז)
tacón (m)	akev	עָקֵב (ז)

par (m)	zug	זוג (ז)
cordón (m)	sroχ	שׂרוֹך (ז)
encordonar (vt)	lisroχ	לשׂרוֹך
calzador (m)	kaf na'a'layim	כַּף נַעֲלַיִים (נ)
betún (m)	miʃχat na'a'layim	מִשחַת נַעֲלַיִים (נ)

35. Los textiles. Las telas

algodón (m)	kutna	כּוּתנָה (נ)
de algodón (adj)	mikutna	מִכּוּתנָה
lino (m)	piʃtan	פִּשתָן (ז)
de lino (adj)	mipiʃtan	מִפִּשתָן
seda (f)	'meʃi	מֶשִי (ז)
de seda (adj)	miʃyi	מִשיִי
lana (f)	'tsemer	צֶמֶר (ז)
de lana (adj)	tsamri	צַמרִי
terciopelo (m)	ktifa	קטִיפָה (נ)
gamuza (f)	zamʃ	זַמש (ז)
pana (f)	'korderoi	קוֹרדֶרוֹי (ז)
nilón (m)	'nailon	נַיילוֹן (ז)
de nilón (adj)	mi'nailon	מִנַיילוֹן
poliéster (m)	poli''ester	פּוֹלִיאֶסטֶר (ז)
de poliéster (adj)	mipoli''ester	מִפּוֹלִיאֶסטֶר
piel (f) (cuero)	or	עוֹר (ז)
de piel (de cuero)	me'or	מֵעוֹר
piel (f) (~ de zorro, etc.)	parva	פַּרוָוה (נ)
de piel (abrigo ~)	miparva	מִפַּרוָוה

36. Accesorios personales

guantes (m pl)	kfafot	כְּפָפוֹת (נ"ר)
manoplas (f pl)	kfafot	כְּפָפוֹת (נ"ר)
bufanda (f)	tsa'if	צָעִיף (ז)
gafas (f pl)	miʃka'fayim	מִשקָפַיִים (ז"ר)
montura (f)	mis'geret	מִסגֶרֶת (נ)
paraguas (m)	mitriya	מִטרִייָה (נ)
bastón (m)	makel haliχa	מַקֵל הֲלִיכָה (ז)
cepillo (m) de pelo	miv'reʃet se'ar	מִברֶשֶת שֵׂיעָר (נ)
abanico (m)	menifa	מְנִיפָה (נ)
corbata (f)	aniva	עֲנִיבָה (נ)
pajarita (f)	anivat parpar	עֲנִיבַת פַּרפַּר (נ)
tirantes (m pl)	ktefiyot	כּתֵפִיוֹת (נ"ר)
moquero (m)	mimχata	מִמחָטָה (נ)
peine (m)	masrek	מַסרֵק (ז)
pasador (m) de pelo	sikat roʃ	סִיכַּת רֹאש (נ)

horquilla (f)	sikat se'ar	סִיכַּת שֵׂיעָר (נ)
hebilla (f)	avzam	אַבְזָם (ז)
cinturón (m)	χagora	חֲגוֹרָה (נ)
correa (f) (de bolso)	retsu'at katef	רְצוּעַת כָּתֵף (נ)
bolsa (f)	tik	תִיק (ז)
bolso (m)	tik	תִיק (ז)
mochila (f)	tarmil	תַרמִיל (ז)

37. La ropa. Miscelánea

moda (f)	ofna	אוֹפנָה (נ)
de moda (adj)	ofnati	אוֹפנָתִי
diseñador (m) de moda	me'atsev ofna	מְעַצֵב אוֹפנָה (ז)
cuello (m)	tsavaron	צַוָוארוֹן (ז)
bolsillo (m)	kis	כִּיס (ז)
de bolsillo (adj)	ʃel kis	שֶל כִּיס
manga (f)	ʃarvul	שַרווּל (ז)
presilla (f)	mitle	מִתלֶה (ז)
bragueta (f)	χanut	חֲנוּת (נ)
cremallera (f)	roχsan	רוֹכסָן (ז)
cierre (m)	'keres	קֶרֶס (ז)
botón (m)	kaftor	כַּפתוֹר (ז)
ojal (m)	lula'a	לוּלָאָה (נ)
saltar (un botón)	lehitaleʃ	לְהִיתָלֵש
coser (vi, vt)	litpor	לִתפּוֹר
bordar (vt)	lirkom	לִרקוֹם
bordado (m)	rikma	רִקמָה (נ)
aguja (f)	'maχat tfira	מַחַט תפִירָה (נ)
hilo (m)	χut	חוּט (ז)
costura (f)	'tefer	תֶפֶר (ז)
ensuciarse (vr)	lehitlaχleχ	לְהִתלַכלֵך
mancha (f)	'ketem	כֶּתֶם (ז)
arrugarse (vr)	lehitkamet	לְהִתקַמֵט
rasgar (vt)	lik'ro'a	לִקרוֹעַ
polilla (f)	aʃ	עָש (ז)

38. Productos personales. Cosméticos

pasta (f) de dientes	miʃχat ʃi'nayim	מִשחַת שִינַיִים (נ)
cepillo (m) de dientes	miv'reʃet ʃi'nayim	מִברֶשֶת שִינַיִים (נ)
limpiarse los dientes	letsaχ'tseaχ ʃi'nayim	לְצַחְצֵחַ שִינַיִים
maquinilla (f) de afeitar	'ta'ar	תַעַר (ז)
crema (f) de afeitar	'ketsef gi'luaχ	קֶצֶף גִילוּחַ (ז)
afeitarse (vr)	lehitga'leaχ	לְהִתגַלֵחַ
jabón (m)	sabon	סַבּוֹן (ז)

champú (m)	ʃampu	שַמפו (ז)
tijeras (f pl)	mispa'rayim	מִספָּרַיִים (ז"ר)
lima (f) de uñas	ptsira	פְּצִירָה (נ)
cortaúñas (m pl)	gozez tsipor'nayim	גוֹזֵז צִיפּוֹרנַיִים (ז)
pinzas (f pl)	pin'tseta	פִּינצֶטָה (נ)
cosméticos (m pl)	tamrukim	תַמרוּקִים (ז"ר)
mascarilla (f)	maseχa	מַסֵכָה (נ)
manicura (f)	manikur	מָנִיקוּר (ז)
hacer la manicura	la'asot manikur	לַעֲשׂוֹת מָנִיקוּר
pedicura (f)	pedikur	פֶּדִיקוּר (ז)
bolsa (f) de maquillaje	tik ipur	תִיק אִיפּוּר (ז)
polvos (m pl)	'pudra	פּוּדרָה (נ)
polvera (f)	pudriya	פּוּדרִייָה (נ)
colorete (m), rubor (m)	'somek	סוֹמֶק (ז)
perfume (m)	'bosem	בּוֹשֶׂם (ז)
agua (f) de tocador	mei 'bosem	מֵי בּוֹשֶׂם (ז"ר)
loción (f)	mei panim	מֵי פָּנִים (ז"ר)
agua (f) de Colonia	mei 'bosem	מֵי בּוֹשֶׂם (ז"ר)
sombra (f) de ojos	tslalit	צלָלִית (נ)
lápiz (m) de ojos	ai 'lainer	אַי לַיינֶר (ז)
rímel (m)	'maskara	מַסקָרָה (נ)
pintalabios (m)	sfaton	שׂפָתוֹן (ז)
esmalte (m) de uñas	'laka letsipor'nayim	לַכָּה לְצִיפּוֹרנַיִים (נ)
fijador (m) para el pelo	tarsis lese'ar	תַרסִיס לְשֵׂיעָר (ז)
desodorante (m)	de'odo'rant	דֶאוֹדוֹרַנט (ז)
crema (f)	krem	קרֶם (ז)
crema (f) de belleza	krem panim	קרֶם פָּנִים (ז)
crema (f) de manos	krem ya'dayim	קרֶם יָדַיִים (ז)
crema (f) antiarrugas	krem 'neged kmatim	קרֶם נֶגֶד קמָטִים (ז)
crema (f) de día	krem yom	קרֶם יוֹם (ז)
crema (f) de noche	krem 'laila	קרֶם לַילָה (ז)
de día (adj)	yomi	יוֹמִי
de noche (adj)	leili	לֵילִי
tampón (m)	tampon	טַמפּוֹן (ז)
papel (m) higiénico	neyar tu'alet	נְיַיר טוּאָלֶט (ז)
secador (m) de pelo	meyabeʃ se'ar	מְיַיבֵּשׁ שֵׂיעָר (ז)

39. Las joyas

joyas (f pl)	taχʃitim	תַכשִיטִים (ז"ר)
precioso (adj)	yekar 'ereχ	יְקַר עֵרֶך
contraste (m)	tav tsorfim, bχina	תָו צוֹרפִים (ז), בּחִינָה (נ)
anillo (m)	ta'ba'at	טַבַּעַת (נ)
anillo (m) de boda	ta'ba'at nisu'in	טַבַּעַת נִישׂוּאִין (נ)
pulsera (f)	tsamid	צָמִיד (ז)
pendientes (m pl)	agilim	עֲגִילִים (ז"ר)

collar (m) (~ de perlas)	maχ'rozet	מַחרוֹזֶת (נ)
corona (f)	'keter	כֶּתֶר (ז)
collar (m) de abalorios	maχ'rozet	מַחרוֹזֶת (נ)
diamante (m)	yahalom	יַהֲלוֹם (ז)
esmeralda (f)	ba'reket	בָּרֶקֶת (נ)
rubí (m)	'odem	אוֹדֶם (ז)
zafiro (m)	sapir	סַפִּיר (ז)
perla (f)	pnina	פְּנִינָה (נ)
ámbar (m)	inbar	עִנבָּר (ז)

40. Los relojes

reloj (m)	ʃe'on yad	שְעוֹן יָד (ז)
esfera (f)	'luaχ ʃa'on	לוּחַ שָעוֹן (ז)
aguja (f)	maχog	מָחוֹג (ז)
pulsera (f)	tsamid	צָמִיד (ז)
correa (f) (del reloj)	retsu'a leʃa'on	רְצוּעָה לְשָעוֹן (נ)
pila (f)	solela	סוֹלְלָה (נ)
descargarse (vr)	lehitroken	לְהִתרוֹקֵן
cambiar la pila	lehaχlif	לְהַחלִיף
adelantarse (vr)	lemaher	לְמַהֵר
retrasarse (vr)	lefager	לְפַגֵר
reloj (m) de pared	ʃe'on kir	שְעוֹן קִיר (ז)
reloj (m) de arena	ʃe'on χol	שְעוֹן חוֹל (ז)
reloj (m) de sol	ʃe'on 'ʃemeʃ	שְעוֹן שֶמֶש (ז)
despertador (m)	ʃa'on me'orer	שָעוֹן מְעוֹרֵר (ז)
relojero (m)	ʃa'an	שָעָן (ז)
reparar (vt)	letaken	לְתַקֵן

La comida y la nutrición

41. La comida

carne (f)	basar	בָּשָׂר (ז)
gallina (f)	of	עוֹף (ז)
pollo (m)	pargit	פַּרגִית (נ)
pato (m)	barvaz	בַּרווָז (ז)
ganso (m)	avaz	אֲווָז (ז)
caza (f) menor	'tsayid	צַיִד (ז)
pava (f)	'hodu	הוֹדוּ (ז)
carne (f) de cerdo	basar χazir	בָּשָׂר חֲזִיר (ז)
carne (f) de ternera	basar 'egel	בָּשָׂר עֵגֶל (ז)
carne (f) de carnero	basar 'keves	בָּשָׂר כֶּבֶשׂ (ז)
carne (f) de vaca	bakar	בָּקָר (ז)
conejo (m)	arnav	אַרנָב (ז)
salchichón (m)	naknik	נַקנִיק (ז)
salchicha (f)	naknikiya	נַקנִיקִייָה (נ)
beicon (m)	'kotel χazir	קוֹתֶל חֲזִיר (ז)
jamón (m)	basar χazir meʿuʃan	בָּשָׂר חֲזִיר מְעוּשָׁן (ז)
jamón (m) fresco	'kotel χazir meʿuʃan	קוֹתֶל חֲזִיר מְעוּשָׁן (ז)
paté (m)	pate	פָּטֶה (ז)
hígado (m)	kaved	כָּבֵד (ז)
carne (f) picada	basar taχun	בָּשָׂר טָחוּן (ז)
lengua (f)	laʃon	לָשׁוֹן (נ)
huevo (m)	beitsa	בֵּיצָה (נ)
huevos (m pl)	beitsim	בֵּיצִים (נ"ר)
clara (f)	χelbon	חֶלבּוֹן (ז)
yema (f)	χelmon	חֶלמוֹן (ז)
pescado (m)	dag	דָג (ז)
mariscos (m pl)	perot yam	פֵּירוֹת יָם (ז"ר)
crustáceos (m pl)	sartana'im	סַרטָנָאִים (ז"ר)
caviar (m)	kavyar	קָווִיָאר (ז)
cangrejo (m) de mar	sartan yam	סַרטָן יָם (ז)
camarón (m)	ʃrimps	שְׁרִימפְּס (ז"ר)
ostra (f)	tsidpat ma'aχal	צִדפַּת מַאֲכָל (נ)
langosta (f)	'lobster kotsani	לוֹבּסטֶר קוֹצָנִי (ז)
pulpo (m)	tamnun	תְּמָנוּן (ז)
calamar (m)	kala'mari	קָלָמָארִי (ז)
esturión (m)	basar haχidkan	בָּשָׂר הַחִדקָן (ז)
salmón (m)	'salmon	סַלמוֹן (ז)
fletán (m)	putit	פּוּטִית (נ)
bacalao (m)	ʃibut	שִׁיבּוּט (ז)

caballa (f)	kolyas	קוֹלְיָיס (ז)
atún (m)	'tuna	טוּנָה (נ)
anguila (f)	tslofax	צְלוֹפָח (ז)
trucha (f)	forel	פוֹרֶל (ז)
sardina (f)	sardin	סַרדִין (ז)
lucio (m)	ze'ev 'mayim	זְאֵב מַיִם (ז)
arenque (m)	ma'liax	מָלִיחַ (ז)
pan (m)	'lexem	לֶחֶם (ז)
queso (m)	gvina	גבִינָה (נ)
azúcar (m)	sukar	סוּכָּר (ז)
sal (f)	'melax	מֶלַח (ז)
arroz (m)	'orez	אוֹרֶז (ז)
macarrones (m pl)	'pasta	פַּסטָה (נ)
tallarines (m pl)	irtiyot	אִטרִיוֹת (נ"ר)
mantequilla (f)	xem'a	חֶמאָה (נ)
aceite (m) vegetal	'ʃemen tsimxi	שֶׁמֶן צִמחִי (ז)
aceite (m) de girasol	'ʃemen xamaniyot	שֶׁמֶן חַמָנִיוֹת (ז)
margarina (f)	marga'rina	מַרגָרִינָה (נ)
olivas, aceitunas (f pl)	zeitim	זֵיתִים (ז"ר)
aceite (m) de oliva	'ʃemen 'zayit	שֶׁמֶן זַיִת (ז)
leche (f)	xalav	חָלָב (ז)
leche (f) condensada	xalav merukaz	חָלָב מְרוּכָּז (ז)
yogur (m)	'yogurt	יוֹגוּרט (ז)
nata (f) agria	ʃa'menet	שַׁמֶנֶת (נ)
nata (f) líquida	ʃa'menet	שַׁמֶנֶת (נ)
mayonesa (f)	mayonez	מָיוֹנֶז (ז)
crema (f) de mantequilla	ka'tsefet xem'a	קַצֶפֶת חֶמאָה (נ)
cereales (m pl) integrales	grisim	גרִיסִים (ז"ר)
harina (f)	'kemax	קֶמַח (ז)
conservas (f pl)	ʃimurim	שִׁימוּרִים (ז"ר)
copos (m pl) de maíz	ptitei 'tiras	פּתִיתֵי תִירָס (ז"ר)
miel (f)	dvaʃ	דבַשׁ (ז)
confitura (f)	riba	רִיבָּה (נ)
chicle (m)	'mastik	מַסטִיק (ז)

42. Las bebidas

agua (f)	'mayim	מַיִם (ז"ר)
agua (f) potable	mei ʃtiya	מֵי שתִייָה (ז"ר)
agua (f) mineral	'mayim mine'raliyim	מַיִם מִינֶרָלִיִים (ז"ר)
sin gas	lo mugaz	לֹא מוּגָז
gaseoso (adj)	mugaz	מוּגָז
con gas	mugaz	מוּגָז
hielo (m)	'kerax	קֶרַח (ז)

con hielo	im 'keraχ	עִם קֶרַח
sin alcohol	natul alkohol	נָטוּל אַלכּוֹהוֹל
bebida (f) sin alcohol	maʃke kal	מַשקֶה קַל (ז)
refresco (m)	maʃke meraʿanen	מַשקֶה מְרַעֲנֵן (ז)
limonada (f)	limo'nada	לִימוֹנָדָה (נ)
bebidas (f pl) alcohólicas	maʃka'ot χarifim	מַשקָאוֹת חָרִיפִים (ז"ר)
vino (m)	'yayin	יַיִן (ז)
vino (m) blanco	'yayin lavan	יַיִן לָבָן (ז)
vino (m) tinto	'yayin adom	יַיִן אָדוֹם (ז)
licor (m)	liker	לִיקֶר (ז)
champaña (f)	ʃam'panya	שַמפַּנִיָה (נ)
vermú (m)	'vermut	וֶרמוּט (ז)
whisky (m)	'viski	וִיסקִי (ז)
vodka (m)	'vodka	וֹודקָה (נ)
ginebra (f)	ʤin	ג'ִין (ז)
coñac (m)	'konyak	קוֹניָאק (ז)
ron (m)	rom	רוֹם (ז)
café (m)	kafe	קָפֶה (ז)
café (m) solo	kafe ʃaχor	קָפֶה שָחוֹר (ז)
café (m) con leche	kafe hafuχ	קָפֶה הָפוּך (ז)
capuchino (m)	kapu'ʧino	קָפּוּצ'ִינוֹ (ז)
café (m) soluble	kafe names	קָפֶה נָמֵס (ז)
leche (f)	χalav	חָלָב (ז)
cóctel (m)	kokteil	קוֹקטֵיל (ז)
batido (m)	'milkʃeik	מִילקשֵייק (ז)
zumo (m), jugo (m)	miʦ	מִיץ (ז)
jugo (m) de tomate	miʦ agvaniyot	מִיץ עַגבָנִיוֹת (ז)
zumo (m) de naranja	miʦ tapuzim	מִיץ תַפּוּזִים (ז)
zumo (m) fresco	miʦ saχut	מִיץ סָחוּט (ז)
cerveza (f)	'bira	בִּירָה (נ)
cerveza (f) rubia	'bira bahira	בִּירָה בָּהִירָה (נ)
cerveza (f) negra	'bira keha	בִּירָה כֵּהָה (נ)
té (m)	te	תֵה (ז)
té (m) negro	te ʃaχor	תֵה שָחוֹר (ז)
té (m) verde	te yarok	תֵה יָרוֹק (ז)

43. Las verduras

legumbres (f pl)	yerakot	יְרָקוֹת (ז"ר)
verduras (f pl)	'yerek	יֶרֶק (ז)
tomate (m)	agvaniya	עַגבָנִייָה (נ)
pepino (m)	melafefon	מְלָפְפוֹן (ז)
zanahoria (f)	'gezer	גֶזֶר (ז)
patata (f)	ta'puaχ adama	תַפּוּחַ אֲדָמָה (ז)
cebolla (f)	baʦal	בָּצָל (ז)

ajo (m)	ʃum	שום (ז)
col (f)	kruv	כרוב (ז)
coliflor (f)	kruvit	כרובית (נ)
col (f) de Bruselas	kruv nitsanim	כרוב נִצָנִים (ז)
brócoli (m)	'brokoli	בּרוֹקוֹלִי (ז)
remolacha (f)	'selek	סֶלֶק (ז)
berenjena (f)	χatsil	חָצִיל (ז)
calabacín (m)	kiʃu	קִישוּא (ז)
calabaza (f)	'dlaʿat	דלַעַת (נ)
nabo (m)	'lefet	לֶפֶת (נ)
perejil (m)	petro'zilya	פֶּטרוֹזִילִיָה (נ)
eneldo (m)	ʃamir	שָמִיר (ז)
lechuga (f)	'χasa	חַסָה (נ)
apio (m)	'seleri	סֶלֶרִי (ז)
espárrago (m)	aspa'ragos	אַספָרָגוֹס (ז)
espinaca (f)	'tered	תֶרֶד (ז)
guisante (m)	afuna	אֲפוּנָה (נ)
habas (f pl)	pol	פוֹל (ז)
maíz (m)	'tiras	תִירָס (ז)
fréjol (m)	ʃuʿit	שְעוּעִית (נ)
pimiento (m) dulce	'pilpel	פִּלפֵּל (ז)
rábano (m)	tsnonit	צנוֹנִית (נ)
alcachofa (f)	artiʃok	אַרטִישוֹק (ז)

44. Las frutas. Las nueces

fruto (m)	pri	פּרִי (ז)
manzana (f)	ta'puaχ	תַפּוּחַ (ז)
pera (f)	agas	אַגָס (ז)
limón (m)	limon	לִימוֹן (ז)
naranja (f)	tapuz	תַפּוּז (ז)
fresa (f)	tut sade	תוּת שָׂדֶה (ז)
mandarina (f)	klemen'tina	קלֶמֶנטִינָה (נ)
ciruela (f)	ʃezif	שְזִיף (ז)
melocotón (m)	afarsek	אֲפַרסֵק (ז)
albaricoque (m)	'miʃmeʃ	מִשמֵש (ז)
frambuesa (f)	'petel	פֶּטֶל (ז)
piña (f)	'ananas	אָנָנָס (ז)
banana (f)	ba'nana	בָּנָנָה (נ)
sandía (f)	ava'tiaχ	אֲבַטִיחַ (ז)
uva (f)	anavim	עֲנָבִים (ז"ר)
guinda (f)	duvdevan	דוּבדְבָן (ז)
cereza (f)	gudgedan	גוּדגְדָן (ז)
melón (m)	melon	מֶלוֹן (ז)
pomelo (m)	eʃkolit	אֶשכּוֹלִית (נ)
aguacate (m)	avo'kado	אָבוֹקָדוֹ (ז)
papaya (f)	pa'paya	פַּפָּאיָה (נ)

mango (m)	'mango	מַנגוֹ (ז)
granada (f)	rimon	רִימוֹן (ז)
grosella (f) roja	dumdemanit aduma	דומדְמָנִית אֲדוּמָה (נ)
grosella (f) negra	dumdemanit ʃχora	דומדְמָנִית שחוֹרָה (נ)
grosella (f) espinosa	χazarzar	חֲזַרזָר (ז)
arándano (m)	uχmanit	אוּכמָנִית (נ)
zarzamoras (f pl)	'petel ʃaχor	פֶּטֶל שָחוֹר (ז)
pasas (f pl)	tsimukim	צִימוּקִים (ז"ר)
higo (m)	te'ena	תְאֵנָה (נ)
dátil (m)	tamar	תָמָר (ז)
cacahuete (m)	botnim	בּוֹטנִים (ז"ר)
almendra (f)	ʃaked	שָקֵד (ז)
nuez (f)	egoz 'meleχ	אֱגוֹז מֶלֶך (ז)
avellana (f)	egoz ilsar	אֱגוֹז אִלְסָר (ז)
nuez (f) de coco	'kokus	קוֹקוּס (ז)
pistachos (m pl)	'fistuk	פִיסטוּק (ז)

45. El pan. Los dulces

pasteles (m pl)	mutsrei kondi'torya	מוּצרֵי קוֹנדִיטוֹריָה (ז"ר)
pan (m)	'leχem	לֶחֶם (ז)
galletas (f pl)	ugiya	עוּגִיָה (נ)
chocolate (m)	'ʃokolad	שוֹקוֹלָד (ז)
de chocolate (adj)	mi'ʃokolad	מִשוֹקוֹלָד
caramelo (m)	sukariya	סוּכָּרִייָה (נ)
tarta (f) (pequeña)	uga	עוּגָה (נ)
tarta (f) (~ de cumpleaños)	uga	עוּגָה (נ)
tarta (f) (~ de manzana)	pai	פַאי (ז)
relleno (m)	milui	מִילוּי (ז)
confitura (f)	riba	רִיבָּה (נ)
mermelada (f)	marme'lada	מַרמֶלָדָה (נ)
gofre (m)	'vaflim	וַפלִים (ז"ר)
helado (m)	'glida	גלִידָה (נ)
pudin (m)	'puding	פּוּדִינג (ז)

46. Los platos

plato (m)	mana	מָנָה (נ)
cocina (f)	mitbaχ	מִטבָּח (ז)
receta (f)	matkon	מַתכּוֹן (ז)
porción (f)	mana	מָנָה (נ)
ensalada (f)	salat	סָלָט (ז)
sopa (f)	marak	מָרָק (ז)
caldo (m)	marak tsaχ, tsir	מָרָק צַח, צִיר (ז)
bocadillo (m)	kariχ	כָּרִיך (ז)

huevos (m pl) fritos	beitsat ain	בֵּיצַת עַיִן (נ)
hamburguesa (f)	'hamburger	הַמבּוּרגֶר (ז)
bistec (m)	umtsa, steik	אוּמצָה (נ), סטֵייק (ז)
guarnición (f)	to'sefet	תוֹסֶפֶת (נ)
espagueti (m)	spa'geti	ספָּגֶטִי (ז)
puré (m) de patatas	meχit tapuχei adama	מְחִית תַפּוּחֵי אֲדָמָה (נ)
pizza (f)	'pitsa	פִּיצָה (נ)
gachas (f pl)	daysa	דַייסָה (נ)
tortilla (f) francesa	χavita	חֲבִיתָה (נ)
cocido en agua (adj)	mevuʃal	מְבוּשָל
ahumado (adj)	me'uʃan	מְעוּשָן
frito (adj)	metugan	מְטוּגָן
seco (adj)	meyubaʃ	מְיוּבָּש
congelado (adj)	kafu	קָפוּא
marinado (adj)	kavuʃ	כָּבוּש
azucarado, dulce (adj)	matok	מָתוֹק
salado (adj)	ma'luaχ	מָלוּחַ
frío (adj)	kar	קַר
caliente (adj)	χam	חַם
amargo (adj)	marir	מָרִיר
sabroso (adj)	ta'im	טָעִים
cocer en agua	levaʃel be'mayim rotχim	לְבַשֵל בְּמַיִם רוֹתחִים
preparar (la cena)	levaʃel	לְבַשֵל
freír (vt)	letagen	לְטַגֵן
calentar (vt)	leχamem	לְחַמֵם
salar (vt)	leham'liaχ	לְהַמלִיחַ
poner pimienta	lefalpel	לְפַלפֵּל
rallar (vt)	lerasek	לְרַסֵק
piel (f)	klipa	קלִיפָּה (נ)
pelar (vt)	lekalef	לְקַלֵף

47. Las especias

sal (f)	'melaχ	מֶלַח (ז)
salado (adj)	ma'luaχ	מָלוּחַ
salar (vt)	leham'liaχ	לְהַמלִיחַ
pimienta (f) negra	'pilpel ʃaχor	פִּלפֵּל שָחוֹר (ז)
pimienta (f) roja	'pilpel adom	פִּלפֵּל אָדוֹם (ז)
mostaza (f)	χardal	חַרדָל (ז)
rábano (m) picante	χa'zeret	חֲזֶרֶת (נ)
condimento (m)	'rotev	רוֹטֶב (ז)
especia (f)	tavlin	תַבלִין (ז)
salsa (f)	'rotev	רוֹטֶב (ז)
vinagre (m)	'χomets	חוֹמֶץ (ז)
anís (m)	kamnon	כַּמנוֹן (ז)
albahaca (f)	reχan	רֵיחָן (ז)

clavo (m)	tsi'poren	צִיפּוֹרֶן (ז)
jengibre (m)	'dʒindʒer	ג'ינג'ר (ז)
cilantro (m)	'kusbara	כּוּסבָּרָה (נ)
canela (f)	kinamon	קִינָמוֹן (ז)
sésamo (m)	'ʃumʃum	שׁוּמשׁוּם (ז)
hoja (f) de laurel	ale dafna	עָלֶה דַפנָה (ז)
paprika (f)	'paprika	פַּפּרִיקָה (נ)
comino (m)	'kimel	קִימֶל (ז)
azafrán (m)	zeʿafran	זְעַפרָן (ז)

48. Las comidas

comida (f)	'oχel	אוֹכֶל (ז)
comer (vi, vt)	le'eχol	לֶאֱכוֹל
desayuno (m)	aruχat 'boker	אֲרוּחַת בּוֹקֶר (נ)
desayunar (vi)	le'eχol aruχat 'boker	לֶאֱכוֹל אֲרוּחַת בּוֹקֶר
almuerzo (m)	aruχat tsaha'rayim	אֲרוּחַת צָהֳרַיִים (נ)
almorzar (vi)	le'eχol aruχat tsaha'rayim	לֶאֱכוֹל אֲרוּחַת צָהֳרַיִים
cena (f)	aruχat 'erev	אֲרוּחַת עֶרֶב (נ)
cenar (vi)	le'eχol aruχat 'erev	לֶאֱכוֹל אֲרוּחַת עֶרֶב
apetito (m)	te'avon	תֵיאָבוֹן (ז)
¡Que aproveche!	betei'avon!	בְּתֵיאָבוֹן!
abrir (vt)	lif'toaχ	לִפתוֹחַ
derramar (líquido)	liʃpoχ	לִשפוֹך
derramarse (líquido)	lehiʃapeχ	לְהִישָפֵך
hervir (vi)	lir'toaχ	לִרתוֹחַ
hervir (vt)	lehar'tiaχ	לְהַרתִיחַ
hervido (agua ~a)	ra'tuaχ	רָתוּחַ
enfriar (vt)	lekarer	לְקָרֵר
enfriarse (vr)	lehitkarer	לְהִתקָרֵר
sabor (m)	'taʿam	טַעַם (ז)
regusto (m)	'taʿam levai	טַעַם לְוַואי (ז)
adelgazar (vi)	lirzot	לִרזוֹת
dieta (f)	di'eta	דִיאֶטָה (נ)
vitamina (f)	vitamin	וִיטָמִין (ז)
caloría (f)	ka'lorya	קָלוֹריָה (נ)
vegetariano (m)	tsimχoni	צִמחוֹנִי (ז)
vegetariano (adj)	tsimχoni	צִמחוֹנִי
grasas (f pl)	ʃumanim	שוּמָנִים (ז"ר)
proteínas (f pl)	χelbonim	חֶלבּוֹנִים (ז"ר)
carbohidratos (m pl)	paχmema	פַּחמֵימָה (נ)
loncha (f)	prusa	פרוּסָה (נ)
pedazo (m)	χatiχa	חֲתִיכָה (נ)
miga (f)	perur	פֵּירוּר (ז)

49. Los cubiertos

cuchara (f)	kaf	כַּף (נ)
cuchillo (m)	sakin	סַכִּין (ז, נ)
tenedor (m)	mazleg	מַזלֵג (ז)
taza (f)	'sefel	סֵפֶל (ז)
plato (m)	tsa'laχat	צַלַחַת (נ)
platillo (m)	taχtit	תַחתִית (נ)
servilleta (f)	mapit	מַפִּית (נ)
mondadientes (m)	keisam ʃi'nayim	קֵיסָם שִינַיִים (ז)

50. El restaurante

restaurante (m)	misʿada	מִסעָדָה (נ)
cafetería (f)	beit kafe	בֵּית קָפֶה (ז)
bar (m)	bar, pab	בָּר, פָּאבּ (ז)
salón (m) de té	beit te	בֵּית תֵה (ז)
camarero (m)	meltsar	מֶלצָר (ז)
camarera (f)	meltsarit	מֶלצָרִית (נ)
barman (m)	'barmen	בַּרמֶן (ז)
carta (f), menú (m)	tafrit	תַפרִיט (ז)
carta (f) de vinos	reʃimat yeynot	רְשִימַת יֵינוֹת (נ)
reservar una mesa	lehazmin ʃulχan	לְהַזמִין שולחָן
plato (m)	mana	מָנָה (נ)
pedir (vt)	lehazmin	לְהַזמִין
hacer un pedido	lehazmin	לְהַזמִין
aperitivo (m)	maʃke meta'aven	מַשקֶה מְתַאֲבֵן (ז)
entremés (m)	meta'aven	מְתַאֲבֵן (ז)
postre (m)	ki'nuaχ	קִינוּחַ (ז)
cuenta (f)	χeʃbon	חֶשבּוֹן (ז)
pagar la cuenta	leʃalem	לְשַלֵם
dar la vuelta	latet 'odef	לָתֵת עוֹדֶף
propina (f)	tip	טִיפּ (ז)

La familia nuclear, los parientes y los amigos

51. La información personal. Los formularios

nombre (m)	ʃem	שֵׁם (ז)
apellido (m)	ʃem miʃpaχa	שֵׁם מִשפָּחָה (ז)
fecha (f) de nacimiento	ta'ariχ leda	תַאֲרִיך לֵידָה (ז)
lugar (m) de nacimiento	mekom leda	מְקוֹם לֵידָה (ז)
nacionalidad (f)	le'om	לְאוֹם (ז)
domicilio (m)	mekom megurim	מְקוֹם מְגוּרִים (ז)
país (m)	medina	מְדִינָה (נ)
profesión (f)	mik'ʦoʿa	מִקצוֹעַ (ז)
sexo (m)	min	מִין (ז)
estatura (f)	'gova	גוֹבַה (ז)
peso (m)	miʃkal	מִשקָל (ז)

52. Los familiares. Los parientes

madre (f)	em	אֵם (נ)
padre (m)	av	אָב (ז)
hijo (m)	ben	בֵּן (ז)
hija (f)	bat	בַּת (נ)
hija (f) menor	habat haktana	הַבַּת הַקְטַנָה (נ)
hijo (m) menor	haben hakatan	הַבֵּן הַקָטָן (ז)
hija (f) mayor	habat habχora	הַבַּת הַבְּכוֹרָה (נ)
hijo (m) mayor	haben habχor	הַבֵּן הַבְּכוֹר (ז)
hermano (m)	aχ	אָח (ז)
hermano (m) mayor	aχ gadol	אָח גָדוֹל (ז)
hermano (m) menor	aχ katan	אָח קָטָן (ז)
hermana (f)	aχot	אָחוֹת (נ)
hermana (f) mayor	aχot gdola	אָחוֹת גדוֹלָה (נ)
hermana (f) menor	aχot ktana	אָחוֹת קטַנָה (נ)
primo (m)	ben dod	בֶּן דוֹד (ז)
prima (f)	bat 'doda	בַּת דוֹדָה (נ)
mamá (f)	'ima	אִמָא (נ)
papá (m)	'aba	אַבָּא (ז)
padres (pl)	horim	הוֹרִים (ז"ר)
niño -a (m, f)	'yeled	יֶלֶד (ז)
niños (pl)	yeladim	יְלָדִים (ז"ר)
abuela (f)	'savta	סָבתָא (נ)
abuelo (m)	'saba	סָבָא (ז)
nieto (m)	'neχed	נֶכֶד (ז)

nieta (f)	neχda	נֶכדָה (נ)
nietos (pl)	neχadim	נְכָדִים (ז"ר)
tío (m)	dod	דוֹד (ז)
tía (f)	'doda	דוֹדָה (נ)
sobrino (m)	aχyan	אַחיָין (ז)
sobrina (f)	aχyanit	אַחיָינִית (נ)
suegra (f)	χamot	חָמוֹת (נ)
suegro (m)	χam	חָם (ז)
yerno (m)	χatan	חָתָן (ז)
madrastra (f)	em χoreget	אֵם חוֹרֶגֶת (נ)
padrastro (m)	av χoreg	אָב חוֹרֵג (ז)
niño (m) de pecho	tinok	תִינוֹק (ז)
bebé (m)	tinok	תִינוֹק (ז)
chico (m)	pa'ot	פָּעוֹט (ז)
mujer (f)	iʃa	אִישָה (נ)
marido (m)	'ba'al	בַּעַל (ז)
esposo (m)	ben zug	בֶּן זוּג (ז)
esposa (f)	bat zug	בַּת זוּג (נ)
casado (adj)	nasui	נָשׂוּי
casada (adj)	nesu'a	נְשׂוּאָה
soltero (adj)	ravak	רַווָק
soltero (m)	ravak	רַווָק (ז)
divorciado (adj)	garuʃ	גָרוּש
viuda (f)	almana	אַלמָנָה (נ)
viudo (m)	alman	אַלמָן (ז)
pariente (m)	karov miʃpaχa	קְרוֹב מִשפָּחָה (ז)
pariente (m) cercano	karov miʃpaχa	קְרוֹב מִשפָּחָה (ז)
pariente (m) lejano	karov raχok	קָרוֹב רָחוֹק (ז)
parientes (pl)	krovei miʃpaχa	קרוֹבֵי מִשפָּחָה (ז"ר)
huérfano (m)	yatom	יָתוֹם (ז)
huérfana (f)	yetoma	יְתוֹמָה (נ)
tutor (m)	apo'tropos	אַפּוֹטרוֹפּוֹס (ז)
adoptar (un niño)	le'amets	לְאַמֵץ
adoptar (una niña)	le'amets	לְאַמֵץ

53. Los amigos. Los compañeros del trabajo

amigo (m)	χaver	חָבֵר (ז)
amiga (f)	χavera	חֲבֵרָה (נ)
amistad (f)	yedidut	יְדִידוּת (נ)
ser amigo	lihyot yadidim	לִהיוֹת יְדִידִים
amigote (m)	χaver	חָבֵר (ז)
amiguete (f)	χavera	חֲבֵרָה (נ)
compañero (m)	ʃutaf	שוּתָף (ז)
jefe (m)	menahel, roʃ	מְנַהֵל (ז), רֹאש (ז)
superior (m)	memune	מְמוּנֶה (ז)

propietario (m)	be'alim	בְּעָלִים (ז)
subordinado (m)	kafuf le	כָּפוּף ל (ז)
colega (m, f)	amit	עָמִית (ז)
conocido (m)	makar	מַכָּר (ז)
compañero (m) de viaje	ben levaya	בֶּן לְוָויָה (ז)
condiscípulo (m)	χaver lekita	חָבֵר לְכִּיתָה (ז)
vecino (m)	ʃaχen	שָׁכֵן (ז)
vecina (f)	ʃχena	שכֵנָה (נ)
vecinos (pl)	ʃχenim	שכֵנִים (ז"ר)

54. El hombre. La mujer

mujer (f)	iʃa	אִשָּׁה (נ)
muchacha (f)	baχura	בַּחוּרָה (נ)
novia (f)	kala	כַּלָּה (נ)
guapa (adj)	yafa	יָפָה
alta (adj)	gvoha	גבוֹהָה
esbelta (adj)	tmira	תמִירָה
de estatura mediana	namuχ	נָמוּך
rubia (f)	blon'dinit	בלוֹנדִינִית (נ)
morena (f)	bru'netit	ברוּנֶטִית (נ)
de señora (adj)	ʃel naʃim	שֶׁל נָשִׁים
virgen (f)	betula	בְּתוּלָה (נ)
embarazada (adj)	hara	הָרָה
hombre (m) (varón)	'gever	גֶבֶר (ז)
rubio (m)	blon'dini	בלוֹנדִינִי (ז)
moreno (m)	ʃχarχar	שחַרחַר
alto (adj)	ga'voha	גָבוֹהַּ
de estatura mediana	namuχ	נָמוּך
grosero (adj)	gas	גַס
rechoncho (adj)	guts	גוּץ
robusto (adj)	χason	חָסוֹן
fuerte (adj)	χazak	חָזָק
fuerza (f)	'koaχ	כּוֹחַ (ז)
gordo (adj)	ʃamen	שָׁמֵן
moreno (adj)	ʃaχum	שָׁחוּם
esbelto (adj)	tamir	תָמִיר
elegante (adj)	ele'ganti	אֶלֶגַנטִי

55. La edad

edad (f)	gil	גִיל (ז)
juventud (f)	ne'urim	נְעוּרִים (ז"ר)
joven (adj)	tsa'ir	צָעִיר

menor (adj)	tsaʿir yoter	צָעִיר יוֹתֵר
mayor (adj)	mevugar yoter	מְבוּגָר יוֹתֵר
joven (m)	baχur	בָּחוּר (ז)
adolescente (m)	'naʿar	נַעַר (ז)
muchacho (m)	baχur	בָּחוּר (ז)
anciano (m)	zaken	זָקֵן (ז)
anciana (f)	zkena	זקֵנָה (נ)
adulto	mevugar	מְבוּגָר (ז)
de edad media (adj)	bagil haʿamida	בְּגִיל הָעֲמִידָה
anciano, mayor (adj)	zaken	זָקֵן
viejo (adj)	zaken	זָקֵן
jubilación (f)	'pensya	פֶּנסִיָה (נ)
jubilarse	latset legimlaʾot	לָצֵאת לְגִימלָאוֹת
jubilado (m)	pensyoner	פֶּנסיוֹנֶר (ז)

56. Los niños

niño -a (m, f)	'yeled	יֶלֶד (ז)
niños (pl)	yeladim	יְלָדִים (ז"ר)
gemelos (pl)	teʾomim	תְּאוֹמִים (ז"ר)
cuna (f)	arisa	עֲרִיסָה (נ)
sonajero (m)	raʿaʃan	רַעֲשָׁן (ז)
pañal (m)	χitul	חִיתוּל (ז)
chupete (m)	motsets	מוֹצֵץ (ז)
cochecito (m)	agala	עֲגָלָה (נ)
jardín (m) de infancia	gan yeladim	גַן יְלָדִים (ז)
niñera (f)	beibi'siter	בֵּיבִּיסִיטֶר (ז, נ)
infancia (f)	yaldut	יַלדוּת (נ)
muñeca (f)	buba	בּוּבָּה (נ)
juguete (m)	tsaʿaʿtsuʿa	צַעֲצוּעַ (ז)
mecano (m)	misχak harkava	מִשׂחַק הַרכָּבָה (ז)
bien criado (adj)	meχunaχ	מְחוּנָך
mal criado (adj)	lo meχunaχ	לא מְחוּנָך
mimado (adj)	mefunak	מְפוּנָק
hacer travesuras	lehiʃtovev	לְהִשתוֹבֵב
travieso (adj)	ʃovav	שוֹבָב
travesura (f)	maʿase 'kundes	מַעֲשֶׂה קוּנדֵס (ז)
travieso (m)	'yeled ʃovav	יֶלֶד שוֹבָב (ז)
obediente (adj)	tsaytan	צַייְתָן
desobediente (adj)	lo memuʃma	לא מְמוּשמָע
dócil (adj)	ka'nuʿa	כָּנוּעַ
inteligente (adj)	χaχam	חָכָם
niño (m) prodigio	'yeled 'pele	יֶלֶד פֶּלֶא (ז)

57. El matrimonio. La vida familiar

besar (vt)	lenaʃek	לְנַשֵּק
besarse (vr)	lehitnaʃek	לְהִתנַשֵק
familia (f)	miʃpaχa	מִשפָּחָה (נ)
familiar (adj)	miʃpaχti	מִשפַּחתִי
pareja (f)	zug	זוּג (ז)
matrimonio (m)	nisu'im	נִישׂוּאִים (ז"ר)
hogar (m) familiar	aχ, ken	אָח (נ), קֵן (ז)
dinastía (f)	ʃo'ʃelet	שוֹשֶלֶת (נ)
cita (f)	deit	דֵייט (ז)
beso (m)	neʃika	נְשִיקָה (נ)
amor (m)	ahava	אַהֲבָה (נ)
querer (amar)	le'ehov	לֶאֱהוֹב
querido (adj)	ahuv	אָהוּב
ternura (f)	roχ	רוֹך (ז)
tierno (afectuoso)	adin, raχ	עָדִין, רַך
fidelidad (f)	ne'emanut	נֶאֱמָנוּת (נ)
fiel (adj)	masur	מָסוּר
cuidado (m)	de'aga	דְאָגָה (נ)
cariñoso (un padre ~)	do'eg	דוֹאֵג
recién casados (pl)	zug ʦa'ir	זוּג צָעִיר (ז)
luna (f) de miel	ya'reaχ dvaʃ	יָרֵחַ דבַש (ז)
estar casada	lehitχaten	לְהִתחַתֵן
casarse (con una mujer)	lehitχaten	לְהִתחַתֵן
boda (f)	χatuna	חֲתוּנָה (נ)
bodas (f pl) de oro	χatunat hazahav	חֲתוּנַת הַזָהָב (נ)
aniversario (m)	yom nisu'in	יוֹם נִישׂוּאִין (ז)
amante (m)	me'ahev	מְאַהֵב (ז)
amante (f)	mea'hevet	מְאַהֶבֶת (נ)
adulterio (m)	bgida	בּגִידָה (נ)
cometer adulterio	livgod be...	לִבגוֹד בְּ...
celoso (adj)	kanai	קַנַאי
tener celos	lekane	לְקַנֵא
divorcio (m)	geruʃin	גֵרוּשִין (ז"ר)
divorciarse (vr)	lehitgareʃ mi...	לְהִתגָרֵש מִ...
reñir (vi)	lariv	לָרִיב
reconciliarse (vr)	lehitpayes	לְהִתפַּייֵס
juntos (adv)	be'yaχad	בְּיַחַד
sexo (m)	min	מִין (ז)
felicidad (f)	'oʃer	אוֹשֶר (ז)
feliz (adj)	me'uʃar	מְאוּשָר
desgracia (f)	ason	אָסוֹן (ז)
desgraciado (adj)	umlal	אוּמלָל

Las características de personalidad. Los sentimientos

58. Los sentimientos. Las emociones

sentimiento (m)	'regeʃ	רֶגֶשׁ (ז)
sentimientos (m pl)	regaʃot	רְגָשׁוֹת (ז"ר)
sentir (vt)	lehargiʃ	לְהַרגִישׁ
hambre (f)	'ra'av	רָעָב (ז)
tener hambre	lihyot ra'ev	לִהיוֹת רָעֵב
sed (f)	tsima'on	צִמָאוֹן (ז)
tener sed	lihyot tsame	לִהיוֹת צָמֵא
somnolencia (f)	yaʃnuniyut	יַשְׁנוּנִיוּת (נ)
tener sueño	lirtsot liʃon	לִרצוֹת לִישוֹן
cansancio (m)	ayefut	עֲיֵיפוּת (נ)
cansado (adj)	ayef	עָיֵיף
estar cansado	lehit'ayef	לְהִתעַיֵיף
humor (m) (de buen ~)	matsav 'ruaχ	מַצַב רוּחַ (ז)
aburrimiento (m)	ʃi'amum	שִׁעֲמוּם (ז)
aburrirse (vr)	lehiʃta'amem	לְהִשתַעֲמֵם
soledad (f)	hitbodedut	הִתבּוֹדְדוּת (נ)
aislarse (vr)	lehitboded	לְהִתבּוֹדֵד
inquietar (vt)	lehad'ig	לְהַדאִיג
inquietarse (vr)	lid'og	לִדאוֹג
inquietud (f)	de'aga	דְאָגָה (נ)
preocupación (f)	χarada	חֲרָדָה (נ)
preocupado (adj)	mutrad	מוּטרָד
estar nervioso	lihyot atsbani	לִהיוֹת עַצבָּנִי
darse al pánico	lehibahel	לְהִיבָּהֵל
esperanza (f)	tikva	תִקווָה (נ)
esperar (tener esperanza)	lekavot	לְקַווֹת
seguridad (f)	vada'ut	וַדָאוּת (נ)
seguro (adj)	vada'i	וַדָאִי
inseguridad (f)	i vada'ut	אִי וַדָאוּת (נ)
inseguro (adj)	lo ba'tuaχ	לֹא בָּטוּחַ
borracho (adj)	ʃikor	שִיכּוֹר
sobrio (adj)	pi'keaχ	פִּיכֵּחַ
débil (adj)	χalaʃ	חַלָשׁ
feliz (adj)	me'uʃar	מְאוּשָר
asustar (vt)	lehafχid	לְהַפחִיד
furia (f)	teruf	טֵירוּף
rabia (f)	'za'am	זַעַם (ז)
depresión (f)	dika'on	דִיכָּאוֹן (ז)
incomodidad (f)	i noχut	אִי נוֹחוּת (נ)

comodidad (f)	noχut	נוחות (נ)
arrepentirse (vr)	lehitsta'er	לְהִצטַעֵר
arrepentimiento (m)	χarata	חֲרָטָה (נ)
mala suerte (f)	'χoser mazal	חוֹסֶר מַזָל (ז)
tristeza (f)	'etsev	עֶצֶב (ז)
vergüenza (f)	buʃa	בּוּשָה (נ)
júbilo (m)	simχa	שִׂמחָה (נ)
entusiasmo (m)	hitlahavut	הִתלַהֲבוּת (נ)
entusiasta (m)	mitlahev	מִתלַהֵב
mostrar entusiasmo	lehitlahev	לְהִתלַהֵב

59. El carácter. La personalidad

carácter (m)	'ofi	אוֹפִי (ז)
defecto (m)	pgam be''ofi	פגָם בְּאוֹפִי (ז)
mente (f)	'seχel	שֵׂכֶל (ז)
razón (f)	bina	בִּינָה (נ)
consciencia (f)	matspun	מַצפּוּן (ז)
hábito (m)	hergel	הֶרגֵל (ז)
habilidad (f)	ye'χolet	יְכוֹלֶת (נ)
poder (~ nadar, etc.)	la'da'at	לָדַעַת
paciente (adj)	savlan	סַבלָן
impaciente (adj)	χasar savlanut	חֲסַר סַבלָנוּת
curioso (adj)	sakran	סַקרָן
curiosidad (f)	sakranut	סַקרָנוּת (נ)
modestia (f)	tsni'ut	צנִיעוּת (נ)
modesto (adj)	tsa'nu'a	צָנוּעַ
inmodesto (adj)	lo tsa'nu'a	לא צָנוּעַ
pereza (f)	atslut	עַצלוּת (נ)
perezoso (adj)	atsel	עָצֵל
perezoso (m)	atslan	עַצלָן (ז)
astucia (f)	armumiyut	עַרמוּמִיוּת (נ)
astuto (adj)	armumi	עַרמוּמִי
desconfianza (f)	'χoser emun	חוֹסֶר אֵמוּן (ז)
desconfiado (adj)	χadʃani	חַדשָנִי
generosidad (f)	nedivut	נְדִיבוּת (נ)
generoso (adj)	nadiv	נָדִיב
talentoso (adj)	muχʃar	מוּכשָר
talento (m)	kiʃaron	כִּישָרוֹן (ז)
valiente (adj)	amits	אַמִיץ
coraje (m)	'omets	אוֹמֶץ (ז)
honesto (adj)	yaʃar	יָשָר
honestidad (f)	'yoʃer	יוֹשֶר (ז)
prudente (adj)	zahir	זָהִיר
valeroso (adj)	amits	אַמִיץ

serio (adj)	retsini	רְצִינִי
severo (adj)	χamur	חָמוּר
decidido (adj)	neχrats	נֶחרָץ
indeciso (adj)	hasesan	הַסְסָן
tímido (adj)	baiʃan	בַּיישָן
timidez (f)	baiʃanut	בַּיישָנוּת (נ)
confianza (f)	emun	אֵמוּן (ז)
creer (créeme)	leha'amin	לְהַאֲמִין
confiado (crédulo)	tam	תָם
sinceramente (adv)	beχenut	בְּכֵנוּת
sincero (adj)	ken	כֵּן
sinceridad (f)	kenut	כֵּנוּת (נ)
abierto (adj)	pa'tuaχ	פָּתוּחַ
calmado (adj)	ʃalev	שָלֵו
franco (sincero)	glui lev	גלוּי לֵב
ingenuo (adj)	na"ivi	נָאִיבִי
distraído (adj)	mefuzar	מְפוּזָר
gracioso (adj)	matsχik	מַצחִיק
avaricia (f)	ta'avat 'betsa	תַאֲוַות בֶּצַע (נ)
avaro (adj)	rodef 'betsa	רוֹדֵף בֶּצַע
tacaño (adj)	kamtsan	קַמצָן
malvado (adj)	raʃa	רָשָע
terco (adj)	akʃan	עַקשָן
desagradable (adj)	lo na'im	לֹא נָעִים
egoísta (m)	ego'ist	אֶגוֹאִיסט (ז)
egoísta (adj)	anoχi	אָנוֹכִי
cobarde (m)	paχdan	פַּחדָן (ז)
cobarde (adj)	paχdani	פַּחדָנִי

60. El sueño. Los sueños

dormir (vi)	liʃon	לִישוֹן
sueño (m) (estado)	ʃena	שֵינָה (נ)
sueño (m) (dulces ~s)	χalom	חֲלוֹם (ז)
soñar (vi)	laχalom	לַחֲלוֹם
adormilado (adj)	radum	רָדוּם
cama (f)	mita	מִיטָה (נ)
colchón (m)	mizran	מִזרָן (ז)
manta (f)	smiχa	שׂמִיכָה (נ)
almohada (f)	karit	כָּרִית (נ)
sábana (f)	sadin	סָדִין (ז)
insomnio (m)	nedudei ʃena	נְדוּדֵי שֵינָה (ז"ר)
de insomnio (adj)	χasar ʃena	חֲסַר שֵינָה
somnífero (m)	kadur ʃena	כַּדוּר שֵינָה (ז)
tomar el somnífero	la'kaχat kadur ʃena	לָקַחַת כַּדוּר שֵינָה
tener sueño	lirtsot liʃon	לִרצוֹת לִישוֹן

bostezar (vi)	lefahek	לְפַהֵק
irse a la cama	la'leχet liʃon	לָלֶכֶת לִישׁוֹן
hacer la cama	leha'tsiʿa mita	לְהַצִּיעַ מִיטָּה
dormirse (vr)	leheradem	לְהֵירָדֵם
pesadilla (f)	siyut	סִיּוּט (ז)
ronquido (m)	neχira	נְחִירָה (נ)
roncar (vi)	linχor	לִנחוֹר
despertador (m)	ʃaʿon meʿorer	שָׁעוֹן מְעוֹרֵר (ז)
despertar (vt)	lehaʿir	לְהָעִיר
despertarse (vr)	lehitʿorer	לְהִתעוֹרֵר
levantarse (vr)	lakum	לָקוּם
lavarse (vr)	lehitraχets	לְהִתרַחֵץ

61. El humor. La risa. La alegría

humor (m)	humor	הוּמוֹר (ז)
sentido (m) del humor	χuʃ humor	חוּשׁ הוּמוֹר (ז)
divertirse (vr)	lehanot	לֵיהָנוֹת
alegre (adj)	sa'meaχ	שָׂמֵחַ
júbilo (m)	alitsut	עֲלִיצוּת (נ)
sonrisa (f)	χiyuχ	חִיּוּך (ז)
sonreír (vi)	leχayeχ	לְחַייֵך
echarse a reír	lifrots bitsχok	לִפרוֹץ בִּצחוֹק
reírse (vr)	litsχok	לִצחוֹק
risa (f)	tsχok	צחוֹק (ז)
anécdota (f)	anek'dota	אֲנֶקדוֹטָה (נ)
gracioso (adj)	matsχik	מַצחִיק
ridículo (adj)	meʃaʿa'ʃeʿa	מְשַׁעֲשֵׁעַ
bromear (vi)	lehitba'deaχ	לְהִתבַּדֵּחַ
broma (f)	bdiχa	בְּדִיחָה (נ)
alegría (f) (emoción)	simχa	שִׂמחָה (נ)
alegrarse (vr)	lis'moaχ	לִשׂמוֹחַ
alegre (~ de que ...)	sa'meaχ	שָׂמֵחַ

62. La discusión y la conversación. Unidad 1

comunicación (f)	'keʃer	קֶשֶׁר (ז)
comunicarse (vr)	letakʃer	לְתַקשֵׁר
conversación (f)	siχa	שִׂיחָה (נ)
diálogo (m)	du 'siaχ	דוּ-שִׂיחַ (ז)
discusión (f) (debate)	diyun	דִיוּן (ז)
debate (m)	vi'kuaχ	וִיכּוּחַ (ז)
debatir (vi)	lehitva'keaχ	לְהִתווַכֵּחַ
interlocutor (m)	ben 'siaχ	בֶּן שִׂיחַ (ז)
tema (m)	nose	נוֹשֵׂא (ז)

punto (m) de vista	nekudat mabat	נְקוּדַת מַבָּט (נ)
opinión (f)	deʿa	דֵעָה (נ)
discurso (m)	neʾum	נְאוּם (ז)
discusión (f) (del informe, etc.)	diyun	דִיוּן (ז)
discutir (vt)	ladun	לָדוּן
conversación (f)	siχa	שִׂיחָה (נ)
conversar (vi)	leso'χeaχ	לְשׂוֹחֵחַ
reunión (f)	pgiʃa	פּגִישָׁה (נ)
encontrarse (vr)	lehipageʃ	לְהִיפָּגֵשׁ
proverbio (m)	pitgam	פִּתגָם (ז)
dicho (m)	pitgam	פִּתגָם (ז)
adivinanza (f)	χida	חִידָה (נ)
contar una adivinanza	laχud χida	לָחוּד חִידָה
contraseña (f)	sisma	סִיסמָה (נ)
secreto (m)	sod	סוֹד (ז)
juramento (m)	ʃvuʿa	שבוּעָה (נ)
jurar (vt)	lehiʃava	לְהִישָּׁבַע
promesa (f)	havtaχa	הַבטָחָה (נ)
prometer (vt)	lehav'tiaχ	לְהַבטִיחַ
consejo (m)	etsa	עֵצָה (נ)
aconsejar (vt)	leyaʿets	לְייַעֵץ
seguir el consejo	lifʿol lefi haʿetsa	לִפעוֹל לְפִי הָעֵצָה
escuchar (a los padres)	lehiʃama	לְהִישָּׁמַע
noticias (f pl)	χadaʃot	חֲדָשׁוֹת (נ"ר)
sensación (f)	sen'satsya	סֶנסַציָה (נ)
información (f)	meida	מֵידָע (ז)
conclusión (f)	maskana	מַסקָנָה (נ)
voz (f)	kol	קוֹל (ז)
cumplido (m)	maχmaʾa	מַחמָאָה (נ)
amable (adj)	adiv	אָדִיב
palabra (f)	mila	מִילָה (נ)
frase (f)	miʃpat	מִשפָּט (ז)
respuesta (f)	tʃuva	תשוּבָה (נ)
verdad (f)	emet	אֱמֶת (נ)
mentira (f)	'ʃeker	שֶׁקֶר (ז)
pensamiento (m)	maχʃava	מַחשָׁבָה (נ)
idea (f)	raʿayon	רַעֲיוֹן (ז)
fantasía (f)	fan'tazya	פַנטַזיָה (נ)

63. La discusión y la conversación. Unidad 2

respetado (adj)	meχubad	מְכוּבָּד
respetar (vt)	leχabed	לְכַבֵּד
respeto (m)	kavod	כָּבוֹד (ז)
Estimado ...	hayakar ...	הַיָקָר ...
presentar (~ a sus padres)	laʿasot hekerut	לַעֲשׂוֹת הֵיכֵּרוּת

conocer a alguien	lehakir	לְהַכִּיר
intención (f)	kavana	כַּוָונָה (נ)
tener intención (de ...)	lehitkaven	לְהִתכַּווֵן
deseo (m)	iχul	אִיחוּל (ז)
desear (vt) (~ buena suerte)	le'aχel	לְאַחֵל
sorpresa (f)	hafta'a	הַפתָעָה (נ)
sorprender (vt)	lehaf'ti'a	לְהַפתִיעַ
sorprenderse (vr)	lehitpale	לְהִתפַּלֵא
dar (vt)	latet	לָתֵת
tomar (vt)	la'kaχat	לָקַחַת
devolver (vt)	lehaχzir	לְהַחזִיר
retornar (vt)	lehaʃiv	לְהָשִיב
disculparse (vr)	lehitnatsel	לְהִתנַצֵל
disculpa (f)	hitnatslut	הִתנַצלוּת (נ)
perdonar (vt)	lis'loaχ	לִסלוֹחַ
hablar (vi)	ledaber	לְדַבֵּר
escuchar (vt)	lehakʃiv	לְהַקשִיב
escuchar hasta el final	liʃmo'a	לִשמוֹעַ
comprender (vt)	lehavin	לְהָבִין
mostrar (vt)	lehar'ot	לְהַראוֹת
mirar a ...	lehistakel	לְהִסתַכֵּל
llamar (vt)	likro le...	לִקרוֹא לְ...
distraer (molestar)	lehaf'ri'a	לְהַפרִיעַ
molestar (vt)	lehaf'ri'a	לְהַפרִיעַ
pasar (~ un mensaje)	limsor	לִמסוֹר
petición (f)	bakaʃa	בַּקָשָה (נ)
pedir (vt)	levakeʃ	לְבַקֵש
exigencia (f)	driʃa	דרִישָה (נ)
exigir (vt)	lidroʃ	לִדרוֹש
motejar (vr)	lehitgarot	לְהִתגָרוֹת
burlarse (vr)	lil'og	לִלעוֹג
burla (f)	'la'ag	לַעַג (ז)
apodo (m)	kinui	כִּינוּי (ז)
alusión (f)	'remez	רֶמֶז (ז)
aludir (vi)	lirmoz	לִרמוֹז
sobrentender (vt)	lehitkaven le...	לְהִתכַּווֵן לְ...
descripción (f)	te'ur	תֵיאוּר (ז)
describir (vt)	leta'er	לְתָאֵר
elogio (m)	'ʃevaχ	שֶבַח (ז)
elogiar (vt)	leʃa'beaχ	לְשַבֵּחַ
decepción (f)	aχzava	אַכזָבָה (נ)
decepcionar (vt)	le'aχzev	לְאַכזֵב
estar decepcionado	lehit'aχzev	לְהִתאַכזֵב
suposición (f)	hanaχa	הַנָחָה (נ)
suponer (vt)	leʃa'er	לְשַעֵר

advertencia (f)	azhara	אַזהָרָה (נ)
prevenir (vt)	lehazhir	לְהַזהִיר

64. La discusión y la conversación. Unidad 3

convencer (vt)	leʃaχ'neʿa	לְשַכנֵעַ
calmar (vt)	lehar'giʿa	לְהַרגִיעַ
silencio (m) (~ es oro)	ʃtika	שתִיקָה (נ)
callarse (vr)	liʃtok	לִשתוֹק
susurrar (vi, vt)	lilχoʃ	לִלחוֹש
susurro (m)	leχiʃa	לְחִישָה (נ)
francamente (adv)	beχenut	בְּכֵנוּת
en mi opinión ...	ledaʿati ...	לְדַעְתִי ...
detalle (m) (de la historia)	prat	פּרָט (ז)
detallado (adj)	meforat	מְפוֹרָט
detalladamente (adv)	bimfurat	בִּמפוֹרָט
pista (f)	'remez	רֶמֶז (ז)
dar una pista	lirmoz	לִרמוֹז
mirada (f)	mabat	מַבָּט (ז)
echar una mirada	lehabit	לְהַבִּיט
fija (mirada ~)	kafu	קָפוּא
parpadear (vi)	lematsmets	לְמַצמֵץ
guiñar un ojo	likrots	לִקרוֹץ
asentir con la cabeza	lehanhen	לְהַנהֵן
suspiro (m)	anaχa	אֲנָחָה (נ)
suspirar (vi)	lehe'anaχ	לְהֵיאָנַח
estremecerse (vr)	lirʿod	לִרעוֹד
gesto (m)	meχva	מֶחווָה (נ)
tocar (con la mano)	la'gaʿat be...	לָגַעַת בְּ...
asir (~ de la mano)	litfos	לִתפּוֹס
palmear (~ la espalda)	lit'poaχ	לִטפּוֹחַ
¡Cuidado!	zehirut!	זְהִירוּת!
¿De veras?	be'emet?	בֶּאֱמֶת?
¿Estás seguro?	ata ba'tuaχ?	אַתָה בָּטוּחַ?
¡Suerte!	behatslaχa!	בְּהַצלָחָה!
¡Ya veo!	muvan!	מוּבָן!
¡Es una lástima!	χaval!	חֲבָל!

65. El acuerdo. El rechazo

acuerdo (m)	haskama	הַסכָּמָה (נ)
estar de acuerdo	lehaskim	לְהַסכִּים
aprobación (f)	iʃur	אִישוּר (ז)
aprobar (vt)	le'aʃer	לְאַשֵר
rechazo (m)	siruv	סֵירוּב (ז)

negarse (vr)	lesarev	לְסָרֵב
¡Excelente!	metsuyan!	מְצוּיָן!
¡De acuerdo!	tov!	טוֹב!
¡Vale!	be'seder!	בְּסֵדֶר!
prohibido (adj)	asur	אָסוּר
está prohibido	asur	אָסוּר
es imposible	'bilti efʃari	בִּלתִי אֶפשָרִי
incorrecto (adj)	ʃagui	שָגוּי
rechazar (vt)	lidχot	לדחוֹת
apoyar (la decisión)	litmoχ be...	לתמוֹך בְּ...
aceptar (vt)	lekabel	לְקַבֵּל
confirmar (vt)	le'aʃer	לְאַשֵר
confirmación (f)	iʃur	אִישוּר (ז)
permiso (m)	reʃut	רְשוּת (נ)
permitir (vt)	leharʃot	לְהַרשוֹת
decisión (f)	haχlata	הַחלָטָה (נ)
no decir nada	liʃtok	לשתוֹק
condición (f)	tnai	תנַאי (ז)
excusa (f) (pretexto)	teruts	תֵירוּץ (ז)
elogio (m)	'ʃevaχ	שֶבַח (ז)
elogiar (vt)	leʃa'beaχ	לְשַבֵּחַ

66. El éxito. La buena suerte. El fracaso

éxito (m)	hatsala	הַצלָחָה (נ)
con éxito (adv)	behatslaχa	בְּהַצלָחָה
exitoso (adj)	mutslaχ	מוּצלָח
suerte (f)	mazal	מַזָל (ז)
¡Suerte!	behatslaχa!	בְּהַצלָחָה!
de suerte (día ~)	mutslaχ	מוּצלָח
afortunado (adj)	bar mazal	בַּר מַזָל
fiasco (m)	kiʃalon	כִּישָלוֹן (ז)
infortunio (m)	'χoser mazal	חוֹסֶר מַזָל (ז)
mala suerte (f)	'χoser mazal	חוֹסֶר מַזָל (ז)
fracasado (adj)	lo mutslaχ	לא מוּצלָח
catástrofe (f)	ason	אָסוֹן (ז)
orgullo (m)	ga'ava	גַאֲוָוה (נ)
orgulloso (adj)	ge'e	גֵאֶה
estar orgulloso	lehitga'ot	לְהִתגָאוֹת
ganador (m)	zoχe	זוֹכֶה (ז)
ganar (vi)	lena'tseaχ	לְנַצֵחַ
perder (vi)	lehafsid	לְהַפסִיד
tentativa (f)	nisayon	נִיסָיוֹן (ז)
intentar (tratar)	lenasot	לְנַסוֹת
chance (f)	hizdamnut	הִזדַמנוּת (נ)

67. Las discusiones. Las emociones negativas

grito (m)	tseʿaka	צְעָקָה (נ)
gritar (vi)	litsʿok	לִצעוֹק
comenzar a gritar	lehatχil litsʿok	לְהַתחִיל לִצעוֹק
disputa (f), riña (f)	riv	רִיב (ז)
reñir (vi)	lariv	לָרִיב
escándalo (m) (riña)	riv	רִיב (ז)
causar escándalo	lariv	לָרִיב
conflicto (m)	siχsuχ	סִכסוּך (ז)
malentendido (m)	i havana	אִי הֲבָנָה (נ)
insulto (m)	elbon	עֶלבּוֹן (ז)
insultar (vt)	lehaʿaliv	לְהַעֲלִיב
insultado (adj)	neʿelav	נֶעֱלָב
ofensa (f)	tina	טִינָה (נ)
ofender (vt)	lifgoʿa	לִפגוֹעַ
ofenderse (vr)	lehipaga	לְהִיפָּגַע
indignación (f)	hitmarmerut	הִתמַרמְרוּת (נ)
indignarse (vr)	lehitraʿem	לְהִתרַעֵם
queja (f)	tluna	תלוּנָה (נ)
quejarse (vr)	lehitlonen	לְהִתלוֹנֵן
disculpa (f)	hitnatslut	הִתנַצלוּת (נ)
disculparse (vr)	lehitnatsel	לְהִתנַצֵל
pedir perdón	levakeʃ sliχa	לְבַקֵש סלִיחָה
crítica (f)	bi'koret	בִּיקוֹרֶת (נ)
criticar (vt)	levaker	לְבַקֵר
acusación (f)	haʾaʃama	הַאֲשָמָה (נ)
acusar (vt)	lehaʾaʃim	לְהַאֲשִים
venganza (f)	nekama	נְקָמָה (נ)
vengar (vt)	linkom	לִנקוֹם
pagar (vt)	lehaχzir	לְהַחזִיר
desprecio (m)	zilzul	זִלזוּל (ז)
despreciar (vt)	lezalzel be…	לְזַלזֵל בְּ...
odio (m)	sinʾa	שִׂנאָה (נ)
odiar (vt)	lisno	לִשׂנוֹא
nervioso (adj)	atsbani	עַצבָּנִי
estar nervioso	lihyot atsbani	לִהיוֹת עַצבָּנִי
enfadado (adj)	kaʿus	כָּעוּס
enfadar (vt)	lehargiz	לְהַרגִיז
humillación (f)	haʃpala	הַשפָּלָה (נ)
humillar (vt)	lehaʃpil	לְהַשפִּיל
humillarse (vr)	lehaʃpil et atsmo	לְהַשפִּיל אֶת עַצמוֹ
choque (m)	'helem	הֶלֶם (ז)
chocar (vi)	lezaʿazeʿa	לְזַעֲזֵעַ
molestia (f) (problema)	tsara	צָרָה (נ)

desagradable (adj)	lo na'im	לא נָעִים
miedo (m)	'paχad	פַּחַד (ז)
terrible (tormenta, etc.)	nora	נוֹרָא
de miedo (historia ~)	mafχid	מַפחִיד
horror (m)	zva'a	זוָועָה (נ)
horrible (adj)	ayom	אָיוֹם
empezar a temblar	lehera'ed	לְהֵירָעֵד
llorar (vi)	livkot	לִבכּוֹת
comenzar a llorar	lehatχil livkot	לְהַתחִיל לִבכּוֹת
lágrima (f)	dim'a	דִמעָה (נ)
culpa (f)	aʃma	אַשמָה (נ)
remordimiento (m)	rigʃei aʃam	רִגשֵי אָשָם (ז"ר)
deshonra (f)	χerpa	חֶרפָּה (נ)
protesta (f)	meχa'a	מְחָאָה (נ)
estrés (m)	'laχats	לַחַץ (ז)
molestar (vt)	lehaf'ri'a	לְהַפרִיעַ
estar furioso	liχ'os	לִכעוֹס
enfadado (adj)	zo'em	זוֹעֵם
terminar (vt)	lesayem	לְסַייֵם
regañar (vt)	lekalel	לְקַלֵל
asustarse (vr)	lehibahel	לְהִיבָּהֵל
golpear (vt)	lehakot	לְהַכּוֹת
pelear (vi)	lehitkotet	לְהִתקוֹטֵט
resolver (~ la discusión)	lehasdir	לְהַסדִיר
descontento (adj)	lo merutse	לא מְרוּצֶה
furioso (adj)	metoraf	מְטוֹרָף
¡No está bien!	ze lo tov!	זֶה לא טוֹב!
¡Está mal!	ze ra!	זֶה רַע!

La medicina

68. Las enfermedades

enfermedad (f)	maχala	מַחֲלָה (נ)
estar enfermo	lihyot χole	לִהיוֹת חוֹלֶה
salud (f)	bri'ut	בּרִיאוּת (נ)
resfriado (m) (coriza)	na'zelet	נַזֶלֶת (נ)
angina (f)	da'leket ʃkedim	דַלֶקֶת שקֵדִים (נ)
resfriado (m)	hitstanenut	הִצטַנְנוּת (נ)
resfriarse (vr)	lehitstanen	לְהִצטַנֵן
bronquitis (f)	bron'χitis	בּרוֹנכִיטִיס (ז)
pulmonía (f)	da'leket re'ot	דַלֶקֶת רֵיאוֹת (נ)
gripe (f)	ʃa'pa'at	שַׁפַעַת (נ)
miope (adj)	ktsar re'iya	קצַר רְאִייָה
présbita (adj)	reχok re'iya	רְחוֹק־רְאִייָה
estrabismo (m)	pzila	פּזִילָה (נ)
estrábico (m) (adj)	pozel	פּוֹזֵל
catarata (f)	katarakt	קָטָרַקט (ז)
glaucoma (m)	gla'u'koma	גלָאוּקוֹמָה (נ)
insulto (m)	ʃavats moχi	שָבָץ מוֹחִי (ז)
ataque (m) cardiaco	hetkef lev	הֶתקֵף לֵב (ז)
infarto (m) de miocardio	'otem ʃrir halev	אוֹטֶם שרִיר הַלֵב (ז)
parálisis (f)	ʃituk	שִיתוּק (ז)
paralizar (vt)	leʃatek	לְשַתֵק
alergia (f)	a'lergya	אָלֶרגִיָה (נ)
asma (f)	'astma, ka'tseret	אַסתמָה, קַצֶרֶת (נ)
diabetes (f)	su'keret	סוּכֶּרֶת (נ)
dolor (m) de muelas	ke'ev ʃi'nayim	כְּאֵב שִינַיִים (ז)
caries (f)	a'ʃeʃet	עַשֶשֶת (נ)
diarrea (f)	ʃilʃul	שִלשוּל (ז)
estreñimiento (m)	atsirut	עֲצִירוּת (נ)
molestia (f) estomacal	kilkul keiva	קִלקוּל קֵיבָה (ז)
envenenamiento (m)	har'alat mazon	הַרעָלַת מָזוֹן (נ)
envenenarse (vr)	laχatof har'alat mazon	לַחֲטוֹף הַרעָלַת מָזוֹן
artritis (f)	da'leket mifrakim	דַלֶקֶת מִפרָקִים (נ)
raquitismo (m)	ra'keχet	רַכֶּכֶת (נ)
reumatismo (m)	ʃigaron	שִיגָרוֹן (ז)
ateroesclerosis (f)	ar'teryo skle'rosis	אַרטֶריוֹ־סקלֶרוֹסִיס (ז)
gastritis (f)	da'leket keiva	דַלֶקֶת קֵיבָה (נ)
apendicitis (f)	da'leket toseftan	דַלֶקֶת תוֹסֶפתָן (נ)

colecistitis (f)	da'leket kis hamara	דַלֶקֶת כִּיס הַמָרָה (נ)
úlcera (f)	'ulkus, kiv	אולקוס, כִּיב (ז)
sarampión (m)	χa'tsevet	חַצֶבֶת (נ)
rubeola (f)	a'demet	אַדֶמֶת (נ)
ictericia (f)	tsa'hevet	צַהֶבֶת (נ)
hepatitis (f)	da'leket kaved	דַלֶקֶת כָּבֵד (נ)
esquizofrenia (f)	sχizo'frenya	סכיזופרֶנִיָה (נ)
rabia (f) (hidrofobia)	ka'levet	כַּלֶבֶת (נ)
neurosis (f)	noi'roza	נוירוֹזָה (נ)
conmoción (f) cerebral	zaʿa'zuʿa 'moaχ	זַעֲזוּעַ מוֹחַ (ז)
cáncer (m)	sartan	סַרטָן (ז)
esclerosis (f)	ta'reʃet	טָרֶשֶת (נ)
esclerosis (m) múltiple	ta'reʃet nefotsa	טָרֶשֶת נְפוֹצָה (נ)
alcoholismo (m)	alkoholizm	אַלכּוֹהוֹלִיזם (ז)
alcohólico (m)	alkoholist	אַלכּוֹהוֹלִיסט (ז)
sífilis (f)	a'gevet	עַגֶבֶת (נ)
SIDA (m)	eids	אֵיידס (ז)
tumor (m)	gidul	גִידוּל (ז)
maligno (adj)	mam'ir	מַמאִיר
benigno (adj)	ʃapir	שָפִיר
fiebre (f)	ka'daχat	קַדַחַת (נ)
malaria (f)	ma'larya	מָלַריָה (נ)
gangrena (f)	gan'grena	גַנגרֶנָה (נ)
mareo (m)	maχalat yam	מַחֲלַת יָם (נ)
epilepsia (f)	maχalat hanefila	מַחֲלַת הַנְפִילָה (נ)
epidemia (f)	magefa	מַגֵיפָה (נ)
tifus (m)	'tifus	טִיפוּס (ז)
tuberculosis (f)	ʃa'χefet	שַחֶפֶת (נ)
cólera (f)	ko'lera	כּוֹלֶרָה (נ)
peste (f)	davar	דֶבֶר (ז)

69. Los síntomas. Los tratamientos. Unidad 1

síntoma (m)	simptom	סִימפּטוֹם (ז)
temperatura (f)	χom	חוֹם (ז)
fiebre (f)	χom ga'voha	חוֹם גָבוֹהַ (ז)
pulso (m)	'dofek	דוֹפֶק (ז)
mareo (m) (vértigo)	sχar'χoret	סחַרחוֹרֶת (נ)
caliente (adj)	χam	חַם
escalofrío (m)	tsmar'moret	צמַרמוֹרֶת (נ)
pálido (adj)	χiver	חִיוֵור
tos (f)	ʃiʿul	שִיעוּל (ז)
toser (vi)	lehiʃtaʿel	לְהִשתַעֵל
estornudar (vi)	lehitʿateʃ	לְהִתעַטֵש
desmayo (m)	ilafon	עִילָפוֹן (ז)

desmayarse (vr)	lehitʿalef	לְהִתעַלֵף
moradura (f)	χabura	חַבּוּרָה (נ)
chichón (m)	blita	בּלִיטָה (נ)
golpearse (vr)	lekabel maka	לְקַבֵּל מַכָּה
magulladura (f)	maka	מַכָּה (נ)
magullarse (vr)	lekabel maka	לְקַבֵּל מַכָּה
cojear (vi)	lits'loʿa	לִצלוֹעַ
dislocación (f)	'nekaʿ	נֶקַע (ז)
dislocar (vt)	lin'koʿa	לִנקוֹעַ
fractura (f)	'ʃever	שֶבֶר (ז)
tener una fractura	liʃbor	לִשבּוֹר
corte (m) (tajo)	χataχ	חֲתָך (ז)
cortarse (vr)	lehiχateχ	לְהֵיחָתֵך
hemorragia (f)	dimum	דִימוּם (ז)
quemadura (f)	kviya	כּווִייָה (נ)
quemarse (vr)	laχatof kviya	לַחֲטוֹף כּווִייָה
pincharse (~ el dedo)	lidkor	לִדקוֹר
pincharse (vr)	lehidaker	לְהִידָקֵר
herir (vt)	lif'tsoʿa	לִפצוֹעַ
herida (f)	ptsiʿa	פּצִיעָה (נ)
lesión (f) (herida)	'petsa	פֶּצַע (ז)
trauma (m)	'traʾuma	טרָאוּמָה (נ)
delirar (vi)	lahazot	לַהֲזוֹת
tartamudear (vi)	legamgem	לְגַמגֵם
insolación (f)	makat 'ʃemeʃ	מַכַּת שֶמֶש (נ)

70. Los síntomas. Los tratamientos. Unidad 2

dolor (m)	keʾev	כְּאֵב (ז)
astilla (f)	kots	קוֹץ (ז)
sudor (m)	zeʿa	זֵיעָה (נ)
sudar (vi)	leha'ziʿa	לְהַזִיעַ
vómito (m)	hakaʾa	הֲקָאָה (נ)
convulsiones (f pl)	pirkusim	פִּירכּוּסִים (ז"ר)
embarazada (adj)	hara	הָרָה
nacer (vi)	lehivaled	לְהִיווָלֵד
parto (m)	leda	לֵידָה (נ)
dar a luz	la'ledet	לָלֶדֶת
aborto (m)	hapala	הַפָּלָה (נ)
respiración (f)	neʃima	נְשִימָה (נ)
inspiración (f)	ʃeʾifa	שְאִיפָה (נ)
espiración (f)	neʃifa	נְשִיפָה (נ)
espirar (vi)	linʃof	לִנשוֹף
inspirar (vi)	liʃʾof	לִשאוֹף
inválido (m)	naχe	נָכֶה (ז)
mutilado (m)	naχe	נָכֶה (ז)

drogadicto (m)	narkoman	נַרקוֹמָן (ז)
sordo (adj)	χereʃ	חֵירֵש
mudo (adj)	ilem	אִילֵם
sordomudo (adj)	χereʃ-ilem	חֵירֵש־אִילֵם
loco (adj)	meʃuga	מְשוּגָע
loco (m)	meʃuga	מְשוּגָע (ז)
loca (f)	meʃu'ga'at	מְשוּגַעַת (נ)
volverse loco	lehiʃta'geʿa	לְהִשתַגֵעַ
gen (m)	gen	גֶן (ז)
inmunidad (f)	χasinut	חֲסִינוּת (נ)
hereditario (adj)	toraʃti	תוֹרַשתִי
de nacimiento (adj)	mulad	מוּלָד
virus (m)	'virus	וִירוּס (ז)
microbio (m)	χaidak	חַיידַק (ז)
bacteria (f)	bak'terya	בַּקטֶריָה (נ)
infección (f)	zihum	זִיהוּם (ז)

71. Los síntomas. Los tratamientos. Unidad 3

hospital (m)	beit χolim	בֵּית חוֹלִים (ז)
paciente (m)	metupal	מְטוּפָל (ז)
diagnosis (f)	avχana	אַבחָנָה (נ)
cura (f)	ripui	רִיפּוּי (ז)
tratamiento (m)	tipul refu'i	טִיפּוּל רְפוּאִי (ז)
curarse (vr)	lekabel tipul	לְקַבֵּל טִיפּוּל
tratar (vt)	letapel be...	לְטַפֵּל בְּ...
cuidar (a un enfermo)	letapel be...	לְטַפֵּל בְּ...
cuidados (m pl)	tipul	טִיפּוּל (ז)
operación (f)	ni'tuaχ	נִיתוּחַ (ז)
vendar (vt)	laχboʃ	לַחבּוֹש
vendaje (m)	χaviʃa	חֲבִישָה (נ)
vacunación (f)	χisun	חִיסוּן (ז)
vacunar (vt)	leχasen	לְחַסֵן
inyección (f)	zrika	זרִיקָה (נ)
aplicar una inyección	lehazrik	לְהַזרִיק
ataque (m)	hetkef	הֶתקֵף (ז)
amputación (f)	ktiʿa	קטִיעָה (נ)
amputar (vt)	lik'toʿa	לִקטוֹעַ
coma (m)	tar'demet	תַרדֶמֶת (נ)
estar en coma	lihyot betar'demet	לִהיוֹת בְּתַרדֶמֶת
revitalización (f)	tipul nimrats	טִיפּוּל נִמרָץ (ז)
recuperarse (vr)	lehaχlim	לְהַחלִים
estado (m) (de salud)	matsav	מַצָב (ז)
consciencia (f)	hakara	הַכָּרָה (נ)
memoria (f)	zikaron	זִיכָּרוֹן (ז)
extraer (un diente)	laʿakor	לַעֲקוֹר

empaste (m)	stima	סְתִימָה (נ)
empastar (vt)	la'asot stima	לַעֲשׂוֹת סתִימָה
hipnosis (f)	hip'noza	הִיפנוֹזָה (נ)
hipnotizar (vt)	lehapnet	לְהַפנֵט

72. Los médicos

médico (m)	rofe	רוֹפֵא (ז)
enfermera (f)	aχot	אָחוֹת (נ)
médico (m) personal	rofe iʃi	רוֹפֵא אִישִׁי (ז)
dentista (m)	rofe ʃi'nayim	רוֹפֵא שִׁינַיִים (ז)
oftalmólogo (m)	rofe ei'nayim	רוֹפֵא עֵינַיִים (ז)
internista (m)	rofe pnimi	רוֹפֵא פּנִימִי (ז)
cirujano (m)	kirurg	כִּירוּרג (ז)
psiquiatra (m)	psiχi"ater	פסִיכִיאָטֶר (ז)
pediatra (m)	rofe yeladim	רוֹפֵא יְלָדִים (ז)
psicólogo (m)	psiχolog	פסִיכוֹלוֹג (ז)
ginecólogo (m)	rofe naʃim	רוֹפֵא נָשִׁים (ז)
cardiólogo (m)	kardyolog	קַרדִיוֹלוֹג (ז)

73. La medicina. Las drogas. Los accesorios

medicamento (m), droga (f)	trufa	תרוּפָה (נ)
remedio (m)	trufa	תרוּפָה (נ)
prescribir (vt)	lirʃom	לִרשׁוֹם
receta (f)	mirʃam	מִרשָׁם (ז)
tableta (f)	kadur	כַּדוּר (ז)
ungüento (m)	miʃχa	מִשׁחָה (נ)
ampolla (f)	'ampula	אַמפּוּלָה (נ)
mixtura (f), mezcla (f)	ta'a'rovet	תַעֲרוֹבֶת (נ)
sirope (m)	sirop	סִירוֹפ (ז)
píldora (f)	gluya	גלוּיָה (נ)
polvo (m)	avka	אַבקָה (נ)
venda (f)	taχ'boʃet 'gaza	תַחבּוֹשֶׁת גָאזָה (ז)
algodón (m) (discos de ~)	'tsemer 'gefen	צֶמֶר גֶפֶן (ז)
yodo (m)	yod	יוֹד (ז)
tirita (f), curita (f)	'plaster	פלַסטֶר (ז)
pipeta (f)	taf'tefet	טַפטֶפֶת (נ)
termómetro (m)	madχom	מַדחוֹם (ז)
jeringa (f)	mazrek	מַזרֵק (ז)
silla (f) de ruedas	kise galgalim	כִּיסֵא גַלגַלִים (ז)
muletas (f pl)	ka'bayim	קַבַּיִים (ז"ר)
anestésico (m)	meʃakeχ ke'evim	מְשַׁכֵּךְ כְּאֵבִים (ז)
purgante (m)	trufa meʃal'ʃelet	תרוּפָה מְשַׁלשֶׁלֶת (נ)

alcohol (m)	'kohal	כּוֹהַל (ז)
hierba (f) medicinal	isvei marpe	עִשׂבֵי מַרפֵּא (ז"ר)
de hierbas (té ~)	ʃel asavim	שֶל עֲשָׂבִים

74. El tabaquismo. Los productos del tabaco

tabaco (m)	'tabak	טַבָּק (ז)
cigarrillo (m)	si'garya	סִיגַריָה (נ)
cigarro (m)	sigar	סִיגָר (ז)
pipa (f)	mik'teret	מִקטֶרֶת (נ)
paquete (m)	χafisa	חֲפִיסָה (נ)
cerillas (f pl)	gafrurim	גַפרוּרִים (ז"ר)
caja (f) de cerillas	kufsat gafrurim	קוּפסַת גַפרוּרִים (נ)
encendedor (m)	maʦit	מַצִית (ז)
cenicero (m)	ma'afera	מַאֲפֵרָה (נ)
pitillera (f)	nartik lesi'garyot	נַרתִיק לְסִיגַריוֹת (ז)
boquilla (f)	piya	פִּייָה (נ)
filtro (m)	'filter	פִילטֶר (ז)
fumar (vi, vt)	leʿaʃen	לְעַשֵן
encender un cigarrillo	lehadlik si'garya	לְהַדלִיק סִיגַריָה
tabaquismo (m)	iʃun	עִישוּן (ז)
fumador (m)	meʿaʃen	מְעַשֵן (ז)
colilla (f)	bdal si'garya	בְּדַל סִיגַריָה (ז)
humo (m)	aʃan	עָשָן (ז)
ceniza (f)	'efer	אֵפֶר (ז)

EL AMBIENTE HUMANO

La ciudad

75. La ciudad. La vida en la ciudad

ciudad (f)	ir	עִיר (נ)
capital (f)	ir bira	עִיר בִּירָה (נ)
aldea (f)	kfar	כְּפָר (ז)
plano (m) de la ciudad	mapat ha'ir	מַפַּת הָעִיר (נ)
centro (m) de la ciudad	merkaz ha'ir	מֶרכַּז הָעִיר (ז)
suburbio (m)	parvar	פַּרווָר (ז)
suburbano (adj)	parvari	פַּרווָרִי
arrabal (m)	parvar	פַּרווָר (ז)
afueras (f pl)	svivot	סבִיבוֹת (נ"ר)
barrio (m)	ʃχuna	שכוּנָה (נ)
zona (f) de viviendas	ʃχunat megurim	שכוּנַת מְגוּרִים (נ)
tráfico (m)	tnu'a	תנוּעָה (נ)
semáforo (m)	ramzor	רַמזוֹר (ז)
transporte (m) urbano	taχbura tsiburit	תַחבּוּרָה צִיבּוּרִית (נ)
cruce (m)	'tsomet	צוֹמֶת (ז)
paso (m) de peatones	ma'avar χatsaya	מַעֲבַר חֲצָיָה (ז)
paso (m) subterráneo	ma'avar tat karka'i	מַעֲבָר תַת־קַרקָעִי (ז)
cruzar (vt)	laχatsot	לַחֲצוֹת
peatón (m)	holeχ 'regel	הוֹלֵך רֶגֶל (ז)
acera (f)	midraχa	מִדרָכָה (נ)
puente (m)	'geʃer	גֶשֶר (ז)
muelle (m)	ta'yelet	טַייֶלֶת (נ)
fuente (f)	mizraka	מִזרָקָה (נ)
alameda (f)	sdera	שׂדֵרָה (נ)
parque (m)	park	פַּארק (ז)
bulevar (m)	sdera	שׂדֵרָה (נ)
plaza (f)	kikar	כִּיכָּר (נ)
avenida (f)	reχov raʃi	רְחוֹב רָאשִי (ז)
calle (f)	reχov	רְחוֹב (ז)
callejón (m)	simta	סִמטָה (נ)
callejón (m) sin salida	mavoi satum	מָבוֹי סָתוּם (ז)
casa (f)	'bayit	בַּיִת (ז)
edificio (m)	binyan	בִּניָין (ז)
rascacielos (m)	gored ʃχakim	גוֹרֵד שחָקִים (ז)
fachada (f)	χazit	חֲזִית (נ)
techo (m)	gag	גַג (ז)

ventana (f)	xalon	חַלוֹן (ז)
arco (m)	'keʃet	קֶשֶׁת (נ)
columna (f)	amud	עַמוּד (ז)
esquina (f)	pina	פִּינָה (נ)
escaparate (f)	xalon ra'ava	חַלוֹן רַאֲוָוה (ז)
letrero (m) (~ luminoso)	'ʃelet	שֶׁלֶט (ז)
cartel (m)	kraza	כְּרָזָה (נ)
cartel (m) publicitario	'poster	פוֹסטֶר (ז)
valla (f) publicitaria	'luax pirsum	לוּחַ פִּרסוּם (ז)
basura (f)	'zevel	זֶבֶל (ז)
cajón (m) de basura	pax aʃpa	פַּח אַשׁפָּה (ז)
tirar basura	lelaxlex	לְלַכלֵך
basurero (m)	mizbala	מִזבָּלָה (נ)
cabina (f) telefónica	ta 'telefon	תָא טֶלֶפוֹן (ז)
farola (f)	amud panas	עַמוּד פָּנָס (ז)
banco (m) (del parque)	safsal	סַפסָל (ז)
policía (m)	ʃoter	שׁוֹטֵר (ז)
policía (f) (~ nacional)	miʃtara	מִשׁטָרָה (נ)
mendigo (m)	kabtsan	קַבּצָן (ז)
persona (f) sin hogar	xasar 'bayit	חֲסַר בַּיִת (ז)

76. Las instituciones urbanas

tienda (f)	xanut	חֲנוּת (נ)
farmacia (f)	beit mir'kaxat	בֵּית מִרקַחַת (ז)
óptica (f)	xanut miʃka'fayim	חֲנוּת מִשקָפַיִים (נ)
centro (m) comercial	kanyon	קַניוֹן (ז)
supermercado (m)	super'market	סוּפֶּרמַרקֶט (ז)
panadería (f)	ma'afiya	מַאֲפִייָה (נ)
panadero (m)	ofe	אוֹפֶה (ז)
pastelería (f)	xanut mamtakim	חֲנוּת מַמתָקִים (נ)
tienda (f) de comestibles	ma'kolet	מַכּוֹלֶת (נ)
carnicería (f)	itliz	אִטלִיז (ז)
verdulería (f)	xanut perot viyerakot	חֲנוּת פֵּירוֹת וִירָקוֹת (נ)
mercado (m)	ʃuk	שׁוּק (ז)
cafetería (f)	beit kafe	בֵּית קָפֶה (ז)
restaurante (m)	mis'ada	מִסעָדָה (נ)
cervecería (f)	pab	פָּאבּ (ז)
pizzería (f)	pi'tseriya	פִּיצֶרִייָה (נ)
peluquería (f)	mispara	מִספָּרָה (נ)
oficina (f) de correos	'do'ar	דוֹאַר (ז)
tintorería (f)	nikui yaveʃ	נִיקוּי יָבֵשׁ (ז)
estudio (m) fotográfico	'studyo letsilum	סטוּדִיוֹ לְצִילוּם (ז)
zapatería (f)	xanut na'a'layim	חֲנוּת נַעֲלַיִים (נ)
librería (f)	xanut sfarim	חֲנוּת סְפָרִים (נ)

tienda (f) deportiva	χanut sport	חֲנוּת סְפּוֹרט (נ)
arreglos (m pl) de ropa	χanut tikun bgadim	חֲנוּת תִיקוּן בּגָדִים (נ)
alquiler (m) de ropa	χanut haskarat bgadim	חֲנוּת הַשׂכָּרַת בּגָדִים (נ)
videoclub (m)	χanut haʃ'alat sratim	חֲנוּת הַשאָלַת סרָטִים (נ)
circo (m)	kirkas	קִרקָס (ז)
zoológico (m)	gan hayot	גַן חַיוֹת (ז)
cine (m)	kol'noʿa	קוֹלנוֹעַ (ז)
museo (m)	muze'on	מוּזֵיאוֹן (ז)
biblioteca (f)	sifriya	סִפרִייָה (נ)
teatro (m)	te'atron	תֵיאַטרוֹן (ז)
ópera (f)	beit 'opera	בֵּית אוֹפֶּרָה (ז)
club (m) nocturno	moʿadon 'laila	מוֹעֲדוֹן לַילָה (ז)
casino (m)	ka'zino	קָזִינוֹ (ז)
mezquita (f)	misgad	מִסגָד (ז)
sinagoga (f)	beit 'kneset	בֵּית כּנֶסֶת (ז)
catedral (f)	kated'rala	קָתֶדרָלָה (נ)
templo (m)	mikdaʃ	מִקדָש (ז)
iglesia (f)	knesiya	כּנֵסִייָה (נ)
instituto (m)	miχlala	מִכלָלָה (נ)
universidad (f)	uni'versita	אוּנִיבֶרסִיטָה (נ)
escuela (f)	beit 'sefer	בֵּית סֵפֶר (ז)
prefectura (f)	maχoz	מָחוֹז (ז)
alcaldía (f)	iriya	עִירִייָה (נ)
hotel (m)	beit malon	בֵּית מָלוֹן (ז)
banco (m)	bank	בַּנק (ז)
embajada (f)	ʃagrirut	שַגרִירוּת (נ)
agencia (f) de viajes	soχnut nesiʿot	סוֹכנוּת נְסִיעוֹת (נ)
oficina (f) de información	modiʿin	מוֹדִיעִין (ז)
oficina (f) de cambio	misrad hamarat mat'beʿa	מִשׂרַד הֲמָרַת מַטבֵּעַ (ז)
metro (m)	ra'kevet taχtit	רַכֶּבֶת תַחתִית (נ)
hospital (m)	beit χolim	בֵּית חוֹלִים (ז)
gasolinera (f)	taχanat 'delek	תַחֲנַת דֶלֶק (נ)
aparcamiento (m)	migraʃ χanaya	מִגרַש חֲנָיָה (ז)

77. El transporte urbano

autobús (m)	'otobus	אוֹטוֹבּוּס (ז)
tranvía (m)	ra'kevet kala	רַכֶּבֶת קַלָה (נ)
trolebús (m)	tro'leibus	טרוֹלֵיבּוּס (ז)
itinerario (m)	maslul	מַסלוּל (ז)
número (m)	mispar	מִספָּר (ז)
ir en ...	lin'soʿa be...	לִנסוֹעַ בְּ...
tomar (~ el autobús)	laʿalot	לַעֲלוֹת
bajar (~ del tren)	la'redet mi...	לָרֶדֶת מִ...
parada (f)	taχana	תַחֲנָה (נ)

próxima parada (f)	hataχana haba'a	הַתַּחֲנָה הַבָּאָה (נ)
parada (f) final	hataχana ha'aχrona	הַתַּחֲנָה הָאַחֲרוֹנָה (נ)
horario (m)	'luaχ zmanim	לוּחַ זְמַנִּים (ז)
esperar (aguardar)	lehamtin	לְהַמתִין
billete (m)	kartis	כַּרטִיס (ז)
precio (m) del billete	meχir hanesiya	מְחִיר הַנְּסִיעָה (ז)
cajero (m)	kupai	קוּפַּאי (ז)
control (m) de billetes	bi'koret kartisim	בִּיקוֹרֶת כַּרטִיסִים (נ)
revisor (m)	mevaker	מְבַקֵר (ז)
llegar tarde (vi)	le'aχer	לְאַחֵר
perder (~ el tren)	lefasfes	לְפַסְפֵס
tener prisa	lemaher	לְמַהֵר
taxi (m)	monit	מוֹנִית (נ)
taxista (m)	nahag monit	נֶהָג מוֹנִית (ז)
en taxi	bemonit	בְּמוֹנִית
parada (f) de taxi	taχanat moniyot	תַּחֲנַת מוֹנִיוֹת (נ)
llamar un taxi	lehazmin monit	לְהַזמִין מוֹנִית
tomar un taxi	la'kaχat monit	לָקַחַת מוֹנִית
tráfico (m)	tnu'a	תנוּעָה (נ)
atasco (m)	pkak	פּקָק (ז)
horas (f pl) de punta	ʃa'ot 'omes	שְעוֹת עוֹמֶס (נ"ר)
aparcar (vi)	laχanot	לַחֲנוֹת
aparcar (vt)	lehaχnot	לְהַחנוֹת
aparcamiento (m)	χanaya	חֲנָיָה (נ)
metro (m)	ra'kevet taχtit	רַכֶּבֶת תַחתִית (נ)
estación (f)	taχana	תַּחֲנָה (נ)
ir en el metro	lin'so'a betaχtit	לִנסוֹעַ בְּתַחתִית
tren (m)	ra'kevet	רַכֶּבֶת (נ)
estación (f)	taχanat ra'kevet	תַּחֲנַת רַכֶּבֶת (נ)

78. El turismo. La excursión

monumento (m)	an'darta	אַנדַרטָה (נ)
fortaleza (f)	mivtsar	מִבצָר (ז)
palacio (m)	armon	אַרמוֹן (ז)
castillo (m)	tira	טִירָה (נ)
torre (f)	migdal	מִגדָל (ז)
mausoleo (m)	ma'uzo'le'um	מָאוּזוֹלֵיאוּם (ז)
arquitectura (f)	adriχalut	אַדרִיכָלוּת (נ)
medieval (adj)	benaimi	בֵּינַיימִי
antiguo (adj)	atik	עַתִיק
nacional (adj)	le'umi	לְאוּמִי
conocido (adj)	mefursam	מְפוּרסָם
turista (m)	tayar	תַייָר (ז)
guía (m) (persona)	madriχ tiyulim	מַדרִיך טִיוּלִים (ז)
excursión (f)	tiyul	טִיוּל (ז)

mostrar (vt)	lehar'ot	לְהַראוֹת
contar (una historia)	lesaper	לְסַפֵּר
encontrar (hallar)	limtso	לִמצוֹא
perderse (vr)	la'leχet le'ibud	לָלֶכֶת לְאִיבּוּד
plano (m) (~ de metro)	mapa	מַפָּה (נ)
mapa (m) (~ de la ciudad)	tarʃim	תַרשִים (ז)
recuerdo (m)	maz'keret	מַזכֶּרֶת (נ)
tienda (f) de regalos	χanut matanot	חֲנוּת מַתָנוֹת (נ)
hacer fotos	letsalem	לְצַלֵם
fotografiarse (vr)	lehitstalem	לְהִצטַלֵם

79. Las compras

comprar (vt)	liknot	לִקנוֹת
compra (f)	kniya	קְנִייָה (נ)
hacer compras	la'leχet lekniyot	לָלֶכֶת לְקְנִיוֹת
compras (f pl)	ariχat kniyot	עֲרִיכַת קְנִיוֹת (נ)
estar abierto (tienda)	pa'tuaχ	פָּתוּחַ
estar cerrado	sagur	סָגוּר
calzado (m)	na'a'layim	נַעֲלַיִים (נ"ר)
ropa (f)	bgadim	בְּגָדִים (ז"ר)
cosméticos (m pl)	tamrukim	תַמרוּקִים (ז"ר)
productos alimenticios	mutsrei mazon	מוּצרֵי מָזוֹן (ז"ר)
regalo (m)	matana	מַתָנָה (נ)
vendedor (m)	moχer	מוֹכֵר (ז)
vendedora (f)	mo'χeret	מוֹכֶרֶת (נ)
caja (f)	kupa	קוּפָּה (נ)
espejo (m)	mar'a	מַראָה (נ)
mostrador (m)	duχan	דוּכָן (ז)
probador (m)	'χeder halbaʃa	חֲדַר הַלבָּשָה (ז)
probar (un vestido)	limdod	לִמדוֹד
quedar (una ropa, etc.)	lehat'im	לְהַתאִים
gustar (vi)	limtso χen be'ei'nayim	לִמצוֹא חֵן בְּעֵינַיִים
precio (m)	meχir	מְחִיר (ז)
etiqueta (f) de precio	tag meχir	תַג מְחִיר (ז)
costar (vt)	la'alot	לַעֲלוֹת
¿Cuánto?	'kama?	כַּמָה?
descuento (m)	hanaχa	הֲנָחָה (נ)
no costoso (adj)	lo yakar	לֹא יָקָר
barato (adj)	zol	זוֹל
caro (adj)	yakar	יָקָר
Es caro	ze yakar	זֶה יָקָר
alquiler (m)	haskara	הַשׂכָּרָה (נ)
alquilar (vt)	liskor	לִשׂכּוֹר

crédito (m)	aʃrai	אַשרַאי (ז)
a crédito (adv)	be'aʃrai	בְּאַשרַאי

80. El dinero

dinero (m)	'kesef	כֶּסֶף (ז)
cambio (m)	hamara	הֲמָרָה (נ)
curso (m)	'ʃa'ar χalifin	שַעַר חֲלִיפִין (ז)
cajero (m) automático	kaspomat	כַּספּוֹמָט (ז)
moneda (f)	mat'be'a	מַטבֵּעַ (ז)
dólar (m)	'dolar	דוֹלָר (ז)
euro (m)	'eiro	אֵירוֹ (ז)
lira (f)	'lira	לִירָה (נ)
marco (m) alemán	mark germani	מַרק גֶרמָנִי (ז)
franco (m)	frank	פרַנק (ז)
libra esterlina (f)	'lira 'sterling	לִירָה שׂטֶרלִינג (נ)
yen (m)	yen	יֶן (ז)
deuda (f)	χov	חוֹב (ז)
deudor (m)	'ba'al χov	בַּעַל חוֹב (ז)
prestar (vt)	lehalvot	לְהַלווֹת
tomar prestado	lilvot	לִלווֹת
banco (m)	bank	בַּנק (ז)
cuenta (f)	χeʃbon	חֶשבּוֹן (ז)
ingresar (~ en la cuenta)	lehafkid	לְהַפקִיד
ingresar en la cuenta	lehafkid leχeʃbon	לְהַפקִיד לְחֶשבּוֹן
sacar de la cuenta	limʃoχ meχeʃbon	לִמשוֹך מֵחֶשבּוֹן
tarjeta (f) de crédito	kartis aʃrai	כַּרטִיס אַשרַאי (ז)
dinero (m) en efectivo	mezuman	מְזוּמָן
cheque (m)	ʧek	צֶ'ק (ז)
sacar un cheque	liχtov ʧek	לִכתוֹב צֶ'ק
talonario (m)	pinkas 'ʧekim	פִּנקַס צֶ'קִים (ז)
cartera (f)	arnak	אַרנָק (ז)
monedero (m)	arnak lematbe''ot	אַרנָק לְמַטבְּעוֹת (ז)
caja (f) fuerte	ka'sefet	כַּסֶפֶת (נ)
heredero (m)	yoreʃ	יוֹרֵש (ז)
herencia (f)	yeruʃa	יְרוּשָה (נ)
fortuna (f)	'oʃer	עוֹשֶר (ז)
arriendo (m)	χoze sχirut	חוֹזֶה שׂכִירוּת (ז)
alquiler (m) (dinero)	sχar dira	שׂכַר דִירָה (ז)
alquilar (~ una casa)	liskor	לִשׂכּוֹר
precio (m)	meχir	מְחִיר (ז)
coste (m)	alut	עָלוּת (נ)
suma (f)	sχum	סכוּם (ז)
gastar (vt)	lehotsi	לְהוֹצִיא
gastos (m pl)	hotsa'ot	הוֹצָאוֹת (נ"ר)

economizar (vi, vt)	laχasoχ	לַחֲסוֹך
económico (adj)	χesχoni	חֶסכוֹנִי
pagar (vi, vt)	leʃalem	לְשַלֵם
pago (m)	taʃlum	תַשלוּם (ז)
cambio (m) (devolver el ~)	'odef	עוֹדֶף (ז)
impuesto (m)	mas	מַס (ז)
multa (f)	knas	קְנָס (ז)
multar (vt)	liknos	לִקנוֹס

81. La oficina de correos

oficina (f) de correos	'do'ar	דוֹאַר (ז)
correo (m) (cartas, etc.)	'do'ar	דוֹאַר (ז)
cartero (m)	davar	דַוָור (ז)
horario (m) de apertura	ʃa'ot avoda	שְעוֹת עֲבוֹדָה (נ"ר)
carta (f)	miχtav	מִכתָב (ז)
carta (f) certificada	miχtav raʃum	מִכתָב רָשוּם (ז)
tarjeta (f) postal	gluya	גלוּיָה (נ)
telegrama (m)	mivrak	מִברָק (ז)
paquete (m) postal	χavila	חֲבִילָה (נ)
giro (m) postal	ha'avarat ksafim	הַעֲבָרַת כּסָפִים (נ)
recibir (vt)	lekabel	לְקַבֵּל
enviar (vt)	liʃloaχ	לִשלוֹחַ
envío (m)	ʃliχa	שלִיחָה (ז)
dirección (f)	'ktovet	כּתוֹבֶת (נ)
código (m) postal	mikud	מִיקוּד (ז)
expedidor (m)	ʃo'leaχ	שוֹלֵחַ (ז)
destinatario (m)	nim'an	נִמעָן (ז)
nombre (m)	ʃem prati	שֵם פּרָטִי (ז)
apellido (m)	ʃem miʃpaχa	שֵם מִשפָּחָה (ז)
tarifa (f)	ta'arif	תַעֲרִיף (ז)
ordinario (adj)	ragil	רָגִיל
económico (adj)	χesχoni	חֶסכוֹנִי
peso (m)	miʃkal	מִשקָל (ז)
pesar (~ una carta)	liʃkol	לִשקוֹל
sobre (m)	ma'atafa	מַעֲטָפָה (נ)
sello (m)	bul 'do'ar	בּוּל דוֹאַר (ז)
poner un sello	lehadbik bul	לְהַדבִּיק בּוּל

La vivienda. La casa. El hogar

82. La casa. La vivienda

casa (f)	'bayit	בַּיִת (ז)
en casa (adv)	ba'bayit	בַּבַּיִת
patio (m)	χatser	חָצֵר (נ)
verja (f)	gader	גָדֵר (נ)
ladrillo (m)	levena	לְבֵנָה (נ)
de ladrillo (adj)	milevenim	מִלְבֵנִים
piedra (f)	'even	אֶבֶן (נ)
de piedra (adj)	me''even	מֵאֶבֶן
hormigón (m)	beton	בֶּטוֹן (ז)
de hormigón (adj)	mibeton	מִבֶּטוֹן
nuevo (adj)	χadaʃ	חָדָש
viejo (adj)	yaʃan	יָשָן
deteriorado (adj)	balui	בָּלוּי
moderno (adj)	mo'derni	מוֹדֶרנִי
de muchos pisos	rav komot	רַב־קוֹמוֹת
alto (adj)	ga'voha	גָבוֹהַ
piso (m), planta (f)	'koma	קוֹמָה (נ)
de una sola planta	χad komati	חַד־קוֹמָתִי
piso (m) bajo	komat 'karka	קוֹמַת קַרקַע (נ)
piso (m) alto	hakoma haʿelyona	הַקוֹמָה הָעֶליוֹנָה (נ)
techo (m)	gag	גַג (ז)
chimenea (f)	aruba	אֲרוּבָּה (נ)
tejas (f pl)	'raʿaf	רַעַף (ז)
de tejas (adj)	mereʿafim	מְרְעָפִים
desván (m)	aliyat gag	עֲלִייַת גַג (נ)
ventana (f)	χalon	חַלוֹן (ז)
vidrio (m)	zχuχit	זכוּכִית (נ)
alféizar (m)	'eden χalon	אֶדֶן חַלוֹן (ז)
contraventanas (f pl)	trisim	תְרִיסִים (ז"ר)
pared (f)	kir	קִיר (ז)
balcón (m)	mir'peset	מִרפֶּסֶת (נ)
gotera (f)	marzev	מַרזֵב (ז)
arriba (estar ~)	le'mala	לְמַעלָה
subir (vi)	laʿalot bemadregot	לַעֲלוֹת בְּמַדרֵגוֹת
descender (vi)	la'redet bemadregot	לָרֶדֶת בְּמַדרֵגוֹת
mudarse (vr)	laʿavor	לַעֲבוֹר

83. La casa. La entrada. El ascensor

entrada (f)	knisa	כְּנִיסָה (נ)
escalera (f)	madregot	מַדרֵגוֹת (נ"ר)
escalones (m pl)	madregot	מַדרֵגוֹת (נ"ר)
baranda (f)	ma'ake	מַעֲקָה (ז)
vestíbulo (m)	'lobi	לוֹבִּי (ז)
buzón (m)	teivat 'do'ar	תֵיבַת דוֹאַר (נ)
contenedor (m) de basura	paχ 'zevel	פַּח זֶבֶל (ז)
bajante (f) de basura	merik aʃpa	מֵרִיק אַשפָּה (ז)
ascensor (m)	ma'alit	מַעֲלִית (נ)
ascensor (m) de carga	ma'alit masa	מַעֲלִית מַשָׂא (נ)
cabina (f)	ta ma'alit	תָא מַעֲלִית (ז)
ir en el ascensor	lin'so'a bema'alit	לִנסוֹעַ בְּמַעֲלִית
apartamento (m)	dira	דִירָה (נ)
inquilinos (pl)	dayarim	דַייָרִים (ז"ר)
vecino (m)	ʃaχen	שָׁכֵן (ז)
vecina (f)	ʃχena	שכֵנָה (נ)
vecinos (pl)	ʃχenim	שכֵנִים (ז"ר)

84. La casa. La puerta. La cerradura

puerta (f)	'delet	דֶלֶת (נ)
portón (m)	'ʃa'ar	שַׁעַר (ז)
tirador (m)	yadit	יָדִית (נ)
abrir el cerrojo	lif'toaχ	לִפתוֹחַ
abrir (vt)	lif'toaχ	לִפתוֹחַ
cerrar (vt)	lisgor	לִסגוֹר
llave (f)	maf'teaχ	מַפתֵחַ (ז)
manojo (m) de llaves	tsror mafteχot	צרוֹר מַפתְחוֹת (ז)
crujir (vi)	laχarok	לַחֲרוֹק
crujido (m)	χarika	חֲרִיקָה (נ)
gozne (m)	tsir	צִיר (ז)
felpudo (m)	ʃtiχon	שטִיחוֹן (ז)
cerradura (f)	man'ul	מַנעוּל (ז)
ojo (m) de cerradura	χor haman'ul	חוֹר הַמַנעוּל (ז)
cerrojo (m)	'briaχ	בּרִיחַ (ז)
pestillo (m)	'briaχ	בּרִיחַ (ז)
candado (m)	man'ul	מַנעוּל (ז)
tocar el timbre	letsaltsel	לְצַלצֵל
campanillazo (m)	tsiltsul	צִלצוּל (ז)
timbre (m)	pa'amon	פַּעֲמוֹן (ז)
botón (m)	kaftor	כַּפתוֹר (ז)
toque (m) a la puerta	hakaʃa	הַקָשָׁה (נ)
tocar la puerta	lehakiʃ	לְהַקִיש

código (m)	kod	קוֹד (ז)
cerradura (f) de contraseña	man'ul kod	מַנעוּל קוֹד (ז)
telefonillo (m)	'interkom	אִינטֶרקוֹם (ז)
número (m)	mispar	מִספָּר (ז)
placa (f) de puerta	luχit	לוּחִית (נ)
mirilla (f)	einit	עֵינִית (נ)

85. La casa de campo

aldea (f)	kfar	כְּפָר (ז)
huerta (f)	gan yarak	גַן יָרָק (ז)
empalizada (f)	gader	גָדֵר (נ)
valla (f)	gader yetedot	גָדֵר יְתֵדוֹת (נ)
puertecilla (f)	piʃpaʃ	פִּשפָּש (ז)
granero (m)	asam	אָסָם (ז)
sótano (m)	martef	מַרתֵף (ז)
cobertizo (m)	maχsan	מַחסָן (ז)
pozo (m)	be'er	בְּאֵר (נ)
estufa (f)	aχ	אָח (נ)
calentar la estufa	lehasik et ha'aχ	לְהַסִיק אֶת הָאָח
leña (f)	atsei hasaka	עֲצֵי הַסָקָה (ז"ר)
leño (m)	bul ets	בּוּל עֵץ (ז)
veranda (f)	mir'peset mekora	מִרפֶּסֶת מְקוֹרָה (נ)
terraza (f)	mir'peset	מִרפֶּסֶת (נ)
porche (m)	madregot ba'petaχ 'bayit	מַדרֵגוֹת בְּפֶתַח בַּיִת (נ"ר)
columpio (m)	nadneda	נַדנֵדָה (נ)

86. El castillo. El palacio

castillo (m)	tira	טִירָה (נ)
palacio (m)	armon	אַרמוֹן (ז)
fortaleza (f)	mivtsar	מִבצָר (ז)
muralla (f)	χoma	חוֹמָה (נ)
torre (f)	migdal	מִגדָל (ז)
torre (f) principal	migdal merkazi	מִגדָל מֶרכָּזִי (ז)
rastrillo (m)	'ʃa'ar anaχi	שַעַר אֲנָכִי (ז)
pasaje (m) subterráneo	ma'avar tat karka'i	מַעֲבָר תַת־קַרקָעִי (ז)
foso (m) del castillo	χafir	חֲפִיר (ז)
cadena (f)	ʃal'ʃelet	שַלשֶלֶת (נ)
aspillera (f)	eʃnav 'yeri	אֶשנָב יָרִי (ז)
magnífico (adj)	mefo'ar	מְפוֹאָר
majestuoso (adj)	malχuti	מַלכוּתִי
inexpugnable (adj)	'bilti χadir	בִּלתִי חָדִיר
medieval (adj)	benaimi	בֵּינַיימִי

87. El apartamento

apartamento (m)	dira	דִירָה (נ)
habitación (f)	'χeder	חֶדֶר (ז)
dormitorio (m)	χadar ʃena	חֲדַר שֵינָה (ז)
comedor (m)	pinat 'oχel	פִּינַת אוֹכֶל (נ)
salón (m)	salon	סָלוֹן (ז)
despacho (m)	χadar avoda	חֲדַר עֲבוֹדָה (ז)
antecámara (f)	prozdor	פרוזדור (ז)
cuarto (m) de baño	χadar am'batya	חֲדַר אַמבַּטיָה (ז)
servicio (m)	ʃerutim	שֵירוּתִים (ז"ר)
techo (m)	tikra	תִקרָה (נ)
suelo (m)	ritspa	רִצפָּה (נ)
rincón (m)	pina	פִּינָה (נ)

88. El apartamento. La limpieza

hacer la limpieza	lenakot	לְנַקוֹת
quitar (retirar)	lefanot	לְפַנוֹת
polvo (m)	avak	אָבָק (ז)
polvoriento (adj)	me'ubak	מְאוּבָּק
limpiar el polvo	lenakot avak	לְנַקוֹת אָבָק
aspirador (m), aspiradora (f)	ʃo'ev avak	שוֹאֵב אָבָק (ז)
limpiar con la aspiradora	liʃ'ov avak	לִשאוֹב אָבָק
barrer (vi, vt)	letate	לְטַאטֵא
barreduras (f pl)	'psolet ti'tu	פסוֹלֶת טִאטוּא (נ)
orden (m)	'seder	סֶדֶר (ז)
desorden (m)	i 'seder	אִי סֶדֶר (ז)
fregona (f)	magev im smartut	מַגֵב עִם סמַרטוּט (ז)
trapo (m)	smartut avak	סמַרטוּט אָבָק (ז)
escoba (f)	mat'ate katan	מַטאַטֵא קָטָן (ז)
cogedor (m)	ya'e	יָעֶה (ז)

89. Los muebles. El interior

muebles (m pl)	rehitim	רָהִיטִים (ז"ר)
mesa (f)	ʃulχan	שוּלחָן (ז)
silla (f)	kise	כִּסֵא (ז)
cama (f)	mita	מִיטָה (נ)
sofá (m)	sapa	סַפָּה (נ)
sillón (m)	kursa	כּוּרסָה (נ)
librería (f)	aron sfarim	אֲרוֹן סְפָרִים (ז)
estante (m)	madaf	מַדָף (ז)
armario (m)	aron bgadim	אֲרוֹן בּגָדִים (ז)
percha (f)	mitle	מִתלֶה (ז)

perchero (m) de pie	mitle	מִתלֶה (ז)
cómoda (f)	ʃida	שִידָה (נ)
mesa (f) de café	ʃulχan itonim	שולחַן עִיתוֹנִים (ז)
espejo (m)	mar'a	מַראָה (נ)
tapiz (m)	ʃa'tiaχ	שָטִיחַ (ז)
alfombra (f)	ʃa'tiaχ	שָטִיחַ (ז)
chimenea (f)	aχ	אָח (נ)
vela (f)	ner	נֵר (ז)
candelero (m)	pamot	פָמוֹט (ז)
cortinas (f pl)	vilonot	וִילוֹנוֹת (ז"ר)
empapelado (m)	tapet	טַפֶט (ז)
estor (m) de láminas	trisim	תרִיסִים (ז"ר)
lámpara (f) de mesa	menorat ʃulχan	מְנוֹרַת שולחָן (נ)
aplique (m)	menorat kir	מְנוֹרַת קִיר (נ)
lámpara (f) de pie	menora o'medet	מְנוֹרָה עוֹמֶדֶת (נ)
lámpara (f) de araña	niv'reʃet	נִברֶשֶת (נ)
pata (f) (~ de la mesa)	'regel	רֶגֶל (נ)
brazo (m)	miʃ'enet yad	מִשעֶנֶת יָד (נ)
espaldar (m)	miʃ'enet	מִשעֶנֶת (נ)
cajón (m)	megera	מְגֵירָה (נ)

90. Los accesorios de cama

ropa (f) de cama	matsa'im	מַצָעִים (ז"ר)
almohada (f)	karit	כָּרִית (נ)
funda (f)	tsipit	צִיפִית (נ)
manta (f)	smiχa	שׂמִיכָה (נ)
sábana (f)	sadin	סָדִין (ז)
sobrecama (f)	kisui mita	כִּיסוּי מִיטָה (ז)

91. La cocina

cocina (f)	mitbaχ	מִטבָּח (ז)
gas (m)	gaz	גָז (ז)
cocina (f) de gas	tanur gaz	תַנוּר גָז (ז)
cocina (f) eléctrica	tanur χaʃmali	תַנוּר חַשמַלִי (ז)
horno (m)	tanur afiya	תַנוּר אֲפִייָה (ז)
horno (m) microondas	mikrogal	מִיקרוֹגַל (ז)
frigorífico (m)	mekarer	מְקָרֵר (ז)
congelador (m)	makpi	מַקפִּיא (ז)
lavavajillas (m)	me'diaχ kelim	מֵדִיחַ כֵּלִים (ז)
picadora (f) de carne	matχenat basar	מַטחֵנַת בָּשָׂר (נ)
exprimidor (m)	masχeta	מַסחֵטָה (נ)
tostador (m)	'toster	טוֹסטֶר (ז)
batidora (f)	'mikser	מִיקסֶר (ז)

cafetera (f) (aparato de cocina)	meχonat kafe	מְכוֹנַת קָפֶה (נ)
cafetera (f) (para servir)	findʒan	פִינגָ'אן (ז)
molinillo (m) de café	matχenat kafe	מַטחֲנַת קָפֶה (נ)
hervidor (m) de agua	kumkum	קוּמקוּם (ז)
tetera (f)	kumkum	קוּמקוּם (ז)
tapa (f)	miχse	מִכסֶה (ז)
colador (m) de té	mis'nenet te	מִסנֶנֶת תֵה (נ)
cuchara (f)	kaf	כַּף (נ)
cucharilla (f)	kapit	כַּפִּית (נ)
cuchara (f) de sopa	kaf	כַּף (נ)
tenedor (m)	mazleg	מַזלֵג (ז)
cuchillo (m)	sakin	סַכִּין (ז, נ)
vajilla (f)	kelim	כֵּלִים (ז"ר)
plato (m)	tsa'laχat	צַלַחַת (נ)
platillo (m)	taχtit	תַחתִית (נ)
vaso (m) de chupito	kosit	כּוֹסִית (נ)
vaso (m) (~ de agua)	kos	כּוֹס (נ)
taza (f)	'sefel	סֵפֶל (ז)
azucarera (f)	mis'keret	מִסכֶּרֶת (נ)
salero (m)	milχiya	מִלחִייָה (נ)
pimentero (m)	pilpeliya	פִלפְּלִייָה (נ)
mantequera (f)	maχame'a	מַחֲמְאָה (ז)
cacerola (f)	sir	סִיר (ז)
sartén (f)	maχvat	מַחבַת (נ)
cucharón (m)	tarvad	תַרווָד (ז)
colador (m)	mis'nenet	מִסנֶנֶת (נ)
bandeja (f)	magaʃ	מַגָש (ז)
botella (f)	bakbuk	בַּקבּוּק (ז)
tarro (m) de vidrio	tsin'tsenet	צִנצֶנֶת (נ)
lata (f)	paχit	פַּחִית (נ)
abrebotellas (m)	potχan bakbukim	פוֹתחָן בַּקבּוּקִים (ז)
abrelatas (m)	potχan kufsa'ot	פוֹתחָן קוּפסָאוֹת (ז)
sacacorchos (m)	maχlets	מַחלֵץ (ז)
filtro (m)	'filter	פִילטֶר (ז)
filtrar (vt)	lesanen	לְסַנֵן
basura (f)	'zevel	זֶבֶל (ז)
cubo (m) de basura	paχ 'zevel	פַּח זֶבֶל (ז)

92. El baño

cuarto (m) de baño	χadar am'batya	חֲדַר אַמבַּטיָה (ז)
agua (f)	'mayim	מַיִם (ז"ר)
grifo (m)	'berez	בֶּרֶז (ז)
agua (f) caliente	'mayim χamim	מַיִם חַמִים (ז"ר)

agua (f) fría	'mayim karim	מַיִם קָרִים (ז"ר)
pasta (f) de dientes	miʃχat ʃi'nayim	מִשְׁחַת שִׁינַּיִים (נ)
limpiarse los dientes	letsaχ'tseaχ ʃi'nayim	לְצַחְצֵחַ שִׁינַּיִים
cepillo (m) de dientes	miv'reʃet ʃi'nayim	מִבְרֶשֶׁת שִׁינַּיִים (נ)
afeitarse (vr)	lehitga'leaχ	לְהִתְגַּלֵּחַ
espuma (f) de afeitar	'ketsef gi'luaχ	קֶצֶף גִּילּוּחַ (ז)
maquinilla (f) de afeitar	'taʿar	תַּעַר (ז)
lavar (vt)	liʃtof	לִשְׁטוֹף
darse un baño	lehitraχets	לְהִתְרַחֵץ
ducha (f)	mik'laχat	מִקְלַחַת (נ)
darse una ducha	lehitka'leaχ	לְהִתְקַלֵּחַ
bañera (f)	am'batya	אַמְבַּטְיָה (נ)
inodoro (m)	asla	אַסְלָה (נ)
lavabo (m)	kiyor	כִּיּוֹר (ז)
jabón (m)	sabon	סַבּוֹן (ז)
jabonera (f)	saboniya	סַבּוֹנִייָה (נ)
esponja (f)	sfog 'lifa	סְפוֹג לִיפָה (ז)
champú (m)	ʃampu	שַׁמְפּוּ (ז)
toalla (f)	ma'gevet	מַגֶּבֶת (נ)
bata (f) de baño	χaluk raχatsa	חָלוּק רַחְצָה (ז)
colada (f), lavado (m)	kvisa	כְּבִיסָה (נ)
lavadora (f)	meχonat kvisa	מְכוֹנַת כְּבִיסָה (נ)
lavar la ropa	leχabes	לְכַבֵּס
detergente (m) en polvo	avkat kvisa	אַבְקַת כְּבִיסָה (נ)

93. Los aparatos domésticos

televisor (m)	tele'vizya	טֶלֶוִיזְיָה (נ)
magnetófono (m)	teip	טֵייפּ (ז)
vídeo (m)	maχʃir 'videʾo	מַכְשִׁיר וִידֵאוֹ (ז)
radio (m)	'radyo	רַדְיוֹ (ז)
reproductor (m) (~ MP3)	nagan	נַגָּן (ז)
proyector (m) de vídeo	makren	מַקְרֵן (ז)
sistema (m) home cinema	kol'noʿa beiti	קוֹלְנוֹעַ בֵּיתִי (ז)
reproductor (m) de DVD	nagan dividi	נַגָּן DVD (ז)
amplificador (m)	magber	מַגְבֵּר (ז)
videoconsola (f)	maχʃir plei'steiʃen	מַכְשִׁיר פְּלֵייסְטֵיישֶׁן (ז)
cámara (f) de vídeo	matslemat 'videʾo	מַצְלֵמַת וִידֵאוֹ (נ)
cámara (f) fotográfica	matslema	מַצְלֵמָה (נ)
cámara (f) digital	matslema digi'talit	מַצְלֵמָה דִּיגִיטָלִית (נ)
aspirador (m), aspiradora (f)	ʃoʾev avak	שׁוֹאֵב אָבָק (ז)
plancha (f)	maghets	מַגְהֵץ (ז)
tabla (f) de planchar	'kereʃ gihuts	קֶרֶשׁ גִּיהוּץ (ז)
teléfono (m)	'telefon	טֶלֶפוֹן (ז)
teléfono (m) móvil	'telefon nayad	טֶלֶפוֹן נַיָּיד (ז)

máquina (f) de escribir	meχonat ktiva	מְכוֹנַת כְּתִיבָה (נ)
máquina (f) de coser	meχonat tfira	מְכוֹנַת תְפִירָה (נ)
micrófono (m)	mikrofon	מִיקרוֹפוֹן (ז)
auriculares (m pl)	ozniyot	אוֹזנִיוֹת (נ"ר)
mando (m) a distancia	'ʃelet	שֶׁלֶט (ז)
CD (m)	taklitor	תַקלִיטוֹר (ז)
casete (m)	ka'letet	קַלֶטֶת (נ)
disco (m) de vinilo	taklit	תַקלִיט (ז)

94. Los arreglos. La renovación

renovación (f)	ʃiputs	שִיפּוּץ (ז)
renovar (vt)	leʃapets	לְשַפֵּץ
reparar (vt)	letaken	לְתַקֵן
poner en orden	lesader	לְסַדֵר
rehacer (vt)	laʿasot meχadaʃ	לַעֲשׂוֹת מֵחָדָש
pintura (f)	'tseva	צֶבַע (ז)
pintar (las paredes)	lits'boʿa	לִצבּוֹע
pintor (m)	tsabaʿi	צַבָּעִי (ז)
brocha (f)	mikχol	מִכחוֹל (ז)
cal (f)	sid	סִיד (ז)
encalar (vt)	lesayed	לְסַייֵד
empapelado (m)	tapet	טַפֶּט (ז)
empapelar (vt)	lehadbik ta'petim	לְהַדבִּיק טַפֶּטִים
barniz (m)	'laka	לַכָּה (נ)
cubrir con barniz	lim'roaχ 'laka	לִמרוֹחַ לַכָּה

95. La plomería

agua (f)	'mayim	מַיִם (ז"ר)
agua (f) caliente	'mayim χamim	מַיִם חַמִים (ז"ר)
agua (f) fría	'mayim karim	מַיִם קָרִים (ז"ר)
grifo (m)	'berez	בֶּרֶז (ז)
gota (f)	tipa	טִיפָּה (נ)
gotear (el grifo)	letaftef	לְטַפטֵף
gotear (cañería)	lidlof	לִדלוֹף
escape (m) de agua	dlifa	דלִיפָה (נ)
charco (m)	ʃlulit	שלוּלִית (נ)
tubo (m)	tsinor	צִינוֹר (ז)
válvula (f)	'berez	בֶּרֶז (ז)
estar atascado	lehisatem	לְהִיסָתֵם
instrumentos (m pl)	klei avoda	כּלֵי עֲבוֹדָה (ז"ר)
llave (f) inglesa	maf'teaχ mitkavnen	מַפתֵחַ מִתכַּוונֵן (ז)
destornillar (vt)	lif'toaχ	לִפתוֹחַ

atornillar (vt)	lehavrig	לְהַבְרִיג
desatascar (vt)	lif'toaχ et hastima	לִפתוֹחַ אֶת הַסתִימָה
fontanero (m)	ʃravrav	שרַברָב (ז)
sótano (m)	martef	מַרתֵף (ז)
alcantarillado (m)	biyuv	בִּיוּב (ז)

96. El fuego. El incendio

incendio (m)	srefa	שׂרֵיפָה (נ)
llama (f)	lehava	לֶהָבָה (נ)
chispa (f)	nitsots	נִיצוֹץ (ז)
humo (m)	aʃan	עָשָן (ז)
antorcha (f)	lapid	לַפִּיד (ז)
hoguera (f)	medura	מְדוּרָה (נ)
gasolina (f)	'delek	דֶלֶק (ז)
queroseno (m)	kerosin	קֶרוֹסִין (ז)
inflamable (adj)	dalik	דָלִיק
explosivo (adj)	nafits	נָפִיץ
PROHIBIDO FUMAR	asur le'aʃen!	אָסוּר לְעַשֵן!
seguridad (f)	betiχut	בְּטִיחוּת (נ)
peligro (m)	sakana	סַכָּנָה (נ)
peligroso (adj)	mesukan	מְסוּכָּן
prenderse fuego	lehidalek	לְהִידָלֵק
explosión (f)	pitsuts	פִּיצוּץ (ז)
incendiar (vt)	lehatsit	לְהַצִית
incendiario (m)	matsit	מַצִית (ז)
incendio (m) provocado	hatsata	הַצָתָה (נ)
estar en llamas	liv'or	לִבעוֹר
arder (vi)	la'alot be'eʃ	לַעֲלוֹת בְּאֵש
incendiarse (vr)	lehisaref	לְהִישָׂרֵף
llamar a los bomberos	lehazmin meχabei eʃ	לְהַזמִין מְכַבֵּי אֵש
bombero (m)	kabai	כַּבַּאי (ז)
coche (m) de bomberos	'reχev kibui	רֶכֶב כִּיבּוּי (ז)
cuerpo (m) de bomberos	meχabei eʃ	מְכַבֵּי אֵש (ז"ר)
escalera (f) telescópica	sulam kaba'im	סוּלָם כַּבָּאִים (ז)
manguera (f)	zarnuk	זַרנוּק (ז)
extintor (m)	mataf	מַטָף (ז)
casco (m)	kasda	קַסדָה (נ)
sirena (f)	tsofar	צוֹפָר (ז)
gritar (vi)	lits'ok	לִצעוֹק
pedir socorro	likro le'ezra	לִקרוֹא לְעֶזרָה
socorrista (m)	matsil	מַצִיל (ז)
salvar (vt)	lehatsil	לְהַצִיל
llegar (vi)	leha'gi'a	לְהַגִיעַ
apagar (~ el incendio)	leχabot	לְכַבּוֹת
agua (f)	'mayim	מַיִם (ז"ר)

arena (f)	χol	חוֹל (ז)
ruinas (f pl)	χoravot	חוּרָבוֹת (נ"ר)
colapsarse (vr)	likros	לִקרוֹס
hundirse (vr)	likros	לִקרוֹס
derrumbarse (vr)	lehitmotet	לְהִתמוֹטֵט
trozo (m) (~ del muro)	pisat χoravot	פִּיסַת חוּרָבוֹת (נ)
ceniza (f)	'efer	אֵפֶר (ז)
morir asfixiado	lehiχanek	לְהֵיחָנֵק
perecer (vi)	lehihareg	לְהֵיהָרֵג

LAS ACTIVIDADES DE LA GENTE

El trabajo. Los negocios. Unidad 1

97. La banca

banco (m)	bank	בַּנק (ז)
sucursal (f)	snif	סנִיף (ז)
consultor (m)	yo'ets	יוֹעֵץ (ז)
gerente (m)	menahel	מְנַהֵל (ז)
cuenta (f)	χeʃbon	חֶשבּוֹן (ז)
numero (m) de la cuenta	mispar χeʃbon	מִספַּר חֶשבּוֹן (ז)
cuenta (f) corriente	χeʃbon over vaʃav	חֶשבּוֹן עוֹבֵר וָשָב (ז)
cuenta (f) de ahorros	χeʃbon χisaχon	חֶשבּוֹן חִסָכוֹן (ז)
abrir una cuenta	lif'toaχ χeʃbon	לִפתוֹחַ חֶשבּוֹן
cerrar la cuenta	lisgor χeʃbon	לִסגוֹר חֶשבּוֹן
ingresar en la cuenta	lehafkid leχeʃbon	לְהַפקִיד לְחֶשבּוֹן
sacar de la cuenta	limʃoχ meχeʃbon	לִמשוֹך מֵחֶשבּוֹן
depósito (m)	pikadon	פִּיקָדוֹן (ז)
hacer un depósito	lehafkid	לְהַפקִיד
giro (m) bancario	ha'avara banka'it	הַעֲבָרָה בַּנקָאִית (נ)
hacer un giro	leha'avir 'kesef	לְהַעֲבִיר כֶּסֶף
suma (f)	sχum	סכוּם (ז)
¿Cuánto?	'kama?	כַּמָה?
firma (f) (nombre)	χatima	חֲתִימָה (נ)
firmar (vt)	laχtom	לַחתוֹם
tarjeta (f) de crédito	kartis aʃrai	כַּרטִיס אַשרַאי (ז)
código (m)	kod	קוֹד (ז)
número (m) de tarjeta de crédito	mispar kartis aʃrai	מִספַּר כַּרטִיס אַשרַאי (ז)
cajero (m) automático	kaspomat	כַּספּוֹמָט (ז)
cheque (m)	ʧek	צֶ'ק (ז)
sacar un cheque	liχtov ʧek	לִכתוֹב צֶ'ק
talonario (m)	pinkas 'ʧekim	פִּנקָס צֶ'קִים (ז)
crédito (m)	halva'a	הַלוָואָה (נ)
pedir el crédito	levakeʃ halva'a	לְבַקֵש הַלוָואָה
obtener un crédito	lekabel halva'a	לְקַבֵּל הַלוָואָה
conceder un crédito	lehalvot	לְהַלווֹת
garantía (f)	arvut	עַרבוּת (נ)

98. El teléfono. Las conversaciones telefónicas

teléfono (m)	'telefon	טֶלֶפוֹן (ז)
teléfono (m) móvil	'telefon nayad	טֶלֶפוֹן נַייָד (ז)
contestador (m)	meʃivon	מְשִׁיבוֹן (ז)
llamar, telefonear	letsaltsel	לְצַלצֵל
llamada (f)	siχat 'telefon	שִׂיחַת טֶלֶפוֹן (נ)
marcar un número	leχayeg mispar	לְחַייֵג מִספָּר
¿Sí?, ¿Dígame?	'halo!	הַלוֹ!
preguntar (vt)	liʃ'ol	לִשאוֹל
responder (vi, vt)	la'anot	לַעֲנוֹת
oír (vt)	liʃmo'a	לִשמוֹעַ
bien (adv)	tov	טוֹב
mal (adv)	lo tov	לֹא טוֹב
ruidos (m pl)	hafra'ot	הַפרָעוֹת (נ"ר)
auricular (m)	ʃfo'feret	שפוֹפֶרֶת (נ)
descolgar (el teléfono)	leharim ʃfo'feret	לְהָרִים שפוֹפֶרֶת
colgar el auricular	leha'niaχ ʃfo'feret	לְהָנִיחַ שפוֹפֶרֶת
ocupado (adj)	tafus	תָפוּס
sonar (teléfono)	letsaltsel	לְצַלצֵל
guía (f) de teléfonos	'sefer tele'fonim	סֵפֶר טֶלֶפוֹנִים (ז)
local (adj)	mekomi	מְקוֹמִי
llamada (f) local	siχa mekomit	שִׂיחָה מְקוֹמִית (נ)
de larga distancia	bein ironi	בֵּין עִירוֹנִי
llamada (f) de larga distancia	siχa bein ironit	שִׂיחָה בֵּין עִירוֹנִית (נ)
internacional (adj)	benle'umi	בֵּינלְאוּמִי
llamada (f) internacional	siχa benle'umit	שִׂיחָה בֵּינלְאוּמִית (נ)

99. El teléfono celular

teléfono (m) móvil	'telefon nayad	טֶלֶפוֹן נַייָד (ז)
pantalla (f)	masaχ	מָסָך (ז)
botón (m)	kaftor	כַּפתוֹר (ז)
tarjeta SIM (f)	kartis sim	כַּרטִיס סִים (ז)
pila (f)	solela	סוֹלְלָה (נ)
descargarse (vr)	lehitroken	לְהִתרוֹקֵן
cargador (m)	mit'an	מַטעֵן (ז)
menú (m)	tafrit	תַפרִיט (ז)
preferencias (f pl)	hagdarot	הַגדָרוֹת (נ"ר)
melodía (f)	mangina	מַנגִינָה (נ)
seleccionar (vt)	livχor	לִבחוֹר
calculadora (f)	maχʃevon	מַחשְבוֹן (ז)
contestador (m)	ta koli	תָא קוֹלִי (ז)
despertador (m)	ʃa'on me'orer	שָעוֹן מְעוֹרֵר (ז)

contactos (m pl)	anʃei 'keʃer	אַנשֵׁי קֶשֶׁר (ז"ר)
mensaje (m) de texto	misron	מִסרוֹן (ז)
abonado (m)	manui	מָנוּי (ז)

100. Los artículos de escritorio. La papelería

bolígrafo (m)	et kaduri	עֵט כַּדוּרִי (ז)
pluma (f) estilográfica	et no've'a	עֵט נוֹבֵעַ (ז)
lápiz (m)	iparon	עִיפָּרוֹן (ז)
marcador (m)	'marker	מַרקֶר (ז)
rotulador (m)	tuʃ	טוּשׁ (ז)
bloc (m) de notas	pinkas	פִּנקָס (ז)
agenda (f)	yoman	יוֹמָן (ז)
regla (f)	sargel	סַרגֵל (ז)
calculadora (f)	maχʃevon	מַחשְׁבוֹן (ז)
goma (f) de borrar	'maχak	מַחַק (ז)
chincheta (f)	'na'ats	נַעַץ (ז)
clip (m)	mehadek	מְהַדֵק (ז)
cola (f), pegamento (m)	'devek	דֶבֶק (ז)
grapadora (f)	ʃadχan	שַׁדכָן (ז)
perforador (m)	menakev	מְנַקֵב (ז)
sacapuntas (m)	maχded	מַחדֵד (ז)

El trabajo. Los negocios. Unidad 2

101. Medios de comunicación de masas

periódico (m)	iton	עִיתוֹן (ז)
revista (f)	ʒurnal	ז'וּרנָל (ז)
prensa (f)	itonut	עִיתוֹנוּת (נ)
radio (f)	'radyo	רַדיוֹ (ז)
estación (f) de radio	taχanat 'radyo	תַחֲנַת רַדיוֹ (נ)
televisión (f)	tele'vizya	טֶלֶוִויזיָה (נ)
presentador (m)	manχe	מַנחֶה (ז)
presentador (m) de noticias	karyan	קַריָין (ז)
comentarista (m)	parʃan	פַּרשָן (ז)
periodista (m)	itonai	עִיתוֹנָאִי (ז)
corresponsal (m)	katav	כַּתָב (ז)
corresponsal (m) fotográfico	tsalam itonut	צַלָם עִיתוֹנוּת (ז)
reportero (m)	katav	כַּתָב (ז)
redactor (m)	oreχ	עוֹרֵך (ז)
redactor jefe (m)	oreχ raʃi	עוֹרֵך רָאשִי (ז)
suscribirse (vr)	lehasdir manui	לְהַסדִיר מָנוּי
suscripción (f)	minui	מִנוּי (ז)
suscriptor (m)	manui	מָנוּי (ז)
leer (vi, vt)	likro	לִקרוֹא
lector (m)	kore	קוֹרֵא (ז)
tirada (f)	tfutsa	תפוּצָה (נ)
mensual (adj)	χodʃi	חוֹדשִי
semanal (adj)	ʃvu'i	שבוּעִי
número (m)	gilayon	גִילָיוֹן (ז)
nuevo (~ número)	tari	טָרִי
titular (m)	ko'teret	כּוֹתֶרֶת (נ)
noticia (f)	katava ktsara	כַּתָבָה קצָרָה (נ)
columna (f)	tur	טוּר (ז)
artículo (m)	ma'amar	מַאֲמָר (ז)
página (f)	amud	עַמוּד (ז)
reportaje (m)	katava	כַּתָבָה (נ)
evento (m)	ei'ru'a	אֵירוּעַ (ז)
sensación (f)	sen'satsya	סֶנסַציָה (נ)
escándalo (m)	ʃa'aruriya	שַעֲרוּרִייָה (נ)
escandaloso (adj)	meviʃ	מֵבִיש
gran (~ escándalo)	gadol	גָדוֹל
emisión (f)	toχnit	תוֹכנִית (נ)
entrevista (f)	ra'ayon	רֵאָיוֹן (ז)

transmisión (f) en vivo	ʃidur χai	שִידוּר חַי (ז)
canal (m)	aruʦ	עָרוּץ (ז)

102. La agricultura

agricultura (f)	χakla'ut	חַקלָאוּת (נ)
campesino (m)	ikar	אִיכָּר (ז)
campesina (f)	χakla'ut	חַקלָאִית (נ)
granjero (m)	χavai	חַוָואי (ז)
tractor (m)	'traktor	טרַקטוֹר (ז)
cosechadora (f)	kombain	קוֹמבַּיין (ז)
arado (m)	maχreʃa	מַחרֵשָה (נ)
arar (vi, vt)	laχaroʃ	לַחֲרוֹש
labrado (m)	sade χaruʃ	שָׂדֶה חָרוּש (ז)
surco (m)	'telem	תֶלֶם (ז)
sembrar (vi, vt)	liz'ro'a	לִזרוֹעַ
sembradora (f)	mazre'a	מַזרֵעָה (ז)
siembra (f)	zri'a	זרִיעָה (ז)
guadaña (f)	χermeʃ	חֶרמֵש (ז)
segar (vi, vt)	likʦor	לִקצוֹר
pala (f)	et	אֵת (ז)
layar (vt)	leta'teaχ	לְתַתֵחַ
azada (f)	ma'ader	מַעֲדֵר (ז)
sachar, escardar	lenakeʃ	לְנַכֵּש
mala hierba (f)	'esev ʃote	עֵשֶׂב שוֹטֶה (ז)
regadera (f)	maʃpeχ	מַשפֵּך (ז)
regar (plantas)	lehaʃkot	לְהַשקוֹת
riego (m)	haʃkaya	הַשקָיָה (נ)
horquilla (f)	kilʃon	קִלשוֹן (ז)
rastrillo (m)	magrefa	מַגרֵפָה (נ)
fertilizante (m)	'deʃen	דֶשֶן (ז)
abonar (vt)	ledaʃen	לְדַשֵן
estiércol (m)	'zevel	זֶבֶל (ז)
campo (m)	sade	שָׂדֶה (ז)
prado (m)	aχu	אָחוּ (ז)
huerta (f)	gan yarak	גַן יָרָק (ז)
jardín (m)	bustan	בּוּסתָן (ז)
pacer (vt)	lir'ot	לִרעוֹת
pastor (m)	ro'e ʦon	רוֹעֵה צֹאן (ז)
pastadero (m)	mir'e	מִרעֶה (ז)
ganadería (f)	gidul bakar	גִידוּל בָּקָר (ז)
cría (f) de ovejas	gidul kvasim	גִידוּל כּבָשִׂים (ז)

plantación (f)	mata	מַטָע (ז)
hilera (f) (~ de cebollas)	aruga	עֲרוּגָה (נ)
invernadero (m)	χamama	חֲמָמָה (נ)
sequía (f)	ba'tsoret	בַּצוֹרֶת (נ)
seco, árido (adj)	yaveʃ	יָבֵשׁ
grano (m)	tvu'a	תבוּאָה (נ)
cereales (m pl)	gidulei dagan	גִידוּלֵי דָגָן (ז"ר)
recolectar (vt)	liktof	לִקטוֹף
molinero (m)	toχen	טוֹחֵן (ז)
molino (m)	taχanat 'kemaχ	טַחֲנַת קֶמַח (נ)
moler (vt)	litχon	לִטחוֹן
harina (f)	'kemaχ	קֶמַח (ז)
paja (f)	kaʃ	קַשׁ (ז)

103. La construcción. El proceso de construcción

obra (f)	atar bniya	אֲתַר בְּנִייָה (ז)
construir (vt)	livnot	לִבנוֹת
albañil (m)	banai	בַּנַאי (ז)
proyecto (m)	proyekt	פרוֹיֶיקט (ז)
arquitecto (m)	adriχal	אַדרִיכָל (ז)
obrero (m)	po'el	פּוֹעֵל (ז)
cimientos (m pl)	yesodot	יְסוֹדוֹת (ז"ר)
techo (m)	gag	גַג (ז)
pila (f) de cimentación	amud yesod	עַמוּד יְסוֹד (ז)
muro (m)	kir	קִיר (ז)
armadura (f)	mot χizuk	מוֹט חִיזוּק (ז)
andamio (m)	pigumim	פִּיגוּמִים (ז"ר)
hormigón (m)	beton	בֶּטוֹן (ז)
granito (m)	granit	גרָנִיט (ז)
piedra (f)	'even	אֶבֶן (נ)
ladrillo (m)	levena	לְבֵנָה (נ)
arena (f)	χol	חוֹל (ז)
cemento (m)	'melet	מֶלֶט (ז)
estuco (m)	'tiaχ	טִיחַ (ז)
estucar (vt)	leta'yeaχ	לְטַייֵחַ
pintura (f)	'tseva	צֶבַע (ז)
pintar (las paredes)	lits'bo'a	לִצבּוֹעַ
barril (m)	χavit	חָבִית (נ)
grúa (f)	aguran	עֲגוּרָן (ז)
levantar (vt)	lehanif	לְהָנִיף
bajar (vt)	lehorid	לְהוֹרִיד
bulldózer (m)	daχpor	דַחפּוֹר (ז)
excavadora (f)	maχper	מַחפֵּר (ז)

cuchara (f)	ʃa'ov	שָׁאוּב (ז)
cavar (vt)	laχpor	לַחפּוֹר
casco (m)	kasda	קַסדָה (נ)

Las profesiones y los oficios

104. La búsqueda de trabajo. El despido

trabajo (m)	avoda	עֲבוֹדָה (נ)
empleados (pl)	'segel	סֶגֶל (ז)
personal (m)	'segel	סֶגֶל (ז)
carrera (f)	kar'yera	קָרִייֶרָה (נ)
perspectiva (f)	efʃaruyot	אֶפשָׁרוּיוֹת (נ"ר)
maestría (f)	meyumanut	מְיוּמָנוּת (נ)
selección (f)	sinun	סִינוּן (ז)
agencia (f) de empleo	soχnut 'koaχ adam	סוֹכנוּת כּוֹחַ אָדָם (נ)
curriculum vitae (m)	korot χayim	קוֹרוֹת חַיִים (נ"ר)
entrevista (f)	ra'ayon avoda	רַאָיוֹן עֲבוֹדָה (ז)
vacancia (f)	misra pnuya	מִשׂרָה פנוּיָה (נ)
salario (m)	mas'koret	מַשׂכּוֹרֶת (נ)
salario (m) fijo	mas'koret kvu'a	מַשׂכּוֹרֶת קבוּעָה (נ)
remuneración (f)	taʃlum	תַשלוּם (ז)
puesto (m) (trabajo)	tafkid	תַפקִיד (ז)
deber (m)	χova	חוֹבָה (נ)
gama (f) de deberes	tχum aχrayut	תחוּם אַחרָיוּת (ז)
ocupado (adj)	asuk	עָסוּק
despedir (vt)	lefater	לְפַטֵר
despido (m)	pitur	פִּיטוּר (ז)
desempleo (m)	avtala	אַבטָלָה (נ)
desempleado (m)	muvtal	מוּבטָל (ז)
jubilación (f)	'pensya	פֶּנסיָה (נ)
jubilarse	latset legimla'ot	לָצֵאת לְגִימלָאוֹת

105. Los negociantes

director (m)	menahel	מְנַהֵל (ז)
gerente (m)	menahel	מְנַהֵל (ז)
jefe (m)	bos	בּוֹס (ז)
superior (m)	memune	מְמוּנֶה (ז)
superiores (m pl)	memunim	מְמוּנִים (ז"ר)
presidente (m)	nasi	נָשִׂיא (ז)
presidente (m) (de compañía)	yoʃev roʃ	יוֹשֵב רֹאש (ז)
adjunto (m)	sgan	סגָן (ז)
asistente (m)	ozer	עוֹזֵר (ז)

secretario, -a (m, f)	mazkir	מַזכִּיר (ז)
secretario (m) particular	mazkir iʃi	מַזכִּיר אִישִי (ז)
hombre (m) de negocios	iʃ asakim	אִיש עֲסָקִים (ז)
emprendedor (m)	yazam	יַזָם (ז)
fundador (m)	meyased	מְייַסֵד (ז)
fundar (vt)	leyased	לְייַסֵד
institutor (m)	meχonen	מְכוֹנֵן (ז)
socio (m)	ʃutaf	שוּתָף (ז)
accionista (m)	'baʿal menayot	בַּעַל מְנָיוֹת (ז)
millonario (m)	milyoner	מִילִיוֹנֶר (ז)
multimillonario (m)	milyarder	מִילִיַארדֶר (ז)
propietario (m)	beʿalim	בְּעָלִים (ז)
terrateniente (m)	'baʿal adamot	בַּעַל אֲדָמוֹת (ז)
cliente (m)	la'koaχ	לָקוֹחַ (ז)
cliente (m) habitual	la'koaχ ka'vuʿa	לָקוֹחַ קָבוּעַ (ז)
comprador (m)	kone	קוֹנֶה (ז)
visitante (m)	mevaker	מְבַקֵר (ז)
profesional (m)	miktsoʿan	מִקצוֹעָן (ז)
experto (m)	mumχe	מוּמחֶה (ז)
especialista (m)	mumχe	מוּמחֶה (ז)
banquero (m)	bankai	בַּנקַאי (ז)
broker (m)	soχen	סוֹכֵן (ז)
cajero (m)	kupai	קוּפַּאי (ז)
contable (m)	menahel χeʃbonot	מְנַהֵל חֶשבּוֹנוֹת (ז)
guardia (m) de seguridad	ʃomer	שוֹמֵר (ז)
inversionista (m)	maʃkiʿa	מַשקִיעַ (ז)
deudor (m)	'baʿal χov	בַּעַל חוֹב (ז)
acreedor (m)	malve	מַלוֶוה (ז)
prestatario (m)	love	לוֹוֶה (ז)
importador (m)	yevu'an	יְבוּאָן (ז)
exportador (m)	yetsu'an	יְצוּאָן (ז)
productor (m)	yatsran	יַצרָן (ז)
distribuidor (m)	mefits	מֵפִיץ (ז)
intermediario (m)	metaveχ	מְתַווֵך (ז)
asesor (m) (~ fiscal)	yoʿets	יוֹעֵץ (ז)
representante (m)	natsig meχirot	נְצִיג מְכִירוֹת (ז)
agente (m)	soχen	סוֹכֵן (ז)
agente (m) de seguros	soχen bi'tuaχ	סוֹכֵן בִּיטוּחַ (ז)

106. Los trabajos de servicio

cocinero (m)	tabaχ	טַבָּח (ז)
jefe (m) de cocina	ʃef	שֶף (ז)

panadero (m)	ofe	אוֹפֶה (ז)
barman (m)	'barmen	בַּרמֶן (ז)
camarero (m)	meltsar	מֶלצַר (ז)
camarera (f)	meltsarit	מֶלצָרִית (נ)
abogado (m)	oreχ din	עוֹרֵך דִין (ז)
jurista (m)	oreχ din	עוֹרֵך דִין (ז)
notario (m)	notaryon	נוֹטַריוֹן (ז)
electricista (m)	χaʃmalai	חַשמַלַאי (ז)
fontanero (m)	ʃravrav	שרַברָב (ז)
carpintero (m)	nagar	נַגָר (ז)
masajista (m)	ma'ase	מְעַסֶה (ז)
masajista (f)	masa'ʒistit	מַסָז'יסטִית (נ)
médico (m)	rofe	רוֹפֵא (ז)
taxista (m)	nahag monit	נֶהָג מוֹנִית (ז)
chofer (m)	nahag	נֶהָג (ז)
repartidor (m)	ʃa'liaχ	שָלִיחַ (ז)
camarera (f)	χadranit	חַדרָנִית (נ)
guardia (m) de seguridad	ʃomer	שוֹמֵר (ז)
azafata (f)	da'yelet	דַייֶלֶת (נ)
profesor (m) (~ de baile, etc.)	more	מוֹרֶה (ז)
bibliotecario (m)	safran	סַפרָן (ז)
traductor (m)	metargem	מְתַרגֵם (ז)
intérprete (m)	meturgeman	מְתוּרגְמָן (ז)
guía (m)	madriχ tiyulim	מַדרִיך טִיוּלִים (ז)
peluquero (m)	sapar	סַפָּר (ז)
cartero (m)	davar	דַוָור (ז)
vendedor (m)	moχer	מוֹכֵר (ז)
jardinero (m)	ganan	גַנָן (ז)
servidor (m)	meʃaret	מְשָרֵת (ז)
criada (f)	meʃa'retet	מְשָרֶתֶת (נ)
mujer (f) de la limpieza	menaka	מְנַקָה (נ)

107. La profesión militar y los rangos

soldado (m) raso	turai	טוּרַאי (ז)
sargento (m)	samal	סַמָל (ז)
teniente (m)	'segen	סֶגֶן (ז)
capitán (m)	'seren	סֶרֶן (ז)
mayor (m)	rav 'seren	רַב־סֶרֶן (ז)
coronel (m)	aluf miʃne	אַלוּף מִשנֶה (ז)
general (m)	aluf	אַלוּף (ז)
mariscal (m)	'marʃal	מַרשָל (ז)
almirante (m)	admiral	אַדמִירָל (ז)
militar (m)	iʃ tsava	אִיש צָבָא (ז)
soldado (m)	χayal	חַייָל (ז)

oficial (m)	katsin	קָצִין (ז)
comandante (m)	mefaked	מְפַקֵד (ז)
guardafronteras (m)	ʃomer gvul	שׁוֹמֵר גבוּל (ז)
radio-operador (m)	alχutai	אַלחוּטָאי (ז)
explorador (m)	iʃ modiʿin kravi	אִישׁ מוֹדִיעִין קְרָבִי (ז)
zapador (m)	χablan	חַבְּלָן (ז)
tirador (m)	tsalaf	צַלָף (ז)
navegador (m)	navat	נַוָט (ז)

108. Los oficiales. Los sacerdotes

rey (m)	'meleχ	מֶלֶך (ז)
reina (f)	malka	מַלכָּה (נ)
príncipe (m)	nasiχ	נָסִיך (ז)
princesa (f)	nesiχa	נְסִיכָה (נ)
zar (m)	tsar	צָאר (ז)
zarina (f)	tsa'rina	צָארִינָה (נ)
presidente (m)	nasi	נָשִׂיא (ז)
ministro (m)	sar	שַׂר (ז)
primer ministro (m)	roʃ memʃala	רֹאשׁ מֶמשָׁלָה (ז)
senador (m)	se'nator	סֶנָאטוֹר (ז)
diplomático (m)	diplomat	דִיפּלוֹמָט (ז)
cónsul (m)	'konsul	קוֹנסוּל (ז)
embajador (m)	ʃagrir	שַׁגרִיר (ז)
consejero (m)	yoʿets	יוֹעֵץ (ז)
funcionario (m)	pakid	פָּקִיד (ז)
prefecto (m)	prefekt	פּרֶפֶקט (ז)
alcalde (m)	roʃ haʿir	רֹאשׁ הָעִיר (ז)
juez (m)	ʃofet	שׁוֹפֵט (ז)
fiscal (m)	to'veʿa	תוֹבֵעַ (ז)
misionero (m)	misyoner	מִיסיוֹנֶר (ז)
monje (m)	nazir	נָזִיר (ז)
abad (m)	roʃ minzar ka'toli	רֹאשׁ מִנזָר קָתוֹלִי (ז)
rabino (m)	rav	רַב (ז)
visir (m)	vazir	וָזִיר (ז)
sha (m)	ʃaχ	שָׁאח (ז)
jeque (m)	ʃeiχ	שֵׁיח (ז)

109. Las profesiones agrícolas

apicultor (m)	kavran	כַּוורָן (ז)
pastor (m)	roʿe tson	רוֹעֵה צֹאן (ז)
agrónomo (m)	agronom	אַגרוֹנוֹם (ז)

ganadero (m)	megadel bakar	מְגַדֵל בָּקָר (ז)
veterinario (m)	veterinar	וֶטֶרִינָר (ז)
granjero (m)	χavai	חַוָואִי (ז)
vinicultor (m)	yeinan	יֵינָן (ז)
zoólogo (m)	zo'olog	זוֹאוֹלוֹג (ז)
vaquero (m)	'ka'uboi	קָאוּבּוֹי (ז)

110. Las profesiones artísticas

actor (m)	saχkan	שַׂחקָן (ז)
actriz (f)	saχkanit	שַׂחקָנִית (נ)
cantante (m)	zamar	זַמָר (ז)
cantante (f)	za'meret	זַמֶרֶת (נ)
bailarín (m)	rakdan	רַקדָן (ז)
bailarina (f)	rakdanit	רַקדָנִית (נ)
artista (m)	saχkan	שַׂחקָן (ז)
artista (f)	saχkanit	שַׂחקָנִית (נ)
músico (m)	muzikai	מוּזִיקָאִי (ז)
pianista (m)	psantran	פְּסַנתְרָן (ז)
guitarrista (m)	nagan gi'tara	נַגָן גִיטָרָה (ז)
director (m) de orquesta	mena'tseaχ	מְנַצֵחַ (ז)
compositor (m)	malχin	מַלחִין (ז)
empresario (m)	amargan	אֲמַרגָן (ז)
director (m) de cine	bamai	בַּמַאי (ז)
productor (m)	mefik	מֵפִיק (ז)
guionista (m)	tasritai	תַסרִיטַאי (ז)
crítico (m)	mevaker	מְבַקֵר (ז)
escritor (m)	sofer	סוֹפֵר (ז)
poeta (m)	meʃorer	מְשוֹרֵר (ז)
escultor (m)	pasal	פַּסָל (ז)
pintor (m)	tsayar	צַייָר (ז)
malabarista (m)	lahatutan	לַהֲטוּטָן (ז)
payaso (m)	leitsan	לֵיצָן (ז)
acróbata (m)	akrobat	אַקרוֹבָּט (ז)
ilusionista (m)	kosem	קוֹסֵם (ז)

111. Profesiones diversas

médico (m)	rofe	רוֹפֵא (ז)
enfermera (f)	aχot	אָחוֹת (נ)
psiquiatra (m)	psiχi''ater	פּסִיכִיאָטֶר (ז)
dentista (m)	rofe ʃi'nayim	רוֹפֵא שִינַיִים (ז)
cirujano (m)	kirurg	כִּירוּרג (ז)

astronauta (m)	astro'na'ut	אַסטרוֹנָאוּט (ז)
astrónomo (m)	astronom	אַסטרוֹנוֹם (ז)
piloto (m)	tayas	טַיָּס (ז)
conductor (m) (chófer)	nahag	נַהָג (ז)
maquinista (m)	nahag ra'kevet	נַהַג רַכֶּבֶת (ז)
mecánico (m)	meχonai	מְכוֹנַאי (ז)
minero (m)	kore	כּוֹרֶה (ז)
obrero (m)	po'el	פּוֹעֵל (ז)
cerrajero (m)	misgad	מַסגֵר (ז)
carpintero (m)	nagar	נַגָּר (ז)
tornero (m)	χarat	חָרָט (ז)
albañil (m)	banai	בַּנַּאי (ז)
soldador (m)	rataχ	רַתָּך (ז)
profesor (m) (título)	pro'fesor	פּרוֹפֶסוֹר (ז)
arquitecto (m)	adriχal	אַדרִיכָל (ז)
historiador (m)	historyon	הִיסטוֹרִיוֹן (ז)
científico (m)	mad'an	מַדעָן (ז)
físico (m)	fizikai	פִיזִיקַאי (ז)
químico (m)	χimai	כִימַאי (ז)
arqueólogo (m)	arχe'olog	אַרכֵיאוֹלוֹג (ז)
geólogo (m)	ge'olog	גֵיאוֹלוֹג (ז)
investigador (m)	χoker	חוֹקֵר (ז)
niñera (f)	ʃmartaf	שמַרטַף (ז)
pedagogo (m)	more, meχaneχ	מוֹרֶה, מְחַנֵך (ז)
redactor (m)	oreχ	עוֹרֵך (ז)
redactor jefe (m)	oreχ raʃi	עוֹרֵך רָאשִי (ז)
corresponsal (m)	katav	כַּתָב (ז)
mecanógrafa (f)	kaldanit	קַלדָנִית (נ)
diseñador (m)	me'atsev	מְעַצֵב (ז)
especialista (m) en ordenadores	mumχe maχʃevim	מוּמחֶה מַחשְבִים (ז)
programador (m)	metaχnet	מְתַכנֵת (ז)
ingeniero (m)	mehandes	מְהַנדֵס (ז)
marino (m)	yamai	יַמַאי (ז)
marinero (m)	malaχ	מַלָח (ז)
socorrista (m)	matsil	מַצִיל (ז)
bombero (m)	kabai	כַּבַּאי (ז)
policía (m)	ʃoter	שוֹטֵר (ז)
vigilante (m) nocturno	ʃomer	שוֹמֵר (ז)
detective (m)	balaʃ	בַּלָש (ז)
aduanero (m)	pakid 'meχes	פְּקִיד מֶכֶס (ז)
guardaespaldas (m)	ʃomer roʃ	שוֹמֵר רֹאש (ז)
guardia (m) de prisiones	soher	סוֹהֵר (ז)
inspector (m)	mefa'keaχ	מְפַקֵחַ (ז)
deportista (m)	sportai	ספוֹרטַאי (ז)
entrenador (m)	me'amen	מְאַמֵן (ז)

carnicero (m)	katsav	קַצָּב (ז)
zapatero (m)	sandlar	סַנדלָר (ז)
comerciante (m)	soχer	סוֹחֵר (ז)
cargador (m)	sabal	סַבָּל (ז)
diseñador (m) de modas	me'atsev ofna	מְעַצֵּב אוֹפנָה (ז)
modelo (f)	dugmanit	דוּגמָנִית (נ)

112. Los trabajos. El estatus social

escolar (m)	talmid	תַלמִיד (ז)
estudiante (m)	student	סטוּדֶנט (ז)
filósofo (m)	filosof	פִילוֹסוֹף (ז)
economista (m)	kalkelan	כַּלכְּלָן (ז)
inventor (m)	mamtsi	מַמצִיא (ז)
desempleado (m)	muvtal	מוּבטָל (ז)
jubilado (m)	pensyoner	פֶנסיוֹנֶר (ז)
espía (m)	meragel	מְרַגֵל (ז)
prisionero (m)	asir	אָסִיר (ז)
huelguista (m)	ʃovet	שׁוֹבֵת (ז)
burócrata (m)	birokrat	בִּירוֹקרָט (ז)
viajero (m)	metayel	מְטַייֵל (ז)
homosexual (m)	'lesbit, 'homo	לֶסבִּית (נ), הוֹמוֹ (ז)
hacker (m)	'haker	הָאקֶר (ז)
hippie (m)	'hipi	הִיפִּי (ז)
bandido (m)	ʃoded	שׁוֹדֵד (ז)
sicario (m)	ro'tseaχ saχir	רוֹצֵחַ שָׂכִיר (ז)
drogadicto (m)	narkoman	נַרקוֹמָן (ז)
narcotraficante (m)	soχer samim	סוֹחֵר סַמִים (ז)
prostituta (f)	zona	זוֹנָה (נ)
chulo (m), proxeneta (m)	sarsur	סַרסוּר (ז)
brujo (m)	meχaʃef	מְכַשֵׁף (ז)
bruja (f)	maχʃefa	מַכשֵׁפָה (נ)
pirata (m)	ʃoded yam	שׁוֹדֵד יָם (ז)
esclavo (m)	ʃifχa, 'eved	שִפחָה (נ), עֶבֶד (ז)
samurai (m)	samurai	סָמוּרַאי (ז)
salvaje (m)	'pere adam	פֶּרֶא אָדָם (ז)

Los deportes

113. Tipos de deportes. Deportistas

deportista (m)	sportai	ספּוֹרטָאִי (ז)
tipo (m) de deporte	anaf sport	עָנָף ספּוֹרט (ז)
baloncesto (m)	kadursal	כַּדוּרסַל (ז)
baloncestista (m)	kadursalan	כַּדוּרסָלָן (ז)
béisbol (m)	'beisbol	בֵּייסבּוֹל (ז)
beisbolista (m)	saχkan 'beisbol	שַׂחקָן בֵּיסבּוֹל (ז)
fútbol (m)	kadu'regel	כַּדוּרֶגֶל (ז)
futbolista (m)	kaduraglan	כַּדוּרַגלָן (ז)
portero (m)	ʃoʿer	שׁוֹעֵר (ז)
hockey (m)	'hoki	הוֹקִי (ז)
jugador (m) de hockey	saχkan 'hoki	שַׂחקָן הוֹקִי (ז)
voleibol (m)	kadurʿaf	כַּדוּרעָף (ז)
voleibolista (m)	saχkan kadurʿaf	שַׂחקָן כַּדוּרעָף (ז)
boxeo (m)	igruf	אִיגרוּף (ז)
boxeador (m)	mitʾagref	מִתאַגרֵף (ז)
lucha (f)	heʾavkut	הֵיאָבקוּת (נ)
luchador (m)	mitʾabek	מִתאַבֵּק (ז)
kárate (m)	karate	קָרָטֶה (ז)
karateka (m)	karatist	קָרָטִיסט (ז)
judo (m)	'dʒudo	ג'וּדוֹ (ז)
judoka (m)	dʒudai	ג'וּדָאִי (ז)
tenis (m)	'tenis	טֶנִיס (ז)
tenista (m)	tenisai	טֶנִיסָאִי (ז)
natación (f)	sχiya	שׂחִייָה (נ)
nadador (m)	saχyan	שַׂחייָן (ז)
esgrima (f)	'sayif	סַיִף (ז)
esgrimidor (m)	sayaf	סַייָף (ז)
ajedrez (m)	'ʃaχmat	שַׁחמָט (ז)
ajedrecista (m)	ʃaχmetai	שַׁחמְטָאִי (ז)
alpinismo (m)	tipus harim	טִיפּוּס הָרִים (ז)
alpinista (m)	metapes harim	מְטַפֵּס הָרִים (ז)
carrera (f)	ritsa	רִיצָה (נ)

corredor (m)	atsan	אָצָן (ז)
atletismo (m)	at'letika kala	אַתלֶטִיקָה קַלָה (נ)
atleta (m)	atlet	אַתלֶט (ז)
deporte (m) hípico	reχiva al sus	רְכִיבָה עַל סוּס (נ)
jinete (m)	paraʃ	פָּרָש (ז)
patinaje (m) artístico	haχlaka omanutit	הַחלָקָה אוֹמָנוּתִית (נ)
patinador (m)	maχlik amanuti	מַחלִיק אָמָנוּתִי (ז)
patinadora (f)	maχlika amanutit	מַחלִיקָה אָמָנוּתִית (נ)
levantamiento (m) de pesas	haramat miʃkolot	הֲרָמַת מִשקוֹלוֹת (נ)
levantador (m) de pesas	miʃkolan	מִשקוֹלָן (ז)
carreras (f pl) de coches	merots meχoniyot	מֵירוֹץ מְכוֹנִיוֹת (ז)
piloto (m) de carreras	nahag merotsim	נַהַג מֵרוֹצִים (ז)
ciclismo (m)	reχiva al ofa'nayim	רְכִיבָה עַל אוֹפַנַיִים (נ)
ciclista (m)	roχev ofa'nayim	רוֹכֵב אוֹפַנַיִים (ז)
salto (m) de longitud	kfitsa la'roχav	קְפִיצָה לָרוֹחַק (נ)
salto (m) con pértiga	kfitsa bemot	קְפִיצָה בְּמוֹט (נ)
saltador (m)	kofets	קוֹפֵץ (ז)

114. Tipos de deportes. Miscelánea

fútbol (m) americano	'futbol	פוּטבּוֹל (ז)
bádminton (m)	notsit	נוֹצִית (ז)
biatlón (m)	bi'atlon	בִּיאַתלוֹן (ז)
billar (m)	bilyard	בִּילִיַארד (ז)
bobsleigh (m)	miz'χelet	מִזחֶלֶת (נ)
culturismo (m)	pi'tuaχ guf	פִּיתוּחַ גוּף (ז)
waterpolo (m)	polo 'mayim	פּוֹלוֹ מַיִם (ז)
balonmano (m)	kadur yad	כַּדוּר־יָד (ז)
golf (m)	golf	גוֹלף (ז)
remo (m)	χatira	חֲתִירָה (נ)
buceo (m)	tslila	צלִילָה (נ)
esquí (m) de fondo	ski bemiʃor	סקִי בְּמִישוֹר (ז)
tenis (m) de mesa	'tenis ʃulχan	טֶנִיס שוּלחָן (ז)
vela (f)	'ʃayit	שַיִט (ז)
rally (m)	'rali	רָאלִי (ז)
rugby (m)	'rogbi	רוֹגבִּי (ז)
snowboarding (m)	gliʃat 'ʃeleg	גלִישַת שֶלֶג (נ)
tiro (m) con arco	kaʃatut	קַשָתוּת (נ)

115. El gimnasio

barra (f) de pesas	miʃ'kolet	מִשקוֹלֶת (נ)
pesas (f pl)	miʃkolot	מִשקוֹלוֹת (נ"ר)

aparato (m) de ejercicios	maxʃir 'koʃer	מַכשִיר כּוֹשֶר (ז)
bicicleta (f) estática	ofanei 'koʃer	אוֹפַנֵי כּוֹשֶר (ז"ר)
cinta (f) de correr	halixon	הֲלִיכוֹן (ז)
barra (f) fija	'metax	מֶתַח (ז)
barras (f pl) paralelas	makbilim	מַקבִּילִים (ז"ר)
potro (m)	sus	סוּס (ז)
colchoneta (f)	mizron	מִזרוֹן (ז)
comba (f)	dalgit	דַלגִית (נ)
aeróbica (f)	ei'robika	אֵירוֹבִּיקָה (ז)
yoga (m)	'yoga	יוֹגָה (נ)

116. Los deportes. Miscelánea

Juegos (m pl) Olímpicos	hamisxakim ha'o'limpiyim	הַמִשׂחָקִים הָאוֹלִימפִּיִים (ז"ר)
vencedor (m)	mena'tseax	מְנַצֵחַ (ז)
vencer (vi)	lena'tseax	לְנַצֵחַ
ganar (vi)	lena'tseax	לְנַצֵחַ
líder (m)	manhig	מַנהִיג (ז)
liderar (vt)	lehovil	לְהוֹבִיל
primer puesto (m)	makom riʃon	מָקוֹם רִאשוֹן (ז)
segundo puesto (m)	makom ʃeni	מָקוֹם שֵנִי (ז)
tercer puesto (m)	makom ʃliʃi	מָקוֹם שלִישִי (ז)
medalla (f)	me'dalya	מֶדַלִיָה (נ)
trofeo (m)	pras	פּרָס (ז)
copa (f) (trofeo)	ga'vi'a nitsaxon	גָבִיעַ נִיצָחוֹן (ז)
premio (m)	pras	פּרָס (ז)
premio (m) principal	pras riʃon	פּרָס רִאשוֹן (ז)
record (m)	si	שִׂיא (ז)
establecer un record	lik'bo'a si	לִקבּוֹעַ שִׂיא
final (m)	gmar	גמָר (ז)
de final (adj)	ʃel hagmar	שֶל הַגמָר
campeón (m)	aluf	אַלוּף (ז)
campeonato (m)	alifut	אַלִיפוּת (נ)
estadio (m)	itstadyon	אִצטַדיוֹן (ז)
gradería (f)	bama	בָּמָה (נ)
hincha (m)	ohed	אוֹהֵד (ז)
adversario (m)	yariv	יָרִיב (ז)
arrancadero (m)	kav zinuk	קַו זִינוּק (ז)
línea (f) de meta	kav hagmar	קַו הַגמָר (ז)
derrota (f)	tvusa	תבוּסָה (נ)
perder (vi)	lehafsid	לְהַפסִיד
árbitro (m)	ʃofet	שוֹפֵט (ז)
jurado (m)	xaver ʃoftim	חֶבֶר שוֹפטִים (ז)

cuenta (f)	totsa'a	תוֹצָאָה (נ)
empate (m)	'teku	תֵיקוּ (ז)
empatar (vi)	lesayem be'teku	לְסַיֵּם בְּתֵיקוּ
punto (m)	nekuda	נְקוּדָה (נ)
resultado (m)	totsa'a	תוֹצָאָה (נ)
tiempo (m)	sivuv	סִיבוּב (ז)
descanso (m)	hafsaka	הַפסָקָה (נ)
droga (f), doping (m)	sam	סָם (ז)
penalizar (vt)	leha'aniʃ	לְהַעֲנִישׁ
descalificar (vt)	lefsol	לְפסוֹל
aparato (m)	maχʃir	מַכשִׁיר (ז)
jabalina (f)	kidon	כִּידוֹן (ז)
peso (m) (lanzamiento de ~)	kadur barzel	כַּדוּר בַּרזֶל (ז)
bola (f) (billar, etc.)	kadur	כַּדוּר (ז)
objetivo (m)	matara	מַטָרָה (נ)
blanco (m)	matara	מַטָרָה (נ)
tirar (vi)	lirot	לִירוֹת
preciso (~ disparo)	meduyak	מְדוּיָק
entrenador (m)	me'amen	מְאַמֵן (ז)
entrenar (vt)	le'amen	לְאַמֵן
entrenarse (vr)	lehit'amen	לְהִתאַמֵן
entrenamiento (m)	imun	אִימוּן (ז)
gimnasio (m)	'χeder 'koʃer	חֶדֶר כּוֹשֶׁר (ז)
ejercicio (m)	imun	אִימוּן (ז)
calentamiento (m)	χimum	חִימוּם (ז)

La educación

117. La escuela

escuela (f)	beit 'sefer	בֵּית סֵפֶר (ז)
director (m) de escuela	menahel beit 'sefer	מְנַהֵל בֵּית סֵפֶר (ז)
alumno (m)	talmid	תַלמִיד (ז)
alumna (f)	talmida	תַלמִידָה (נ)
escolar (m)	talmid	תַלמִיד (ז)
escolar (f)	talmida	תַלמִידָה (נ)
enseñar (vt)	lelamed	לְלַמֵד
aprender (ingles, etc.)	lilmod	לִלמוֹד
aprender de memoria	lilmod beʿal pe	לִלמוֹד בְּעַל פֶּה
aprender (a leer, etc.)	lilmod	לִלמוֹד
estar en la escuela	lilmod	לִלמוֹד
ir a la escuela	la'leχet le'beit 'sefer	לָלֶכֶת לְבֵית סֵפֶר
alfabeto (m)	alefbeit	אָלֶפבֵּית (ז)
materia (f)	mik'tsoʿa	מִקצוֹעַ (ז)
aula (f)	kita	כִּיתָה (נ)
lección (f)	ʃiʿur	שִיעוּר (ז)
recreo (m)	hafsaka	הַפסָקָה (נ)
campana (f)	paʿamon	פַּעֲמוֹן (ז)
pupitre (m)	ʃulχan limudim	שוּלחַן לִימוּדִים (ז)
pizarra (f)	'luaχ	לוּחַ (ז)
nota (f)	tsiyun	צִיוּן (ז)
buena nota (f)	tsiyun tov	צִיוּן טוֹב (ז)
mala nota (f)	tsiyun ga'ruʿa	צִיוּן גָרוּעַ (ז)
poner una nota	latet tsiyun	לָתֵת צִיוּן
falta (f)	taʿut	טָעוּת (נ)
hacer faltas	laʿasot taʿuyot	לַעֲשׂוֹת טָעוּיוֹת
corregir (un error)	letaken	לְתַקֵן
chuleta (f)	ʃlif	שְלִיף (ז)
deberes (m pl) de casa	ʃiʿurei 'bayit	שִיעוּרֵי בַּיִת (ז"ר)
ejercicio (m)	targil	תַרגִיל (ז)
estar presente	lihyot no'χeaχ	לִהיוֹת נוֹכֵחַ
estar ausente	leheʿader	לְהֵיעָדֵר
faltar a las clases	lehaχsir	לְהַחסִיר
castigar (vt)	lehaʿaniʃ	לְהַעֲנִיש
castigo (m)	'oneʃ	עוֹנֶש (ז)
conducta (f)	hitnahagut	הִתנַהֲגוּת (נ)

libreta (f) de notas	yoman beit 'sefer	יוֹמָן בֵּית סֵפֶר (ז)
lápiz (m)	iparon	עִיפָּרוֹן (ז)
goma (f) de borrar	'maχak	מַחַק (ז)
tiza (f)	gir	גִּיר (ז)
cartuchera (f)	kalmar	קַלמָר (ז)
mochila (f)	yalkut	יַלקוּט (ז)
bolígrafo (m)	et	עֵט (ז)
cuaderno (m)	maχ'beret	מַחבֶּרֶת (נ)
manual (m)	'sefer limud	סֵפֶר לִימוּד (ז)
compás (m)	meχuga	מְחוּגָה (נ)
trazar (vi, vt)	lesartet	לְשַׂרטֵט
dibujo (m) técnico	sirtut	שִׂרטוּט (ז)
poema (m), poesía (f)	ʃir	שִׁיר (ז)
de memoria (adv)	beʿal pe	בְּעַל פֶּה
aprender de memoria	lilmod beʿal pe	לִלמוֹד בְּעַל פֶּה
vacaciones (f pl)	χufʃa	חוּפשָׁה (נ)
estar de vacaciones	lihyot beχufʃa	לִהיוֹת בְּחוּפשָׁה
pasar las vacaciones	lehaʿavir 'χofeʃ	לְהַעֲבִיר חוֹפֶשׁ
prueba (f) escrita	mivχan	מִבחָן (ז)
composición (f)	χibur	חִיבּוּר (ז)
dictado (m)	haχtava	הַכתָבָה (נ)
examen (m)	bχina	בְּחִינָה (נ)
hacer un examen	lehibaχen	לְהִיבָּחֵן
experimento (m)	nisui	נִיסוּי (ז)

118. Los institutos. La Universidad

academia (f)	aka'demya	אָקָדֶמיָה (נ)
universidad (f)	uni'versita	אוּנִיבֶרסִיטָה (נ)
facultad (f)	fa'kulta	פָקוּלטָה (נ)
estudiante (m)	student	סטוּדֶנט (ז)
estudiante (f)	stu'dentit	סטוּדֶנטִית (נ)
profesor (m)	martse	מַרצֶה (ז)
aula (f)	ulam hartsaʾot	אוּלָם הַרצָאוֹת (ז)
graduado (m)	boger	בּוֹגֵר (ז)
diploma (m)	di'ploma	דִיפּלוֹמָה (נ)
tesis (f) de grado	diser'tatsya	דִיסֶרטַציָה (נ)
estudio (m)	meχkar	מֶחקָר (ז)
laboratorio (m)	maʿabada	מַעֲבָּדָה (נ)
clase (f)	hartsaʾa	הַרצָאָה (נ)
compañero (m) de curso	χaver lelimudim	חָבֵר לְלִימוּדִים (ז)
beca (f)	milga	מִלגָה (נ)
grado (m) académico	'toʾar aka'demi	תוֹאַר אָקָדֶמִי (ז)

119. Las ciencias. Las disciplinas

matemáticas (f pl)	mate'matika	מָתֶמָטִיקָה (נ)
álgebra (f)	'algebra	אַלְגֶבְּרָה (נ)
geometría (f)	ge'o'metriya	גֵיאוֹמֶטְרִיָה (נ)
astronomía (f)	astro'nomya	אַסטרוֹנוֹמְיָה (נ)
biología (f)	bio'logya	בִּיוֹלוֹגְיָה (נ)
geografía (f)	ge'o'grafya	גֵיאוֹגרַפְיָה (נ)
geología (f)	ge'o'logya	גֵיאוֹלוֹגְיָה (נ)
historia (f)	his'torya	הִיסטוֹרְיָה (נ)
medicina (f)	refu'a	רְפוּאָה (נ)
pedagogía (f)	χinuχ	חִינוּך (ז)
derecho (m)	miʃpatim	מִשפָּטִים (ז"ר)
física (f)	'fizika	פִיזִיקָה (נ)
química (f)	'χimya	כִימְיָה (נ)
filosofía (f)	filo'sofya	פִילוֹסוֹפְיָה (נ)
psicología (f)	psiχo'logya	פסִיכוֹלוֹגְיָה (נ)

120. Los sistemas de escritura. La ortografía

gramática (f)	dikduk	דִקדוּק (ז)
vocabulario (m)	otsar milim	אוֹצַר מִילִים (ז)
fonética (f)	torat ha'hege	תוֹרַת הַהֶגֶה (נ)
sustantivo (m)	ʃem 'etsem	שֵם עֶצֶם (ז)
adjetivo (m)	ʃem 'to'ar	שֵם תוֹאַר (ז)
verbo (m)	po'el	פוֹעַל (ז)
adverbio (m)	'to'ar 'po'al	תוֹאַר פוֹעַל (ז)
pronombre (m)	ʃem guf	שֵם גוּף (ז)
interjección (f)	milat kri'a	מִילַת קְרִיאָה (נ)
preposición (f)	milat 'yaχas	מִילַת יַחַס (נ)
raíz (f), radical (m)	'ʃoreʃ	שוֹרֶש (ז)
desinencia (f)	si'yomet	סִיוֹמֶת (נ)
prefijo (m)	tχilit	תחִילִית (נ)
sílaba (f)	havara	הֲבָרָה (נ)
sufijo (m)	si'yomet	סִיוֹמֶת (נ)
acento (m)	'ta'am	טַעַם (ז)
apóstrofo (m)	'gereʃ	גֶרֶש (ז)
punto (m)	nekuda	נְקוּדָה (נ)
coma (m)	psik	פסִיק (ז)
punto y coma	nekuda ufsik	נְקוּדָה וּפסִיק (נ)
dos puntos (m pl)	nekudo'tayim	נְקוּדוֹתַיִים (נ"ר)
puntos (m pl) suspensivos	ʃaloʃ nekudot	שָלוֹש נְקוּדוֹת (נ"ר)
signo (m) de interrogación	siman ʃe'ela	סִימָן שְאֵלָה (ז)
signo (m) de admiración	siman kri'a	סִימָן קְרִיאָה (ז)

comillas (f pl)	merχa'ot	מֵרְכָאוֹת (ז"ר)
entre comillas	bemerχa'ot	בְּמֵרְכָאוֹת
paréntesis (m)	sog'rayim	סוֹגְרַיִים (ז"ר)
entre paréntesis	besog'rayim	בְּסוֹגְרַיִים
guión (m)	makaf	מַקָף (ז)
raya (f)	kav mafrid	קַו מַפְרִיד (ז)
blanco (m)	'revaχ	רֶוַוח (ז)
letra (f)	ot	אוֹת (נ)
letra (f) mayúscula	ot gdola	אוֹת גדוֹלָה (נ)
vocal (f)	tnu'a	תנוּעָה (נ)
consonante (m)	itsur	עִיצוּר (ז)
oración (f)	miʃpat	מִשפָּט (ז)
sujeto (m)	nose	נוֹשֵׂא (ז)
predicado (m)	nasu	נָשׂוּא (ז)
línea (f)	ʃura	שוּרָה (נ)
en una nueva línea	beʃura χadaʃa	בְּשוּרָה חֲדָשָה
párrafo (m)	piska	פִּסקָה (נ)
palabra (f)	mila	מִילָה (נ)
combinación (f) de palabras	tsiruf milim	צֵירוּף מִילִים (ז)
expresión (f)	bitui	בִּיטוּי (ז)
sinónimo (m)	mila nir'defet	מִילָה נִרדֶפֶת (נ)
antónimo (m)	'hefeχ	הֵפֶך (ז)
regla (f)	klal	כּלָל (ז)
excepción (f)	yotse min haklal	יוֹצֵא מִן הַכּלָל (ז)
correcto (adj)	naχon	נָכוֹן
conjugación (f)	hataya	הַטָיָיה (נ)
declinación (f)	hataya	הַטָיָיה (נ)
caso (m)	yaχasa	יַחֲסָה (נ)
pregunta (f)	ʃe'ela	שְאֵלָה (נ)
subrayar (vt)	lehadgiʃ	לְהַדגִיש
línea (f) de puntos	kav nakud	קַו נָקוּד (ז)

121. Los idiomas extranjeros

lengua (f)	safa	שָׂפָה (נ)
extranjero (adj)	zar	זָר
lengua (f) extranjera	safa zara	שָׂפָה זָרָה (נ)
estudiar (vt)	lilmod	ללמוֹד
aprender (ingles, etc.)	lilmod	ללמוֹד
leer (vi, vt)	likro	לִקרוֹא
hablar (vi, vt)	ledaber	לְדַבֵּר
comprender (vt)	lehavin	לְהָבִין
escribir (vt)	liχtov	לִכתוֹב
rápidamente (adv)	maher	מַהֵר
lentamente (adv)	le'at	לְאַט

con fluidez (adv)	χofʃi	חוֹפשִי
reglas (f pl)	klalim	כְּלָלִים (ז"ר)
gramática (f)	dikduk	דִקדוּק (ז)
vocabulario (m)	otsar milim	אוֹצַר מִילִים (ז)
fonética (f)	torat ha'hege	תוֹרַת הַהֶגֶה (נ)
manual (m)	'sefer limud	סֵפֶר לִימוּד (ז)
diccionario (m)	milon	מִילוֹן (ז)
manual (m) autodidáctico	'sefer lelimud atsmi	סֵפֶר לְלִימוּד עַצמִי (ז)
guía (f) de conversación	siχon	שִׂיחוֹן (ז)
casete (m)	ka'letet	קַלֶטֶת (נ)
videocasete (f)	ka'letet 'vide'o	קַלֶטֶת וִידֵיאוֹ (נ)
disco compacto, CD (m)	taklitor	תַקלִיטוֹר (ז)
DVD (m)	di vi di	דִי. וִי. דִי. (ז)
alfabeto (m)	alefbeit	אָלֶפבֵּית (ז)
deletrear (vt)	le'ayet	לְאַיֵית
pronunciación (f)	hagiya	הֲגִיָיה (נ)
acento (m)	mivta	מִבטָא (ז)
con acento	im mivta	עִם מִבטָא
sin acento	bli mivta	בּלִי מִבטָא
palabra (f)	mila	מִילָה (נ)
significado (m)	maʃma'ut	מַשמָעוּת (נ)
cursos (m pl)	kurs	קוּרס (ז)
inscribirse (vr)	leheraʃem lekurs	לְהֵירָשֵם לְקוּרס
profesor (m) (~ de inglés)	more	מוֹרֶה (ז)
traducción (f) (proceso)	tirgum	תִרגוּם (ז)
traducción (f) (texto)	tirgum	תִרגוּם (ז)
traductor (m)	metargem	מְתַרגֵם (ז)
intérprete (m)	meturgeman	מְתוּרגְמָן (ז)
políglota (m)	poliglot	פּוֹלִיגלוֹט (ז)
memoria (f)	zikaron	זִיכָּרוֹן (ז)

122. Los personajes de los cuentos de hadas

Papá Noel (m)	'santa 'kla'us	סַנטָה קלָאוּס (ז)
Cenicienta (f)	sinde'rela	סִינדֶרֶלָה
sirena (f)	bat yam, betulat hayam	בַּת יָם, בְּתוּלַת הַיָם (נ)
Neptuno (m)	neptun	נֶפטוּן (ז)
mago (m)	kosem	קוֹסֵם (ז)
maga (f)	'feya	פֵיָה (נ)
mágico (adj)	kasum	קָסוּם
varita (f) mágica	ʃarvit 'kesem	שַרבִיט קֶסֶם (ז)
cuento (m) de hadas	agada	אַגָדָה (נ)
milagro (m)	nes	נֵס (ז)
enano (m)	gamad	גַמָד (ז)

transformarse en ...	lahafoχ le...	לַהֲפוֹך לְ...
espíritu (m) (fantasma)	'ruaχ refa"im	רוּחַ רְפָאִים (נ)
fantasma (m)	'ruaχ refa"im	רוּחַ רְפָאִים (נ)
monstruo (m)	mif'letset	מִפלֶצֶת (נ)
dragón (m)	drakon	דרָקוֹן (ז)
gigante (m)	anak	עֲנָק (ז)

123. Los signos de zodiaco

Aries (m)	tale	טָלֶה (ז)
Tauro (m)	ʃor	שוֹר (ז)
Géminis (m pl)	te'omim	תְאוֹמִים (ז"ר)
Cáncer (m)	sartan	סַרטָן (ז)
Leo (m)	arye	אַריֵה (ז)
Virgo (m)	betula	בְּתוּלָה (נ)
Libra (f)	moz'nayim	מֹאזנַיִים (ז"ר)
Escorpio (m)	akrav	עַקרָב (ז)
Sagitario (m)	kaʃat	קַשָת (ז)
Capricornio (m)	gdi	גדִי (ז)
Acuario (m)	dli	דלִי (ז)
Piscis (m pl)	dagim	דָגִים (ז"ר)
carácter (m)	'ofi	אוֹפִי (ז)
rasgos (m pl) de carácter	tχunot 'ofi	תכוּנוֹת אוֹפִי (נ"ר)
conducta (f)	hitnahagut	הִתנַהֲגוּת (נ)
decir la buenaventura	lenabe et ha'atid	לְנַבֵּא אֶת הֶעָתִיד
adivinadora (f)	ma'gedet atidot	מַגֶדֶת עֲתִידוֹת (נ)
horóscopo (m)	horoskop	הוֹרוֹסקוֹפּ (ז)

El arte

124. El teatro

teatro (m)	teʾatron	תֵיאַטְרוֹן (ז)
ópera (f)	'opera	אוֹפֶּרָה (נ)
opereta (f)	ope'reta	אוֹפֶּרֶטָה (נ)
ballet (m)	balet	בָּלֶט (ז)
cartelera (f)	kraza	כְּרָזָה (נ)
compañía (f) de teatro	lahaka	לַהֲקָה (נ)
gira (f) artística	masa hofaʿot	מַסָע הוֹפָעוֹת (ז)
hacer una gira artística	latset lemasa hofaʿot	לָצֵאת לְמַסָע הוֹפָעוֹת
ensayar (vi, vt)	laʿaroχ χazara	לַעֲרוֹך חֲזָרָה
ensayo (m)	χazara	חֲזָרָה (נ)
repertorio (m)	repertuʾar	רֶפֶּרטוּאָר (ז)
representación (f)	hofaʿa	הוֹפָעָה (נ)
espectáculo (m)	hatsaga	הַצָגָה (נ)
pieza (f) de teatro	maχaze	מַחֲזֶה (ז)
billet (m)	kartis	כַּרטִיס (ז)
taquilla (f)	kupa	קוּפָּה (נ)
vestíbulo (m)	'lobi	לוֹבִּי (ז)
guardarropa (f)	meltaχa	מֶלתָחָה (נ)
ficha (f) de guardarropa	mispar meltaχa	מִספַּר מֶלתָחָה (ז)
gemelos (m pl)	miʃ'kefet	מִשקֶפֶת (נ)
acomodador (m)	sadran	סַדרָן (ז)
patio (m) de butacas	parter	פַּרטֶר (ז)
balconcillo (m)	mir'peset	מִרפֶּסֶת (נ)
entresuelo (m)	ya'tsiʿa	יָצִיעַ (ז)
palco (m)	ta	תָא (ז)
fila (f)	ʃura	שוּרָה (נ)
asiento (m)	moʃav	מוֹשָב (ז)
público (m)	'kahal	קָהָל (ז)
espectador (m)	tsofe	צוֹפֶה (ז)
aplaudir (vi, vt)	limχo ka'payim	לִמחוֹא כַּפַּיִים
aplausos (m pl)	meχiʾot ka'payim	מְחִיאוֹת כַּפַּיִים (נ"ר)
ovación (f)	tʃuʾot	תשוּאוֹת (נ"ר)
escenario (m)	bama	בָּמָה (נ)
telón (m)	masaχ	מָסָך (ז)
decoración (f)	tafʾura	תַפאוּרָה (נ)
bastidores (m pl)	klayim	קְלָעִים
escena (f)	'stsena	סצֶינָה (נ)
acto (m)	maʿaraχa	מַעֲרָכָה (נ)
entreacto (m)	hafsaka	הַפסָקָה (נ)

125. El cine

actor (m)	saχkan	שַׂחקָן (ז)
actriz (f)	saχkanit	שַׂחקָנִית (נ)
cine (m) (industria)	kol'noʿa	קולנוֹעַ (ז)
película (f)	'seret	סֶרֶט (ז)
episodio (m)	epi'zoda	אֶפִּיזוֹדָה (נ)
película (f) policíaca	'seret balaʃi	סֶרֶט בַּלָשִׁי (ז)
película (f) de acción	maʿarvon	מַעֲרבוֹן (ז)
película (f) de aventura	'seret harpatkaʾot	סֶרֶט הַרפַּתקָאוֹת (ז)
película (f) de ciencia ficción	'seret mada bidyoni	סֶרֶט מַדָע בִּדיוֹנִי (ז)
película (f) de horror	'seret eima	סֶרֶט אֵימָה (ז)
película (f) cómica	ko'medya	קוֹמֶדיָה (נ)
melodrama (m)	melo'drama	מֶלוֹדרָמָה (נ)
drama (m)	'drama	דרָמָה (נ)
película (f) de ficción	'seret alilati	סֶרֶט עֲלִילָתִי (ז)
documental (m)	'seret tiʿudi	סֶרֶט תִיעוּדִי (ז)
dibujos (m pl) animados	'seret ani'matsya	סֶרֶט אֲנִימַצִיָה (ז)
cine (m) mudo	sratim ilmim	סרָטִים אִילמִים (ז"ר)
papel (m)	tafkid	תַפקִיד (ז)
papel (m) principal	tafkid raʃi	תַפקִיד רָאשִׁי (ז)
interpretar (vt)	lesaχek	לְשַׂחֵק
estrella (f) de cine	koχav kol'noʿa	כּוֹכָב קולנוֹעַ (ז)
conocido (adj)	mefursam	מְפוּרסָם
famoso (adj)	mefursam	מְפוּרסָם
popular (adj)	popu'lari	פּוֹפּוּלָרִי
guión (m) de cine	tasrit	תַסרִיט (ז)
guionista (m)	tasritai	תַסרִיטַאי (ז)
director (m) de cine	bamai	בַּמַאי (ז)
productor (m)	mefik	מֵפִיק (ז)
asistente (m)	ozer	עוֹזֵר (ז)
operador (m) de cámara	tsalam	צַלָם (ז)
doble (m) de riesgo	paʿalulan	פַּעֲלוּלָן (ז)
doble (m)	saχkan maχlif	שַׂחקָן מַחֲלִיף (ז)
filmar una película	letsalem 'seret	לְצַלֵם סֶרֶט
audición (f)	mivdak	מִבדָק (ז)
rodaje (m)	hasrata	הַסרָטָה (נ)
equipo (m) de rodaje	'tsevet ha'seret	צֶוֶות הַסֶרֶט (ז)
plató (m) de rodaje	atar hatsilum	אֲתַר הַצִילוּם (ז)
cámara (f)	matslema	מַצלֵמָה (נ)
cine (m) (iremos al ~)	beit kol'noʿa	בֵּית קולנוֹעַ (ז)
pantalla (f)	masaχ	מָסָך (ז)
mostrar la película	leharʾot 'seret	לְהַראוֹת סֶרֶט
pista (f) sonora	paskol	פַּסקוֹל (ז)
efectos (m pl) especiales	e'fektim meyuχadim	אֶפֶקטִים מְיוּחָדִים (ז"ר)

subtítulos (m pl)	ktuviyot	כּתוּבִיוֹת (נ"ר)
créditos (m pl)	ktuviyot	כּתוּבִיוֹת (נ"ר)
traducción (f)	tirgum	תִרגוּם (ז)

126. La pintura

arte (m)	amanut	אָמָנוּת (נ)
bellas artes (f pl)	omanuyot yafot	אוֹמָנוּיוֹת יָפוֹת (נ"ר)
galería (f) de arte	ga'lerya le'amanut	גָלֶריָה לְאָמָנוּת (נ)
exposición (f) de arte	ta'aruxat amanut	תַעֲרוּכַת אָמָנוּת (נ)
pintura (f) (tipo de arte)	tsiyur	צִיוּר (ז)
gráfica (f)	'grafika	גרָפִיקָה (נ)
abstraccionismo (m)	amanut muf'ʃetet	אָמָנוּת מוּפשֶׁטֶת (נ)
impresionismo (m)	impresyonizm	אִימפּרֶסיוֹנִיזם (ז)
pintura (f) (cuadro)	tmuna	תמוּנָה (נ)
dibujo (m)	tsiyur	צִיוּר (ז)
pancarta (f)	'poster	פּוֹסטֶר (ז)
ilustración (f)	iyur	אִיוּר (ז)
miniatura (f)	minya'tura	מִינִיאָטוּרָה (נ)
copia (f)	he'etek	הֶעתֵק (ז)
reproducción (f)	ʃi'atuk	שִׁיעֲתוּק (ז)
mosaico (m)	psefas	פּסֵיפָס (ז)
vitral (m)	vitraʒ	וִיטרָאז' (ז)
fresco (m)	fresko	פרֶסקוֹ (ז)
grabado (m)	taxrit	תַחרִיט (ז)
busto (m)	pro'toma	פּרוֹטוֹמָה (נ)
escultura (f)	'pesel	פֶּסֶל (ז)
estatua (f)	'pesel	פֶּסֶל (ז)
yeso (m)	'geves	גֶבֶס (ז)
en yeso (adj)	mi'geves	מִגֶבֶס
retrato (m)	dyukan	דיוֹקָן (ז)
autorretrato (m)	dyukan atsmi	דיוֹקָן עַצמִי (ז)
paisaje (m)	tsiyur nof	צִיוּר נוֹף (ז)
naturaleza (f) muerta	'teva domem	טֶבַע דוֹמֵם (ז)
caricatura (f)	karika'tura	קָרִיקָטוּרָה (נ)
boceto (m)	tarʃim	תַרשִׁים (ז)
pintura (f) (material)	'tseva	צֶבַע (ז)
acuarela (f)	'tseva 'mayim	צֶבַע מַיִם (ז)
óleo (m)	'ʃemen	שֶׁמֶן (ז)
lápiz (m)	iparon	עִיפָּרוֹן (ז)
tinta (f) china	tuʃ	טוּשׁ (ז)
carboncillo (m)	pexam	פֶּחָם (ז)
dibujar (vi, vt)	letsayer	לְצַייֵר
pintar (vi, vt)	letsayer	לְצַייֵר
posar (vi)	ledagmen	לְדַגמֵן
modelo (m)	dugman eirom	דוּגמָן עֵירוֹם (ז)

modelo (f)	dugmanit erom	דוגמָנית עֵירוֹם (נ)
pintor (m)	tsayar	צַייָר (ז)
obra (f) de arte	yetsirat amanut	יְצִירַת אָמָנוּת (נ)
obra (f) maestra	yetsirat mofet	יְצִירַת מוֹפֵת (נ)
estudio (m) (de un artista)	'studyo	סטוּדיוֹ (ז)
lienzo (m)	bad piʃtan	בַּד פִּשתָן (ז)
caballete (m)	kan tsiyur	כַּן צִיוּר (ז)
paleta (f)	'plata	פּלָטָה (נ)
marco (m)	mis'geret	מִסגֶרֶת (נ)
restauración (f)	ʃiχzur	שִחזוּר (ז)
restaurar (vt)	leʃaχzer	לְשַחזֵר

127. La literatura y la poesía

literatura (f)	sifrut	סִפרוּת (נ)
autor (m) (escritor)	sofer	סוֹפֵר (ז)
seudónimo (m)	ʃem badui	שֵם בָּדוּי (ז)
libro (m)	'sefer	סֵפֶר (ז)
tomo (m)	'kereχ	כֶּרֶך (ז)
tabla (f) de contenidos	'toχen inyanim	תוֹכֶן עִניָינִים (ז)
página (f)	amud	עַמוּד (ז)
héroe (m) principal	hagibor haraʃi	הַגִיבּוֹר הָרָאשִי (ז)
autógrafo (m)	χatima	חֲתִימָה (נ)
relato (m) corto	sipur katsar	סִיפּוּר קָצָר (ז)
cuento (m)	sipur	סִיפּוּר (ז)
novela (f)	roman	רוֹמָן (ז)
obra (f) literaria	χibur	חִיבּוּר (ז)
fábula (f)	maʃal	מָשָל (ז)
novela (f) policíaca	roman balaʃi	רוֹמָן בַּלָשִי (ז)
verso (m)	ʃir	שִיר (ז)
poesía (f)	ʃira	שִירָה (נ)
poema (m)	po"ema	פּוֹאֶמָה (נ)
poeta (m)	meʃorer	מְשוֹרֵר (ז)
bellas letras (f pl)	sifrut yafa	סִפרוּת יָפָה (נ)
ciencia ficción (f)	mada bidyoni	מַדָע בִּדיוֹנִי (ז)
aventuras (f pl)	harpatka'ot	הַרפַּתקָאוֹת (נ"ר)
literatura (f) didáctica	sifrut limudit	סִפרוּת לִימוּדִית (נ)
literatura (f) infantil	sifrut yeladim	סִפרוּת יְלָדִים (נ)

128. El circo

circo (m)	kirkas	קִרקָס (ז)
circo (m) ambulante	kirkas nayad	קִרקָס נַייָד (ז)
programa (m)	toχnit	תוֹכנִית (נ)
representación (f)	hofa'a	הוֹפָעָה (נ)
número (m)	hofa'a	הוֹפָעָה (נ)

arena (f)	zira	זִירָה (נ)
pantomima (f)	panto'mima	פַּנטוֹמִימָה (נ)
payaso (m)	leitsan	לֵיצָן (ז)
acróbata (m)	akrobat	אַקרוֹבָּט (ז)
acrobacia (f)	akro'batika	אַקרוֹבָּטִיקָה (נ)
gimnasta (m)	mit'amel	מִתעַמֵל (ז)
gimnasia (f) acrobática	hit'amlut	הִתעַמלוּת (נ)
salto (m)	'salta	סַלטָה (נ)
forzudo (m)	atlet	אַתלֵט (ז)
domador (m)	me'alef	מְאַלֵף (ז)
caballista (m)	roχev	רוֹכֵב (ז)
asistente (m)	ozer	עוֹזֵר (ז)
truco (m)	pa'alul	פַּעֲלוּל (ז)
truco (m) de magia	'kesem	קֶסֶם (ז)
ilusionista (m)	kosem	קוֹסֵם (ז)
malabarista (m)	lahatutan	לַהֲטוּטָן (ז)
malabarear (vt)	lelahtet	לְלַהטֵט
amaestrador (m)	me'alef hayot	מְאַלֵף חַיוֹת (ז)
amaestramiento (m)	iluf χayot	אִילוּף חַיוֹת (ז)
amaestrar (vt)	le'alef	לְאַלֵף

129. La música. La música popular

música (f)	'muzika	מוּזִיקָה (נ)
músico (m)	muzikai	מוּזִיקַאי (ז)
instrumento (m) musical	kli negina	כְּלִי נְגִינָה (ז)
tocar ...	lenagen be...	לְנַגֵן בְּ...
guitarra (f)	gi'tara	גִיטָרָה (נ)
violín (m)	kinor	כִּינוֹר (ז)
violonchelo (m)	'ʧelo	צֶ'לוֹ (ז)
contrabajo (m)	kontrabas	קוֹנטרַבַּס (ז)
arpa (f)	'nevel	נֶבֶל (ז)
piano (m)	psanter	פְּסַנתֵר (ז)
piano (m) de cola	psanter kanaf	פְּסַנתֵר כָּנָף (ז)
órgano (m)	ugav	עוּגָב (ז)
instrumentos (m pl) de viento	klei neʃifa	כְּלֵי נְשִיפָה (ז"ר)
oboe (m)	abuv	אַבּוּב (ז)
saxofón (m)	saksofon	סַקסוֹפוֹן (ז)
clarinete (m)	klarinet	קלָרִינֶט (ז)
flauta (f)	χalil	חָלִיל (ז)
trompeta (f)	χatsotsra	חֲצוֹצְרָה (נ)
acordeón (m)	akordyon	אַקוֹרדִיוֹן (ז)
tambor (m)	tof	תוֹף (ז)
dúo (m)	'du'o	דוּאוֹ (ז)
trío (m)	ʃliʃiya	שלִישִיָה (נ)

cuarteto (m)	reviʿiya	רְבִיעִיָּה (נ)
coro (m)	makhela	מַקהֵלָה (נ)
orquesta (f)	tiz'moret	תִזמוֹרֶת (נ)
música (f) pop	'muzikat pop	מוּזִיקַת פּוֹפ (נ)
música (f) rock	'muzikat rok	מוּזִיקַת רוֹק (נ)
grupo (m) de rock	lehakat rok	לַהֲקַת רוֹק (נ)
jazz (m)	dʒez	גֶ'ז (ז)
ídolo (m)	koχav	כּוֹכָב (ז)
admirador (m)	ohed	אוֹהֵד (ז)
concierto (m)	kontsert	קוֹנצֶרט (ז)
sinfonía (f)	si'fonya	סִימפוֹנִיָּה (נ)
composición (f)	yetsira	יְצִירָה (נ)
escribir (vt)	leχaber	לְחַבֵּר
canto (m)	ʃira	שִירָה (נ)
canción (f)	ʃir	שִיר (ז)
melodía (f)	mangina	מַנגִינָה (נ)
ritmo (m)	'ketsev	קֶצֶב (ז)
blues (m)	bluz	בּלוּז (ז)
notas (f pl)	tavim	תָווִים (ז"ר)
batuta (f)	ʃarvit ni'tsuaχ	שַרבִיט נִיצוּחַ (ז)
arco (m)	'keʃet	קֶשֶת (נ)
cuerda (f)	meitar	מֵיתָר (ז)
estuche (m)	nartik	נַרתִיק (ז)

El descanso. El entretenimiento. El viaje

130. Las vacaciones. El viaje

turismo (m)	tayarut	תַיָירוּת (נ)
turista (m)	tayar	תַיָיר (ז)
viaje (m)	tiyul	טִיוּל (ז)
aventura (f)	harpatka	הַרפַּתקָה (נ)
viaje (m) (p.ej. ~ en coche)	nesi'a	נְסִיעָה (נ)
vacaciones (f pl)	χufʃa	חוּפשָה (נ)
estar de vacaciones	lihyot beχufʃa	לִהיוֹת בְּחוּפשָה
descanso (m)	menuχa	מְנוּחָה (נ)
tren (m)	ra'kevet	רַכֶּבֶת (נ)
en tren	bera'kevet	בְּרַכֶּבֶת
avión (m)	matos	מָטוֹס (ז)
en avión	bematos	בְּמָטוֹס
en coche	bemeχonit	בִּמְכוֹנִית
en barco	be'oniya	בְּאוֹנִייָה
equipaje (m)	mit'an	מִטעָן (ז)
maleta (f)	mizvada	מִזווָדָה (נ)
carrito (m) de equipaje	eglat mit'an	עֶגלַת מִטעָן (נ)
pasaporte (m)	darkon	דַרכּוֹן (ז)
visado (m)	'viza, aʃra	וִיזָה, אַשרָה (נ)
billete (m)	kartis	כַּרטִיס (ז)
billete (m) de avión	kartis tisa	כַּרטִיס טִיסָה (ז)
guía (f) (libro)	madriχ	מַדרִיך (ז)
mapa (m)	mapa	מַפָּה (נ)
área (f) (~ rural)	ezor	אֵזוֹר (ז)
lugar (m)	makom	מָקוֹם (ז)
exotismo (m)	ek'zotika	אֶקזוֹטִיקָה (נ)
exótico (adj)	ek'zoti	אֶקזוֹטִי
asombroso (adj)	nifla	נִפלָא
grupo (m)	kvutsa	קבוּצָה (נ)
excursión (f)	tiyul	טִיוּל (ז)
guía (m) (persona)	madriχ tiyulim	מַדרִיך טִיוּלִים (ז)

131. El hotel

hotel (m)	malon	מָלוֹן (ז)
motel (m)	motel	מוֹטֶל (ז)
de tres estrellas	ʃloʃa koχavim	שלוֹשָה כּוֹכָבִים

de cinco estrellas	χamiʃa koχavim	חֲמִישָה כּוֹכָבִים
hospedarse (vr)	lehit'aχsen	לְהִתאַכסֵן
habitación (f)	'χeder	חֶדֶר (ז)
habitación (f) individual	'χeder yaχid	חֶדֶר יָחִיד (ז)
habitación (f) doble	'χeder zugi	חֶדֶר זוּגִי (ז)
reservar una habitación	lehazmin 'χeder	לְהַזמִין חֶדֶר
media pensión (f)	χatsi pensiyon	חֲצִי פֶּנסִיוֹן (ז)
pensión (f) completa	pensyon male	פֶּנסִיוֹן מָלֵא (ז)
con baño	im am'batya	עִם אַמבַּטיָה
con ducha	im mik'laχat	עִם מִקלַחַת
televisión (f) satélite	tele'vizya bekvalim	טֶלֶוִויזיָה בְּכבָלִים (נ)
climatizador (m)	mazgan	מַזגָן (ז)
toalla (f)	ma'gevet	מַגֶבֶת (נ)
llave (f)	maf'teaχ	מַפתֵחַ (ז)
administrador (m)	amarkal	אֲמַרכָּל (ז)
camarera (f)	χadranit	חַדרָנִית (נ)
maletero (m)	sabal	סַבָּל (ז)
portero (m)	pakid kabala	פקִיד קַבָּלָה (ז)
restaurante (m)	misʿada	מִסעָדָה (נ)
bar (m)	bar	בָּר (ז)
desayuno (m)	aruχat 'boker	אֲרוּחַת בּוֹקֶר (נ)
cena (f)	aruχat 'erev	אֲרוּחַת עֶרֶב (נ)
buffet (m) libre	miznon	מִזנוֹן (ז)
vestíbulo (m)	'lobi	לוֹבִּי (ז)
ascensor (m)	maʿalit	מַעֲלִית (נ)
NO MOLESTAR	lo lehaf'riʿa	לא לְהַפרִיעַ
PROHIBIDO FUMAR	asur leʿaʃen!	אָסוּר לְעַשֵן!

132. Los libros. La lectura

libro (m)	'sefer	סֵפֶר (ז)
autor (m)	sofer	סוֹפֵר (ז)
escritor (m)	sofer	סוֹפֵר (ז)
escribir (~ un libro)	liχtov	לִכתוֹב
lector (m)	kore	קוֹרֵא (ז)
leer (vi, vt)	likro	לִקרוֹא
lectura (f)	kri'a	קְרִיאָה (נ)
en silencio	belev, be'ʃeket	בְּלֵב, בְּשֶקֶט
en voz alta	bekol ram	בְּקוֹל רָם
editar (vt)	lehotsi la'or	לְהוֹצִיא לָאוֹר
edición (f) (~ de libros)	hotsa'a la'or	הוֹצָאָה לָאוֹר (נ)
editor (m)	motsi le'or	מוֹצִיא לְאוֹר (ז)
editorial (f)	hotsa'a la'or	הוֹצָאָה לָאוֹר (נ)
salir (libro)	latset le'or	לָצֵאת לְאוֹר

salida (f) (de un libro)	hafatsa	הֲפָצָה (נ)
tirada (f)	tfutsa	תפוּצָה (נ)
librería (f)	χanut sfarim	חֲנוּת סְפָרִים (נ)
biblioteca (f)	sifriya	סִפרִייָה (נ)
cuento (m)	sipur	סִיפּוּר (ז)
relato (m) corto	sipur katsar	סִיפּוּר קָצָר (ז)
novela (f)	roman	רוֹמָן (ז)
novela (f) policíaca	roman balaʃi	רוֹמָן בַּלָשִׁי (ז)
memorias (f pl)	ziχronot	זִיכרוֹנוֹת (ז"ר)
leyenda (f)	agada	אַגָדָה (נ)
mito (m)	'mitos	מִיתוֹס (ז)
versos (m pl)	ʃirim	שִׁירִים (ז"ר)
autobiografía (f)	otobio'grafya	אוֹטוֹבִּיוֹגרַפִיָה (נ)
obras (f pl) escogidas	mivχar ktavim	מִבחַר כּתָבִים (ז)
ciencia ficción (f)	mada bidyoni	מַדָע בִּדיוֹנִי (ז)
título (m)	kotar	כּוֹתָר (ז)
introducción (f)	mavo	מָבוֹא (ז)
portada (f)	amud ha'ʃa'ar	עַמוּד הַשַׁעַר (ז)
capítulo (m)	'perek	פֶּרֶק (ז)
extracto (m)	'keta	קֶטַע (ז)
episodio (m)	epi'zoda	אֶפִּיזוֹדָה (נ)
sujeto (m)	alila	עֲלִילָה (נ)
contenido (m)	'toχen	תוֹכֶן (ז)
tabla (f) de contenidos	'toχen inyanim	תוֹכֶן עִניָינִים (ז)
héroe (m) principal	hagibor haraʃi	הַגִיבּוֹר הָרָאשִׁי (ז)
tomo (m)	'kereχ	כֶּרֶך (ז)
cubierta (f)	kriχa	כּרִיכָה (נ)
encuadernado (m)	kriχa	כּרִיכָה (נ)
marcador (m) de libro	simaniya	סִימָנִייָה (נ)
página (f)	amud	עַמוּד (ז)
hojear (vt)	ledafdef	לְדַפדֵף
márgenes (m pl)	ʃu'layim	שׁוּלַיִים (ז"ר)
anotación (f)	he'ara	הֶעָרָה (נ)
nota (f) a pie de página	he'arat ʃu'layim	הֶעָרַת שׁוּלַיִים (נ)
texto (m)	tekst	טֶקסט (ז)
fuente (f)	gufan	גוּפָן (ז)
errata (f)	ta'ut dfus	טָעוּת דפוּס (נ)
traducción (f)	tirgum	תִרגוּם (ז)
traducir (vt)	letargem	לְתַרגֵם
original (m)	makor	מָקוֹר (ז)
famoso (adj)	mefursam	מְפוּרסָם
desconocido (adj)	lo ya'du'a	לֹא יָדוּעַ
interesante (adj)	me'anyen	מְעַניֵין
best-seller (m)	rav 'meχer	רַב־מֶכֶר (ז)

diccionario (m)	milon	מִילוֹן (ז)
manual (m)	'sefer limud	סֵפֶר לִימוּד (ז)
enciclopedia (f)	entsiklo'pedya	אֶנצִיקלוֹפֶּדיָה (נ)

133. La caza. La pesca

caza (f)	'tsayid	צַיִד (ז)
cazar (vi, vt)	latsud	לָצוּד
cazador (m)	tsayad	צַייָד (ז)
tirar (vi)	lirot	לִירוֹת
fusil (m)	rove	רוֹבֶה (ז)
cartucho (m)	kadur	כַּדוּר (ז)
perdigón (m)	kaduriyot	כַּדוּרִיוֹת (נ"ר)
cepo (m)	mal'kodet	מַלכּוֹדֶת (נ)
trampa (f)	mal'kodet	מַלכּוֹדֶת (נ)
caer en el cepo	lehilaχed bemal'kodet	לְהִילָכֵד בְּמַלכּוֹדֶת
poner un cepo	leha'niaχ mal'kodet	לְהָנִיחַ מַלכּוֹדֶת
cazador (m) furtivo	tsayad lelo reʃut	צַייָד לְלֹא רְשוּת (ז)
caza (f) menor	χayot bar	חַיוֹת בַּר (נ"ר)
perro (m) de caza	'kelev 'tsayid	כֶּלֶב צַיִד (ז)
safari (m)	sa'fari	סָפָארִי (ז)
animal (m) disecado	puχlats	פּוּחלָץ (ז)
pescador (m)	dayag	דַייָג (ז)
pesca (f)	'dayig	דַיִג (ז)
pescar (vi)	ladug	לָדוּג
caña (f) de pescar	χaka	חַכָּה (נ)
sedal (m)	χut haχaka	חוּט הַחַכָּה (ז)
anzuelo (m)	'keres	קֶרֶס (ז)
flotador (m)	matsof	מָצוֹף (ז)
cebo (m)	pitayon	פִּיתָיוֹן (ז)
lanzar el anzuelo	lizrok et haχaka	לִזרוֹק אֶת הַחַכָּה
picar (vt)	liv'lo'a pitayon	לִבלוֹעַ פִּיתָיוֹן
pesca (f) (lo pescado)	ʃlal 'dayig	שלַל דַיִג (ז)
agujero (m) en el hielo	mivka 'keraχ	מִבקַע קֶרַח (ז)
red (f)	'reʃet dayagim	רֶשֶת דַייָגִים (נ)
barca (f)	sira	סִירָה (נ)
pescar con la red	ladug be'reʃet	לָדוּג בְּרֶשֶת
tirar la red	lizrok 'reʃet	לִזרוֹק רֶשֶת
sacar la red	ligror 'reʃet	לִגרוֹר רֶשֶת
caer en la red	lehilaχed be'reʃet	לְהִילָכֵד בְּרֶשֶת
ballenero (m) (persona)	tsayad livyatanim	צַייַד לִוויָתָנִים (ז)
ballenero (m) (barco)	sfinat tseid livyetanim	ספִינַת צֵיד לִוויְתָנִית (נ)
arpón (m)	tsiltsal	צִלצָל (ז)

134. Los juegos. El billar

billar (m)	bilyard	בִּילִיַארד (ז)
sala (f) de billar	'χeder bilyard	חֶדֶר בִּילִיַארד (ז)
bola (f) de billar	kadur bilyard	כַּדוּר בִּילִיַארד (ז)
entronerar la bola	lehaχnis kadur lekis	לְהַכנִיס כַּדוּר לְכִּיס
taco (m)	makel bilyard	מַקֵל בִּילִיַארד (ז)
tronera (f)	kis	כִּיס (ז)

135. Los juegos. Las cartas

carta (f)	klaf	קלָף (ז)
cartas (f pl)	klafim	קלָפִים (ז"ר)
baraja (f)	χafisat klafim	חֲפִיסַת קלָפִים (נ)
triunfo (m)	klaf niʦaχon	קלַף נִיצָחוֹן (ז)
cuadrados (m pl)	yahalom	יַהֲלוֹם (ז)
picas (f pl)	ale	עָלֶה (ז)
corazones (m pl)	lev	לֵב (ז)
tréboles (m pl)	tiltan	תִלתָן (ז)
as (m)	as	אָס (ז)
rey (m)	'meleχ	מֶלֶך (ז)
dama (f)	malka	מַלכָּה (נ)
sota (f)	nasiχ	נָסִיך (ז)
dar, distribuir (repartidor)	leχalek klafim	לְחַלֵק קלָפִים
barajar (vt) (mezclar las cartas)	litrof	לִטרוֹף
jugada (f) (turno)	tor	תוֹר (ז)
punto (m)	nekuda	נְקוּדָה (נ)
fullero (m)	noχel klafim	נוֹכֵל קלָפִים (ז)

136. El descanso. Los juegos. Miscelánea

pasear (vi)	letayel ba'regel	לְטַייֵל בָּרֶגֶל
paseo (m) (caminata)	tiyul ragli	טִיוּל רַגלִי (ז)
paseo (m) (en coche)	nesi'a bameχonit	נְסִיעָה בָּמְכוֹנִית (נ)
aventura (f)	harpatka	הַרפַּתקָה (נ)
picnic (m)	'piknik	פִּיקנִיק (ז)
juego (m)	misχak	מִשֹׂחָק (ז)
jugador (m)	saχkan	שַׂחקָן (ז)
partido (m)	misχak	מִשֹׂחָק (ז)
coleccionista (m)	asfan	אַספָן (ז)
coleccionar (vt)	le'esof	לֶאֱסוֹף
colección (f)	'osef	אוֹסֶף (ז)
crucigrama (m)	taʃbeʦ	תַשבֵּץ (ז)
hipódromo (m)	hipodrom	הִיפּוֹדרוֹם (ז)

discoteca (f)	diskotek	דִיסקוֹטֶק (ז)
sauna (f)	'sa'una	סָאוּנָה (נ)
lotería (f)	'loto	לוֹטוֹ (ז)
marcha (f)	tiyul maχana'ut	טִיוּל מַחֲנָאוּת (ז)
campo (m)	maχane	מַחֲנֶה (ז)
campista (m)	maχnai	מַחנַאי (ז)
tienda (f) de campaña	'ohel	אוֹהֶל (ז)
brújula (f)	matspen	מַצפֵּן (ז)
ver (la televisión)	lir'ot	לִראוֹת
telespectador (m)	tsofe	צוֹפֶה (ז)
programa (m) de televisión	toχnit tele'vizya	תוֹכנִית טֶלֶוִויזיָה (נ)

137. La fotografía

cámara (f) fotográfica	matslema	מַצלֵמָה (נ)
fotografía (f) (una foto)	tmuna	תמוּנָה (נ)
fotógrafo (m)	tsalam	צַלָם (ז)
estudio (m) fotográfico	'studyo letsilum	סטוּדִיוֹ לְצִילוּם (ז)
álbum (m) de fotos	albom tmunot	אַלבּוֹם תמוּנוֹת (ז)
objetivo (m)	adaʃa	עֲדָשָה (נ)
teleobjetivo (m)	a'deʃet teleskop	עֲדֶשֶת טֶלֶסקוֹפּ (נ)
filtro (m)	masnen	מַסנֵן (ז)
lente (m)	adaʃa	עֲדָשָה (נ)
óptica (f)	'optika	אוֹפּטִיקָה (נ)
diafragma (m)	tsamtsam	צַמצָם (ז)
tiempo (m) de exposición	zman hahe'ara	זמַן הַהֶאָרָה (ז)
visor (m)	einit	עֵינִית (נ)
cámara (f) digital	matslema digi'talit	מַצלֵמָה דִיגִיטָלִית (נ)
trípode (m)	χatsuva	חֲצוּבָה (נ)
flash (m)	mavzek	מַבזֵק (ז)
fotografiar (vt)	letsalem	לְצַלֵם
hacer fotos	letsalem	לְצַלֵם
fotografiarse (vr)	lehitstalem	לְהִצטַלֵם
foco (m)	moked	מוֹקֵד (ז)
enfocar (vt)	lemaked	לְמַקֵד
nítido (adj)	χad, memukad	חַד, מְמוּקָד
nitidez (f)	χadut	חַדוּת (נ)
contraste (m)	nigud	נִיגוּד (ז)
de alto contraste (adj)	menugad	מְנוּגָד
foto (f)	tmuna	תמוּנָה (נ)
negativo (m)	taʃlil	תַשלִיל (ז)
película (f) fotográfica	'seret	סֶרֶט (ז)
fotograma (m)	freim	פרֵיים (ז)
imprimir (vt)	lehadpis	לְהַדפִּיס

138. La playa. La natación

playa (f)	χof yam	חוֹף יָם (ז)
arena (f)	χol	חוֹל (ז)
desierto (playa ~a)	ʃomem	שׁוֹמֵם
bronceado (m)	ʃizuf	שִׁיזוּף (ז)
broncearse (vr)	lehiʃtazef	לְהִשְׁתַּזֵּף
bronceado (adj)	ʃazuf	שָׁזוּף
protector (m) solar	krem hagana	קְרֶם הֲגָנָה (ז)
bikini (m)	bi'kini	בִּיקִינִי (ז)
traje (m) de baño	'beged yam	בֶּגֶד יָם (ז)
bañador (m)	'beged yam	בֶּגֶד יָם (ז)
piscina (f)	breχa	בְּרֵיכָה (נ)
nadar (vi)	lisχot	לִשְׂחוֹת
ducha (f)	mik'laχat	מִקְלַחַת (נ)
cambiarse (vr)	lehaχlif bgadim	לְהַחלִיף בְּגָדִים
toalla (f)	ma'gevet	מַגֶּבֶת (נ)
barca (f)	sira	סִירָה (נ)
lancha (f) motora	sirat ma'noʿa	סִירַת מָנוֹעַ (נ)
esquís (m pl) acuáticos	ski 'mayim	סְקִי מַיִם (ז)
bicicleta (f) acuática	sirat pe'dalim	סִירַת פֶּדָלִים (נ)
surf (m)	gliʃat galim	גְלִישַׁת גַּלִים
surfista (m)	goleʃ	גוֹלֵשׁ (ז)
equipo (m) de buceo	'skuba	סקוּבָּה (נ)
aletas (f pl)	snapirim	סְנַפִּירִים (ז"ר)
máscara (f) de buceo	maseχa	מַסֵכָה (נ)
buceador (m)	tsolelan	צוֹלְלָן (ז)
bucear (vi)	litslol	לִצלוֹל
bajo el agua (adv)	mi'taχat lifnei ha'mayim	מִתַּחַת לִפנֵי הַמַּיִם
sombrilla (f)	ʃimʃiya	שִׁמשִׁייָה (נ)
tumbona (f)	kise 'noaχ	כִּיסֵא נוֹחַ (ז)
gafas (f pl) de sol	miʃkefei 'ʃemeʃ	מִשׁקְפֵי שֶׁמֶשׁ (ז"ר)
colchoneta (f) inflable	mizron mitna'peaχ	מִזרוֹן מִתנַפֵּחַ (ז)
jugar (divertirse)	lesaχek	לְשַׂחֵק
bañarse (vr)	lehitraχets	לְהִתרַחֵץ
pelota (f) de playa	kadur yam	כַּדוּר יָם (ז)
inflar (vt)	lena'peaχ	לְנַפֵּחַ
inflable (colchoneta ~)	menupaχ	מְנוּפָּח
ola (f)	gal	גַל (ז)
boya (f)	matsof	מָצוֹף (ז)
ahogarse (vr)	lit'boʿa	לִטבּוֹעַ
salvar (vt)	lehatsil	לְהַצִיל
chaleco (m) salvavidas	χagorat hatsala	חֲגוֹרַת הַצָּלָה (נ)
observar (vt)	litspot, lehaʃkif	לִצפּוֹת, לְהַשׁקִיף
socorrista (m)	matsil	מַצִיל (ז)

EL EQUIPO TÉCNICO. EL TRANSPORTE

El equipo técnico

139. El computador

ordenador (m)	maχʃev	מַחשֵב (ז)
ordenador (m) portátil	maχʃev nayad	מַחשֵב נַיָיד (ז)
encender (vt)	lehadlik	לְהַדלִיק
apagar (vt)	leχabot	לְכַבּוֹת
teclado (m)	mik'ledet	מִקלֶדֶת (נ)
tecla (f)	makaʃ	מַקָש (ז)
ratón (m)	aχbar	עַכבָּר (ז)
alfombrilla (f) para ratón	ʃa'tiaχ leʿaχbar	שָטִיחַ לְעַכבָּר (ז)
botón (m)	kaftor	כַּפתוֹר (ז)
cursor (m)	saman	סַמָן (ז)
monitor (m)	masaχ	מָסָך (ז)
pantalla (f)	ʦag	צָג (ז)
disco (m) duro	disk ka'ʃiaχ	דִיסק קָשִיחַ (ז)
volumen (m) de disco duro	'nefaχ disk ka'ʃiaχ	נֶפַח דִיסק קָשִיחַ (ז)
memoria (f)	zikaron	זִיכָּרוֹן (ז)
memoria (f) operativa	zikaron giʃa akraʾit	זִיכָּרוֹן גִישָה אַקרָאִית (ז)
archivo, fichero (m)	'koveʦ	קוֹבֶץ (ז)
carpeta (f)	tikiya	תִיקִייָה (נ)
abrir (vt)	lif'toaχ	לִפתוֹחַ
cerrar (vt)	lisgor	לִסגוֹר
guardar (un archivo)	liʃmor	לִשמוֹר
borrar (vt)	limχok	לִמחוֹק
copiar (vt)	lehaʿatik	לְהַעֲתִיק
ordenar (vt) (~ de A a Z, etc.)	lemayen	לְמַייֵן
transferir (vt)	lehaʿavir	לְהַעֲבִיר
programa (m)	toχna	תוֹכנָה (נ)
software (m)	toχna	תוֹכנָה (נ)
programador (m)	metaχnet	מְתַכנֵת (ז)
programar (vt)	letaχnet	לְתַכנֵת
hacker (m)	'haker	הָאקֶר (ז)
contraseña (f)	sisma	סִיסמָה (נ)
virus (m)	'virus	וִירוּס (ז)
detectar (vt)	limʦo, leʾater	לִמצוֹא, לְאַתֵר
octeto, byte (m)	bait	בַּייט (ז)

megaocteto (m)	megabait	מֶגָבַּייט (ז)
datos (m pl)	netunim	נְתוּנִים (ז"ר)
base (f) de datos	bsis netunim	בְּסִיס נְתוּנִים (ז)
cable (m)	'kevel	כֶּבֶל (ז)
desconectar (vt)	lenatek	לְנַתֵק
conectar (vt)	leχaber	לְחַבֵּר

140. El internet. El correo electrónico

internet (m), red (f)	'internet	אִינטֶרנֶט (ז)
navegador (m)	dafdefan	דַפדְפָן (ז)
buscador (m)	ma'noʿa χipus	מָנוֹעַ חִיפּוּשׂ (ז)
proveedor (m)	sapak	סַפָּק (ז)
webmaster (m)	menahel ha'atar	מְנַהֵל הָאֲתַר (ז)
sitio (m) web	atar	אֲתַר (ז)
página (f) web	daf 'internet	דַף אִינטֶרנֶט (ז)
dirección (f)	'ktovet	כּתוֹבֶת (נ)
libro (m) de direcciones	'sefer ktovot	סֵפֶר כתוֹבוֹת (ז)
buzón (m)	teivat 'do'ar	תֵיבַת דוֹאַר (נ)
correo (m)	'do'ar, 'do'al	דוֹאַר (ז), דוֹאַ"ל (ז)
lleno (adj)	gaduʃ	גָדוּש
mensaje (m)	hodaʿa	הוֹדָעָה (נ)
correo (m) entrante	hodaʿot niχnasot	הוֹדָעוֹת נִכנָסוֹת (נ"ר)
correo (m) saliente	hodaʿot yots'ot	הוֹדָעוֹת יוֹצאוֹת (נ"ר)
expedidor (m)	ʃo'leaχ	שוֹלֵחַ (ז)
enviar (vt)	liʃ'loaχ	לִשלוֹחַ
envío (m)	ʃliχa	שלִיחָה (ז)
destinatario (m)	nimʿan	נִמעָן (ז)
recibir (vt)	lekabel	לְקַבֵּל
correspondencia (f)	hitkatvut	הִתכַּתבוּת (נ)
escribirse con ...	lehitkatev	לְהִתכַּתֵב
archivo, fichero (m)	'kovets	קוֹבֶץ (ז)
descargar (vt)	lehorid	לְהוֹרִיד
crear (vt)	litsor	לִיצוֹר
borrar (vt)	limχok	לִמחוֹק
borrado (adj)	maχuk	מָחוּק
conexión (f) (ADSL, etc.)	χibur	חִיבּוּר (ז)
velocidad (f)	mehirut	מְהִירוּת (נ)
módem (m)	'modem	מוֹדֶם (ז)
acceso (m)	giʃa	גִישָה (נ)
puerto (m)	port	פּוֹרט (ז)
conexión (f) (establecer la ~)	χibur	חִיבּוּר (ז)
conectarse a ...	lehitχaber	לְהִתחַבֵּר
seleccionar (vt)	livχor	לִבחוֹר
buscar (vt)	leχapes	לְחַפֵּש

El transporte

141. El avión

avión (m)	matos	מָטוֹס (ז)
billete (m) de avión	kartis tisa	כַּרטִיס טִיסָה (ז)
compañía (f) aérea	χevrat teʿufa	חֶברַת תְעוּפָה (נ)
aeropuerto (m)	nemal teʿufa	נְמַל תְעוּפָה (ז)
supersónico (adj)	al koli	עַל קוֹלִי
comandante (m)	kabarnit	קַבַּרנִיט (ז)
tripulación (f)	'tsevet	צֶוֶות (ז)
piloto (m)	tayas	טַיָיס (ז)
azafata (f)	da'yelet	דַיֶילֶת (נ)
navegador (m)	navat	נַוָוט (ז)
alas (f pl)	kna'fayim	כּנָפַיִים (נ"ר)
cola (f)	zanav	זָנָב (ז)
cabina (f)	'kokpit	קוֹקפִּיט (ז)
motor (m)	ma'noʿa	מָנוֹעַ (ז)
tren (m) de aterrizaje	kan nesiʿa	כַּן נְסִיעָה (ז)
turbina (f)	tur'bina	טוּרבִּינָה (נ)
hélice (f)	madχef	מַדחֵף (ז)
caja (f) negra	kufsa ʃχora	קוּפסָה שחוֹרָה (נ)
timón (m)	'hege	הֶגֶה (ז)
combustible (m)	'delek	דֶלֶק (ז)
instructivo (m) de seguridad	hora'ot betiχut	הוֹרָאוֹת בְּטִיחוּת (נ"ר)
respirador (m) de oxígeno	maseχat χamtsan	מַסֵיכַת חַמצָן (נ)
uniforme (m)	madim	מַדִים (ז"ר)
chaleco (m) salvavidas	χagorat hatsala	חֲגוֹרַת הַצָלָה (נ)
paracaídas (m)	mitsnaχ	מִצנָח (ז)
despegue (m)	hamra'a	הַמרָאָה (נ)
despegar (vi)	lehamri	לְהַמרִיא
pista (f) de despegue	maslul hamra'a	מַסלוּל הַמרָאָה (ז)
visibilidad (f)	re'ut	רְאוּת (נ)
vuelo (m)	tisa	טִיסָה (נ)
altura (f)	'gova	גוֹבַה (ז)
pozo (m) de aire	kis avir	כִּיס אֲווִיר (ז)
asiento (m)	moʃav	מוֹשָב (ז)
auriculares (m pl)	ozniyot	אוֹזנִיוֹת (נ"ר)
mesita (f) plegable	magaʃ mitkapel	מַגָש מִתקַפֵּל (ז)
ventana (f)	tsohar	צוֹהַר (ז)
pasillo (m)	maʿavar	מַעֲבָר (ז)

142. El tren

tren (m)	ra'kevet	רַכֶּבֶת (נ)
tren (m) de cercanías	ra'kevet parvarim	רַכֶּבֶת פַּרבָרִים (נ)
tren (m) rápido	ra'kevet mehira	רַכֶּבֶת מְהִירָה (נ)
locomotora (f) diésel	katar 'dizel	קַטָר דִיזֶל (ז)
tren (m) de vapor	katar	קַטָר (ז)
coche (m)	karon	קָרוֹן (ז)
coche (m) restaurante	kron mis'ada	קרוֹן מִסעָדָה (ז)
rieles (m pl)	mesilot	מְסִילוֹת (נ"ר)
ferrocarril (m)	mesilat barzel	מְסִילַת בַּרזֶל (נ)
traviesa (f)	'eden	אֶדֶן (ז)
plataforma (f)	ratsif	רָצִיף (ז)
vía (f)	mesila	מְסִילָה (נ)
semáforo (m)	ramzor	רַמזוֹר (ז)
estación (f)	taχana	תַחֲנָה (נ)
maquinista (m)	nahag ra'kevet	נַהַג רַכֶּבֶת (ז)
maletero (m)	sabal	סַבָּל (ז)
mozo (m) del vagón	sadran ra'kevet	סַדרָן רַכֶּבֶת (ז)
pasajero (m)	no'se'a	נוֹסֵעַ (ז)
revisor (m)	bodek	בּוֹדֵק (ז)
corredor (m)	prozdor	פרוֹזדוֹר (ז)
freno (m) de urgencia	ma'atsar χirum	מַעֲצָר חֵירוּם (ז)
compartimiento (m)	ta	תָא (ז)
litera (f)	dargaʃ	דַרגָש (ז)
litera (f) de arriba	dargaʃ elyon	דַרגָש עֶליוֹן (ז)
litera (f) de abajo	dargaʃ taχton	דַרגָש תַחתוֹן (ז)
ropa (f) de cama	matsa'im	מַצָעִים (ז"ר)
billete (m)	kartis	כַּרטִיס (ז)
horario (m)	'luaχ zmanim	לוּחַ זמַנִים (ז)
pantalla (f) de información	'ʃelet meida	שֶׁלֶט מֵידָע (ז)
partir (vi)	latset	לָצֵאת
partida (f) (del tren)	yetsi'a	יְצִיאָה (נ)
llegar (tren)	leha'gi'a	לְהַגִיעַ
llegada (f)	haga'a	הַגָעָה (נ)
llegar en tren	leha'gi'a bera'kevet	לְהַגִיעַ בְּרַכֶּבֶת
tomar el tren	la'alot lera'kevet	לַעֲלוֹת לְרַכֶּבֶת
bajar del tren	la'redet mehara'kevet	לָרֶדֶת מֵהָרַכֶּבֶת
descarrilamiento (m)	hitraskut	הִתרַסקוּת (נ)
descarrilarse (vr)	la'redet mipasei ra'kevet	לָרֶדֶת מִפַּסֵי רַכֶּבֶת
tren (m) de vapor	katar	קַטָר (ז)
fogonero (m)	masik	מַסִיק (ז)
hogar (m)	kivʃan	כִּבשָן (ז)
carbón (m)	peχam	פֶּחָם (ז)

143. El barco

barco, buque (m)	sfina	סְפִינָה (נ)
navío (m)	sfina	סְפִינָה (נ)
buque (m) de vapor	oniyat kitor	אוֹנִיַּית קִיטוֹר (נ)
motonave (f)	sfinat nahar	סְפִינַת נָהָר (נ)
trasatlántico (m)	oniyat taʿanugot	אוֹנִיַּית תַּעֲנוּגוֹת (נ)
crucero (m)	sa'yeret	סַיֶּירֶת (נ)
yate (m)	'yaχta	יַכְטָה (נ)
remolcador (m)	go'reret	גוֹרֶרֶת (נ)
barcaza (f)	arba	אַרְבָּה (נ)
ferry (m)	maʿa'boret	מַעֲבּוֹרֶת (נ)
velero (m)	sfinat mifras	סְפִינַת מִפְרָשׂ (נ)
bergantín (m)	briganit	בְּרִיגָנִית (נ)
rompehielos (m)	ʃo'veret 'keraχ	שׁוֹבֶרֶת קֶרַח (נ)
submarino (m)	ʦo'lelet	צוֹלֶלֶת (נ)
bote (m) de remo	sira	סִירָה (נ)
bote (m)	sira	סִירָה (נ)
bote (m) salvavidas	sirat haʦala	סִירַת הַצָּלָה (נ)
lancha (f) motora	sirat ma'noʿa	סִירַת מָנוֹעַ (נ)
capitán (m)	rav χovel	רַב־חוֹבֵל (ז)
marinero (m)	malaχ	מַלָּח (ז)
marino (m)	yamai	יַמַּאי (ז)
tripulación (f)	'ʦevet	צֶוֶות (ז)
contramaestre (m)	rav malaχim	רַב־מַלָּחִים (ז)
grumete (m)	'naʿar sipun	נַעַר סִיפּוּן (ז)
cocinero (m) de abordo	tabaχ	טַבָּח (ז)
médico (m) del buque	rofe haʾoniya	רוֹפֵא הָאוֹנִיָּה (ז)
cubierta (f)	sipun	סִיפּוּן (ז)
mástil (m)	'toren	תוֹרֶן (ז)
vela (f)	mifras	מִפְרָשׂ (ז)
bodega (f)	'beten oniya	בֶּטֶן אוֹנִיָּה (נ)
proa (f)	χartom	חַרטוֹם (ז)
popa (f)	yarketei hasfina	יַרְכְּתֵי הַסְפִינָה (ז"ר)
remo (m)	maʃot	מָשׁוֹט (ז)
hélice (f)	madχef	מַדחֵף (ז)
camarote (m)	ta	תָּא (ז)
sala (f) de oficiales	moʿadon kʦinim	מוֹעֲדוֹן קְצִינִים (ז)
sala (f) de máquinas	χadar meχonot	חֲדַר מְכוֹנוֹת (ז)
puente (m) de mando	'geʃer hapikud	גֶּשֶׁר הַפִּיקוּד (ז)
sala (f) de radio	ta alχutan	תָּא אַלחוּטָן (ז)
onda (f)	'teder	תֶּדֶר (ז)
cuaderno (m) de bitácora	yoman haʾoniya	יוֹמַן הָאוֹנִיָה (ז)
anteojo (m)	miʃ'kefet	מִשקֶפֶת (נ)
campana (f)	paʿamon	פַּעֲמוֹן (ז)

bandera (f)	'degel	דֶגֶל (ז)
cabo (m) (maroma)	avot ha'oniya	עֲבוֹת הָאוֹנִייָה (נ)
nudo (m)	'keʃer	קֶשֶׁר (ז)
pasamano (m)	ma'ake hasipun	מַעֲקֵה הַסִיפּוּן (ז)
pasarela (f)	'keveʃ	כֶּבֶשׁ (ז)
ancla (f)	'ogen	עוֹגֶן (ז)
levar ancla	leharim 'ogen	לְהָרִים עוֹגֶן
echar ancla	la'agon	לַעֲגוֹן
cadena (f) del ancla	ʃar'ʃeret ha'ogen	שַׁרשֶׁרֶת הָעוֹגֶן (נ)
puerto (m)	namal	נָמָל (ז)
embarcadero (m)	'mezaχ	מֶזַח (ז)
amarrar (vt)	la'agon	לַעֲגוֹן
desamarrar (vt)	lehaflig	לְהַפלִיג
viaje (m)	masa, tiyul	מַסָע (ז), טִיוּל (ז)
crucero (m) (viaje)	'ʃayit	שַׁיִט (ז)
derrota (f) (rumbo)	kivun	כִּיווּן (ז)
itinerario (m)	nativ	נָתִיב (ז)
canal (m) navegable	nativ 'ʃayit	נְתִיב שַׁיִט (ז)
bajío (m)	sirton	שִׂרטוֹן (ז)
encallar (vi)	la'alot al hasirton	לַעֲלוֹת עַל הַשִׂרטוֹן
tempestad (f)	sufa	סוּפָה (נ)
señal (f)	ot	אוֹת (ז)
hundirse (vr)	lit'bo'a	לְטבּוֹעַ
¡Hombre al agua!	adam ba'mayim!	אָדָם בַּמַיִם!
SOS	kri'at hatsala	קְרִיאַת הַצָלָה
aro (m) salvavidas	galgal hatsala	גַלגַל הַצָלָה (ז)

144. El aeropuerto

aeropuerto (m)	nemal te'ufa	נְמַל תְעוּפָה (ז)
avión (m)	matos	מָטוֹס (ז)
compañía (f) aérea	χevrat te'ufa	חֶברַת תְעוּפָה (נ)
controlador (m) aéreo	bakar tisa	בַּקָר טִיסָה (ז)
despegue (m)	hamra'a	הַמרָאָה (נ)
llegada (f)	neχita	נְחִיתָה (נ)
llegar (en avión)	leha'gi'a betisa	לְהַגִיעַ בְּטִיסָה
hora (f) de salida	zman hamra'a	זמַן הַמרָאָה (ז)
hora (f) de llegada	zman neχita	זמַן נְחִיתָה (ז)
retrasarse (vr)	lehit'akev	לְהִתעַכֵּב
retraso (m) de vuelo	ikuv hatisa	עִיכּוּב הַטִיסָה (ז)
pantalla (f) de información	'luaχ meida	לוּחַ מֵידָע (ז)
información (f)	meida	מֵידָע (ז)
anunciar (vt)	leho'dia	לְהוֹדִיעַ
vuelo (m)	tisa	טִיסָה (נ)

aduana (f)	'meχes	מֶכֶס (ז)
aduanero (m)	pakid 'meχes	פְּקִיד מֶכֶס (ז)
declaración (f) de aduana	haʦharat meχes	הַצהָרַת מֶכֶס (נ)
rellenar (vt)	lemale	לְמַלֵא
rellenar la declaración	lemale 'tofes haʦhara	לְמַלֵא טוֹפֶס הַצהָרָה
control (m) de pasaportes	bdikat darkonim	בּדִיקַת דַרכּוֹנִים (נ)
equipaje (m)	kvuda	כּבוּדָה (נ)
equipaje (m) de mano	kvudat yad	כּבוּדַת יָד (נ)
carrito (m) de equipaje	eglat kvuda	עֶגלַת כּבוּדָה (נ)
aterrizaje (m)	neχita	נְחִיתָה (נ)
pista (f) de aterrizaje	maslul neχita	מַסלוּל נְחִיתָה (ז)
aterrizar (vi)	linχot	לִנחוֹת
escaleras (f pl) (de avión)	'keveʃ	כֶּבֶש (ז)
facturación (f) (check-in)	ʧek in	צֶ'ק אִין (ז)
mostrador (m) de facturación	dalpak ʧek in	דַלפָּק צֶ'ק אִין (ז)
hacer el check-in	leva'ʦeʿa ʧek in	לְבַצֵע צֶ'ק אִין
tarjeta (f) de embarque	kartis aliya lematos	כַּרטִיס עֲלִיָה לְמָטוֹס (ז)
puerta (f) de embarque	'ʃaʿar yeʦiʾa	שַעַר יְצִיאָה (ז)
tránsito (m)	maʿavar	מַעֲבָר (ז)
esperar (aguardar)	lehamtin	לְהַמתִין
zona (f) de preembarque	traklin tisa	טרַקלִין טִיסָה (ז)
despedir (vt)	lelavot	לְלַווֹת
despedirse (vr)	lomar lehitraʾot	לוֹמַר לְהִתרָאוֹת

145. La bicicleta. La motocicleta

bicicleta (f)	ofa'nayim	אוֹפַנַיִים (ז"ר)
scooter (m)	kat'noʿa	קַטנוֹעַ (ז)
motocicleta (f)	of'noʿa	אוֹפַנוֹעַ (ז)
ir en bicicleta	lirkov al ofa'nayim	לִרכּוֹב עַל אוֹפַנַיִים
manillar (m)	kidon	כִּידוֹן (ז)
pedal (m)	davʃa	דַוושָה (נ)
frenos (m pl)	blamim	בּלָמִים (ז"ר)
sillín (m)	ukaf	אוּכָּף (ז)
bomba (f)	maʃeva	מַשאֵבָה (נ)
portaequipajes (m)	sabal	סַבָּל (ז)
faro (m)	panas kidmi	פָּנָס קִדמִי (ז)
casco (m)	kasda	קַסדָה (נ)
rueda (f)	galgal	גַלגַל (ז)
guardabarros (m)	kanaf	כָּנָף (נ)
llanta (f)	χiʃuk	חִישוּק (ז)
rayo (m)	χiʃur	חִישוּר (ז)

Los coches

146. El coche

coche (m)	meχonit	מְכוֹנִית (נ)
coche (m) deportivo	meχonit sport	מְכוֹנִית ספּוֹרט (נ)
limusina (f)	limu'zina	לִימוּזִינָה (נ)
todoterreno (m)	'reχev 'ʃetaχ	רֶכֶב שֶׁטַח (ז)
cabriolé (m)	meχonit gag niftaχ	מְכוֹנִית גַג נִפתָח (נ)
microbús (m)	'minibus	מִינִיבּוּס (ז)
ambulancia (f)	'ambulans	אַמבּוּלַנס (ז)
quitanieves (m)	maf'leset 'ʃeleg	מְפַלֶסֶת שֶׁלֶג (נ)
camión (m)	masa'it	מַשָׂאִית (נ)
camión (m) cisterna	meχalit 'delek	מְיכָלִית דֶלֶק (נ)
camioneta (f)	masa'it kala	מַשָׂאִית קַלָה (נ)
cabeza (f) tractora	gorer	גוֹרֵר (ז)
remolque (m)	garur	גָרוּר (ז)
confortable (adj)	'noaχ	נוֹחַ
de ocasión (adj)	meʃumaʃ	מְשוּמָש

147. El coche. El taller

capó (m)	miχse hama'no'a	מִכסֶה הַמָנוֹעַ (ז)
guardabarros (m)	kanaf	כָּנָף (נ)
techo (m)	gag	גַג (ז)
parabrisas (m)	ʃimʃa kidmit	שִׁמשָׁה קִדמִית (נ)
espejo (m) retrovisor	mar'a aχorit	מַרְאָה אֲחוֹרִית (נ)
limpiador (m)	mataz	מַתָז (ז)
limpiaparabrisas (m)	magev	מַגֵב (ז)
ventana (f) lateral	ʃimʃat tsad	שִׁמשַת צַד (נ)
elevalunas (m)	χalon χaʃmali	חַלוֹן חַשמַלִי (ז)
antena (f)	an'tena	אַנטֶנָה (נ)
techo (m) solar	χalon gag	חַלוֹן גַג (ז)
parachoques (m)	pagoʃ	פָּגוֹש (ז)
maletero (m)	ta mit'an	תָא מִטעָן (ז)
baca (f) (portaequipajes)	gagon	גַגוֹן (ז)
puerta (f)	'delet	דֶלֶת (נ)
tirador (m) de puerta	yadit	יָדִית (נ)
cerradura (f)	man'ul	מַנעוּל (ז)
matrícula (f)	luχit riʃui	לוּחִית רִישוּי (נ)
silenciador (m)	am'am	עַמעָם (ז)

tanque (m) de gasolina	meiχal 'delek	מֵיכָל דֶלֶק (ז)
tubo (m) de escape	maflet	מַפלֵט (ז)
acelerador (m)	gaz	גָז (ז)
pedal (m)	davʃa	דַוושָה (נ)
pedal (m) de acelerador	davʃat gaz	דַוושַת גָז (נ)
freno (m)	'belem	בֶּלֶם (ז)
pedal (m) de freno	davʃat hablamim	דַוושַת הַבּלָמִים (נ)
frenar (vi)	livlom	לִבלוֹם
freno (m) de mano	'belem χaniya	בֶּלֶם חֲנָיָיה (ז)
embrague (m)	matsmed	מַצמֵד (ז)
pedal (m) de embrague	davʃat hamatsmed	דַוושַת הַמַצמֵד (נ)
disco (m) de embrague	luχit hamatsmed	לוּחִית הַמַצמֵד (נ)
amortiguador (m)	bolem za'a'zu'a	בּוֹלֵם זַעֲזוּעִים (ז)
rueda (f)	galgal	גַלגַל (ז)
rueda (f) de repuesto	galgal χilufi	גַלגַל חִילוּפִי (ז)
neumático (m)	tsmig	צמִיג (ז)
tapacubo (m)	tsa'laχat galgal	צַלַחַת גַלגַל (נ)
ruedas (f pl) motrices	galgalim meni'im	גַלגַלִים מְנִיעִים (ז"ר)
de tracción delantera	shel hana'a kidmit	שֶל הֲנָעָה קִדמִית
de tracción trasera	shel hana'a aχorit	שֶל הֲנָעָה אֲחוֹרִית
de tracción integral	shel hana'a male'a	שֶל הֲנָעָה מָלֵאָה
caja (f) de cambios	teivat hiluχim	תֵיבַת הִילוּכִים (נ)
automático (adj)	oto'mati	אוֹטוֹמָטִי
mecánico (adj)	me'χani	מֵכָנִי
palanca (f) de cambios	yadit hiluχim	יָדִית הִילוּכִים (נ)
faro (m) delantero	panas kidmi	פָּנָס קִדמִי (ז)
faros (m pl)	panasim	פָּנָסִים (ז"ר)
luz (f) de cruce	or namuχ	אוֹר נָמוּך (ז)
luz (f) de carretera	or ga'voha	אוֹר גָבוֹהַ (ז)
luz (f) de freno	or 'belem	אוֹר בֶּלֶם (ז)
luz (f) de posición	orot χanaya	אוֹרוֹת חֲנָיָיה (ז"ר)
luces (f pl) de emergencia	orot χerum	אוֹרוֹת חֵירוּם (ז"ר)
luces (f pl) antiniebla	orot arafel	אוֹרוֹת עֲרָפֶל (ז"ר)
intermitente (m)	panas itut	פָּנָס אִיתוּת (ז)
luz (f) de marcha atrás	orot revers	אוֹרוֹת רֶבֶרס (ז"ר)

148. El coche. El compartimiento de pasajeros

habitáculo (m)	ta hanos'im	תָא הַנוֹסעִים (ז)
de cuero (adj)	asui me'or	עָשׂוּי מֵעוֹר
de felpa (adj)	ktifati	קטִיפָתִי
tapizado (m)	ripud	רִיפּוּד (ז)
instrumento (m)	maχven	מַכוֵון (ז)
salpicadero (m)	'luaχ maχvenim	לוּחַ מַכווְנִים (ז)

velocímetro (m)	mad mehirut	מַד מְהִירוּת (ז)
aguja (f)	'maχat	מַחַט (נ)
cuentakilómetros (m)	mad merχak	מַד מֶרחָק (ז)
indicador (m)	χaiʃan	חַיישָן (ז)
nivel (m)	ramat mi'lui	רָמַת מִילוּי (נ)
testigo (m) (~ luminoso)	nurat azhara	נוּרַת אַזהָרָה (נ)
volante (m)	'hege	הֶגֶה (ז)
bocina (f)	tsofar	צוֹפָר (ז)
botón (m)	kaftor	כַּפתוֹר (ז)
interruptor (m)	'meteg	מֶתֶג (ז)
asiento (m)	moʃav	מוֹשָב (ז)
respaldo (m)	miʃ'enet	מִשעֶנֶת (נ)
reposacabezas (m)	miʃ'enet roʃ	מִשעֶנֶת רֹאש (נ)
cinturón (m) de seguridad	χagorat betiχut	חֲגוֹרַת בְּטִיחוּת (נ)
abrocharse el cinturón	lehadek χagora	לְהַדֵק חֲגוֹרָה
reglaje (m)	kivnun	כִּיווּנוּן (ז)
bolsa (f) de aire (airbag)	karit avir	כָּרִית אֲוויר (נ)
climatizador (m)	mazgan	מַזגָן (ז)
radio (m)	'radyo	רַדיוֹ (ז)
reproductor (m) de CD	'diskmen	דִיסקמֶן (ז)
encender (vt)	lehadlik	לְהַדלִיק
antena (f)	an'tena	אַנטֶנָה (נ)
guantera (f)	ta kfafot	תָא כּפָפוֹת (ז)
cenicero (m)	ma'afera	מַאֲפֵרָה (נ)

149. El coche. El motor

motor (m)	ma'no'a	מָנוֹעַ (ז)
diésel (adj)	shel 'dizel	שֶל דִיזֶל
a gasolina (adj)	'delek	דֶלֶק
volumen (m) del motor	'nefaχ ma'no'a	נֶפַח מָנוֹעַ (ז)
potencia (f)	otsma	עוֹצמָה (נ)
caballo (m) de fuerza	'koaχ sus	כּוֹחַ סוּס (ז)
pistón (m)	buχna	בּוּכנָה (נ)
cilindro (m)	tsi'linder	צִילִינדֶר (ז)
válvula (f)	ʃastom	שַסתוֹם (ז)
inyector (m)	mazrek	מַזרֵק (ז)
generador (m)	meχolel	מְחוֹלֵל (ז)
carburador (m)	me'ayed	מְאַייֵד (ז)
aceite (m) de motor	'ʃemen mano'im	שֶמֶן מָנוֹעִים (ז)
radiador (m)	matsnen	מַצנֵן (ז)
liquido (m) refrigerante	nozel kirur	נוֹזֵל קֵירוּר (ז)
ventilador (m)	me'avrer	מְאַוורֵר (ז)
estárter (m)	mat'ne'a	מַתנֵעַ (ז)
encendido (m)	hatsata	הַצָתָה (נ)

bujía (f) — matset — מַצֶת (ז)
fusible (m) — natiχ — נָתִיך (ז)

batería (f) — matsber — מַצבֵּר (ז)
terminal (m) — 'hedek — הֶדֶק (ז)
terminal (m) positivo — 'hedek χiyuvi — הֶדֶק חִיוּבִי (ז)
terminal (m) negativo — 'hedek ʃlili — הֶדֶק שלִילִי (ז)

filtro (m) de aire — masnen avir — מַסנֵן אֲווִיר (ז)
filtro (m) de aceite — masnen 'ʃemen — מַסנֵן שֶמֶן (ז)
filtro (m) de combustible — masnen 'delek — מַסנֵן דֶלֶק (ז)

150. El coche. Accidente de tráfico. La reparación

accidente (m) — te'una — תְאוּנָה (נ)
accidente (m) de tráfico — te'unat draχim — תְאוּנַת דרָכִים (נ)
chocar contra ... — lehitnageʃ — לְהִתנַגֵש
tener un accidente — lehima'eχ — לְהִימָעֵך
daño (m) — 'nezek — נֶזֶק (ז)
intacto (adj) — ʃalem — שָלֵם

pana (f) — takala — תַקָלָה (נ)
averiarse (vr) — lehitkalkel — לְהִתקַלקֵל
remolque (m) (cuerda) — 'χevel grar — חֶבֶל גרָר (ז)

pinchazo (m) — 'teker — תֶקֶר (ז)
desinflarse (vr) — lehitpantʃer — לְהִתפַּנצֵ'ר
inflar (vt) — lena'peaχ — לְנַפֵּחַ
presión (f) — 'laχats — לַחַץ (ז)
verificar (vt) — livdok — לִבדוֹק

reparación (f) — ʃiputs — שִיפּוּץ (ז)
taller (m) — musaχ — מוּסָך (ז)
parte (f) de repuesto — 'χelek χiluf — חֶלֶק חִילוּף (ז)
parte (f) — 'χelek — חֶלֶק (ז)

perno (m) — 'boreg — בּוֹרֶג (ז)
tornillo (m) — 'boreg — בּוֹרֶג (ז)
tuerca (f) — om — אוֹם (ז)
arandela (f) — diskit — דִיסקִית (נ)
rodamiento (m) — mesav — מֵסַב (ז)

tubo (m) — tsinorit — צִינוֹרִית (נ)
junta (f) — 'etem — אֶטֶם (ז)
cable, hilo (m) — χut — חוּט (ז)

gato (m) — dʒek — ג'ֶק (ז)
llave (f) de tuerca — maf'teaχ bragim — מַפתֵחַ בּרָגִים (ז)
martillo (m) — patiʃ — פַּטִיש (ז)
bomba (f) — maʃeva — מַשאֵבָה (נ)
destornillador (m) — mavreg — מַברֵג (ז)

extintor (m) — mataf — מַטָף (ז)
triángulo (m) de avería — meʃulaʃ χirum — מְשוּלָש חִירוּם (ז)

pararse, calarse (vr)	ledomem	לְדוֹמֵם
parada (f) (del motor)	hadmama	הַדמָמָה (נ)
estar averiado	lihyot ʃavur	לִהיוֹת שָבוּר
recalentarse (vr)	lehitχamem yoter midai	לְהִתחַמֵם יוֹתֵר מִדַי
estar atascado	lehisatem	לְהִיסָתֵם
congelarse (vr)	likpo	לִקפּוֹא
reventar (vi)	lehitpa'ke'a	לְהִתפַּקֵעַ
presión (f)	'laχats	לַחַץ (ז)
nivel (m)	ramat mi'lui	רָמַת מִילוּי (נ)
flojo (correa ~a)	rafe	רָפֶה
abolladura (f)	dfika	דפִיקָה (נ)
ruido (m) (en el motor)	'ra'aʃ	רַעַש (ז)
grieta (f)	'sedek	סֶדֶק (ז)
rozadura (f)	srita	שׂרִיטָה (נ)

151. El coche. El camino

camino (m)	'dereχ	דֶרֶך (נ)
autovía (f)	kviʃ mahir	כּבִיש מָהִיר (ז)
carretera (f)	kviʃ mahir	כּבִיש מָהִיר (ז)
dirección (f)	kivun	כִּיווּן (ז)
distancia (f)	merχak	מֶרחָק (ז)
puente (m)	'geʃer	גֶשֶר (ז)
aparcamiento (m)	χanaya	חֲנָיָה (נ)
plaza (f)	kikar	כִּיכָּר (נ)
intercambiador (m)	meχlaf	מֶחלָף (ז)
túnel (m)	minhara	מִנהָרָה (נ)
gasolinera (f)	taχanat 'delek	תַחֲנַת דֶלֶק (נ)
aparcamiento (m)	migraʃ χanaya	מִגרַש חֲנָיָה (ז)
surtidor (m)	maʃevat 'delek	מַשאֵבַת דֶלֶק (נ)
taller (m)	musaχ	מוּסָך (ז)
cargar gasolina	letadlek	לְתַדלֵק
combustible (m)	'delek	דֶלֶק (ז)
bidón (m) de gasolina	'dʒerikan	ג'רִיקָן (ז)
asfalto (m)	asfalt	אַספַלט (ז)
señalización (f) vial	simun	סִימוּן (ז)
bordillo (m)	sfat midraχa	שׂפַת מִדרָכָה (נ)
barrera (f) de seguridad	ma'ake betiχut	מַעֲקֵה בְּטִיחוּת (ז)
cuneta (f)	te'ala	תְעָלָה (נ)
borde (m) de la carretera	ʃulei ha'dereχ	שוּלֵי הַדֶרֶך (ז"ר)
farola (f)	amud te'ura	עַמוּד תְאוּרָה (ז)
conducir (vi, vt)	linhog	לִנהוֹג
girar (~ a la izquierda)	lifnot	לִפנוֹת
girar en U	leva'tse'a pniyat parsa	לְבַצֵעַ פּנִיַית פַּרסָה
marcha (f) atrás	hiluχ aχori	הִילוּך אֲחוֹרִי (ז)
tocar la bocina	litspor	לִצפּוֹר
bocinazo (m)	tsfira	צפִירָה (נ)

atascarse (vr)	lehitaka	לְהִיתָקַע
patinar (vi)	lesovev et hagalgal al rek	לסוֹבֵב אֶת הַגַלגַלִים עַל רֵיק
parar (el motor)	ledomem	לְדוֹמֵם
velocidad (f)	mehirut	מְהִירוּת (נ)
exceder la velocidad	linhog bemehirut muf'rezet	לִנהוֹג בְּמְהִירוּת מופרֶזֶת
multar (vt)	liknos	לִקנוֹס
semáforo (m)	ramzor	רַמזוֹר (ז)
permiso (m) de conducir	riʃyon nehiga	רִשיוֹן נְהִיגָה (ז)
paso (m) a nivel	maʿavar pasei ra'kevet	מַעֲבַר פַּסֵי רַכֶּבֶת (ז)
cruce (m)	'tsomet	צוֹמֶת (ז)
paso (m) de peatones	maʿavar χatsaya	מַעֲבַר חֲצָיָה (ז)
zona (f) de peatones	midreχov	מִדרְחוֹב (ז)

LA GENTE. ACONTECIMIENTOS DE LA VIDA

152. Los días festivos. Los eventos

fiesta (f)	xagiga	חֲגִיגָה (נ)
fiesta (f) nacional	xag le'umi	חַג לְאוּמִי (ז)
día (m) de fiesta	yom xag	יוֹם חַג (ז)
celebrar (vt)	laxgog	לַחגוֹג
evento (m)	hitraxaʃut	הִתרַחֲשוּת (נ)
medida (f)	ei'ru'a	אֵירוּעַ (ז)
banquete (m)	se'uda xagigit	סְעוּדָה חֲגִיגִית (נ)
recepción (f)	ei'ruax	אֵירוּחַ (ז)
festín (m)	miʃte	מִשתֶה (ז)
aniversario (m)	yom haʃana	יוֹם הַשָנָה (ז)
jubileo (m)	xag hayovel	חַג הַיוֹבֵל (ז)
Año (m) Nuevo	ʃana xadaʃa	שָנָה חֲדָשָה (נ)
¡Feliz Año Nuevo!	ʃana tova!	שָנָה טוֹבָה!
Papá Noel (m)	'santa 'kla'us	סַנטָה קלָאוּס
Navidad (f)	xag hamolad	חַג הַמוֹלָד (ז)
¡Feliz Navidad!	xag hamolad sa'meax!	חַג הַמוֹלָד שָׂמֵחַ!
árbol (m) de Navidad	ets xag hamolad	עֵץ חַג הַמוֹלָד (ז)
fuegos (m pl) artificiales	zikukim	זִיקוּקִים (ז"ר)
boda (f)	xatuna	חֲתוּנָה (נ)
novio (m)	xatan	חָתָן (ז)
novia (f)	kala	כַּלָה (נ)
invitar (vt)	lehazmin	לְהַזמִין
tarjeta (f) de invitación	hazmana	הַזמָנָה (נ)
invitado (m)	o'reax	אוֹרֵחַ (ז)
visitar (vt) (a los amigos)	levaker	לְבַקֵר
recibir a los invitados	lekabel orxim	לְקַבֵּל אוֹרחִים
regalo (m)	matana	מַתָנָה (נ)
regalar (vt)	latet matana	לָתֵת מַתָנָה
recibir regalos	lekabel matanot	לְקַבֵּל מַתָנוֹת
ramo (m) de flores	zer	זֵר (ז)
felicitación (f)	braxa	בּרָכָה (נ)
felicitar (vt)	levarex	לְבָרֵך
tarjeta (f) de felicitación	kartis braxa	כַּרטִיס בּרָכָה (ז)
enviar una tarjeta	liʃloax gluya	לִשלוֹחַ גלוּיָה
recibir una tarjeta	lekabel gluya	לְקַבֵּל גלוּיָה
brindis (m)	leharim kosit	לְהָרִים כּוֹסִית

ofrecer (~ una copa)	leχabed	לְכַבֵּד
champaña (f)	ʃam'panya	שַׁמפַּנְיָה (נ)
divertirse (vr)	lehanot	לֵיהָנוֹת
diversión (f)	alitsut	עֲלִיצוּת (נ)
alegría (f) (emoción)	simχa	שִׂמחָה (נ)
baile (m)	rikud	רִיקוּד (ז)
bailar (vi, vt)	lirkod	לִרקוֹד
vals (m)	vals	וַלס (ז)
tango (m)	'tango	טַנגוֹ (ז)

153. Los funerales. El entierro

cementerio (m)	beit kvarot	בֵּית קְבָרוֹת (ז)
tumba (f)	'kever	קֶבֶר (ז)
cruz (f)	tslav	צלָב (ז)
lápida (f)	matseva	מַצֵבָה (נ)
verja (f)	gader	גָדֵר (נ)
capilla (f)	beit tfila	בֵּית תפִילָה (ז)
muerte (f)	'mavet	מָוֶות (ז)
morir (vi)	lamut	לָמוּת
difunto (m)	niftar	נִפטָר (ז)
luto (m)	'evel	אֵבֶל (ז)
enterrar (vt)	likbor	לִקבּוֹר
funeraria (f)	beit levayot	בֵּית לְוָויוֹת (ז)
entierro (m)	levaya	לְוָויָה (נ)
corona (f) funeraria	zer	זֵר (ז)
ataúd (m)	aron metim	אָרוֹן מֵתִים (ז)
coche (m) fúnebre	kron hamet	קרוֹן הַמֵת (ז)
mortaja (f)	taχriχim	תַכרִיכִים (ז"ר)
cortejo (m) fúnebre	tahaluχat 'evel	תַהֲלוּכַת אֵבֶל (נ)
urna (f) funeraria	kad 'efer	כַּד אֵפֶר (ז)
crematorio (m)	misrafa	מִשׂרָפָה (נ)
necrología (f)	moda'at 'evel	מוֹדָעַת אֵבֶל (נ)
llorar (vi)	livkot	לִבכּוֹת
sollozar (vi)	lehitya'peaχ	לְהִתייַפֵּחַ

154. La guerra. Los soldados

sección (f)	maχlaka	מַחלָקָה (נ)
compañía (f)	pluga	פלוּגָה (נ)
regimiento (m)	χativa	חֲטִיבָה (נ)
ejército (m)	tsava	צָבָא (ז)
división (f)	ugda	אוּגדָה (נ)
destacamento (m)	kita	כִּיתָה (נ)

hueste (f)	'χayil	חַיִל (ז)
soldado (m)	χayal	חַיָּל (ז)
oficial (m)	katsin	קָצִין (ז)
soldado (m) raso	turai	טוּרָאי (ז)
sargento (m)	samal	סַמָּל (ז)
teniente (m)	'segen	סֶגֶן (ז)
capitán (m)	'seren	סֶרֶן (ז)
mayor (m)	rav 'seren	רַב־סֶרֶן (ז)
coronel (m)	aluf miʃne	אַלוּף מִשְׁנֶה (ז)
general (m)	aluf	אַלוּף (ז)
marino (m)	yamai	יַמַּאי (ז)
capitán (m)	rav χovel	רַב־חוֹבֵל (ז)
contramaestre (m)	rav malaχim	רַב־מַלָּחִים (ז)
artillero (m)	totχan	תּוֹתְחָן (ז)
paracaidista (m)	tsanχan	צַנְחָן (ז)
piloto (m)	tayas	טַיָּיס (ז)
navegador (m)	navat	נַוָּט (ז)
mecánico (m)	meχonai	מְכוֹנַאי (ז)
zapador (m)	χablan	חַבְּלָן (ז)
paracaidista (m)	tsanχan	צַנְחָן (ז)
explorador (m)	iʃ modi'in kravi	אִישׁ מוֹדִיעִין קְרָבִי (ז)
francotirador (m)	tsalaf	צַלָּף (ז)
patrulla (f)	siyur	סִיוּר (ז)
patrullar (vi, vt)	lefatrel	לְפַטְרֵל
centinela (m)	zakif	זָקִיף (ז)
guerrero (m)	loχem	לוֹחֵם (ז)
patriota (m)	patriyot	פַּטְרִיוֹט (ז)
héroe (m)	gibor	גִּיבּוֹר (ז)
heroína (f)	gibora	גִּיבּוֹרָה (נ)
traidor (m)	boged	בּוֹגֵד (ז)
traicionar (vt)	livgod	לִבגוֹד
desertor (m)	arik	עָרִיק (ז)
desertar (vi)	la'arok	לַעֲרוֹק
mercenario (m)	sχir 'χerev	שְׂכִיר חֶרֶב (ז)
recluta (m)	tiron	טִירוֹן (ז)
voluntario (m)	mitnadev	מִתְנַדֵּב (ז)
muerto (m)	harug	הָרוּג (ז)
herido (m)	pa'tsu'a	פָּצוּעַ (ז)
prisionero (m)	ʃavui	שָׁבוּי (ז)

155. La guerra. El ámbito militar. Unidad 1

guerra (f)	milχama	מִלחָמָה (נ)
estar en guerra	lehilaχem	לְהִילָחֵם
guerra (f) civil	mil'χemet ezraχim	מִלחֶמֶת אֶזרָחִים (נ)

pérfidamente (adv)	bogdani	בּוֹגדָנִי
declaración (f) de guerra	haχrazat milχama	הַכרָזַת מִלחָמָה (נ)
declarar (~ la guerra)	lehaχriz	לְהַכרִיז
agresión (f)	tokfanut	תוֹקפָנוּת (נ)
atacar (~ a un país)	litkof	לִתקוֹף
invadir (vt)	liχboʃ	לִכבּוֹש
invasor (m)	koveʃ	כּוֹבֵש (ז)
conquistador (m)	koveʃ	כּוֹבֵש (ז)
defensa (f)	hagana	הֲגָנָה (נ)
defender (vt)	lehagen al	לְהָגֵן עַל
defenderse (vr)	lehitgonen	לְהִתגוֹנֵן
enemigo (m)	oyev	אוֹיֵב (ז)
adversario (m)	yariv	יָרִיב (ז)
enemigo (adj)	ʃel oyev	שֶל אוֹיֵב
estrategia (f)	astra'tegya	אַסטרָטֶגיָה (נ)
táctica (f)	'taktika	טַקטִיקָה (נ)
orden (f)	pkuda	פקוּדָה (נ)
comando (m)	pkuda	פקוּדָה (נ)
ordenar (vt)	lifkod	לִפקוֹד
misión (f)	mesima	מְשִׂימָה (נ)
secreto (adj)	sodi	סוֹדִי
batalla (f)	ma'araχa	מַעֲרָכָה (נ)
combate (m)	krav	קְרָב (ז)
ataque (m)	hatkafa	הַתקָפָה (נ)
asalto (m)	hista'arut	הִסתָעֲרוּת (נ)
tomar por asalto	lehista'er	לְהִסתָעֵר
asedio (m), sitio (m)	matsor	מָצוֹר (ז)
ofensiva (f)	mitkafa	מִתקָפָה (נ)
tomar la ofensiva	latset lemitkafa	לָצֵאת לְמִתקָפָה
retirada (f)	nesiga	נְסִיגָה (נ)
retirarse (vr)	la'seget	לָסֶגֶת
envolvimiento (m)	kitur	כִּיתוּר (ז)
cercar (vt)	leχater	לְכַתֵר
bombardeo (m)	haftsatsa	הַפצָצָה (נ)
lanzar una bomba	lehatil ptsatsa	לְהָטִיל פּצָצָה
bombear (vt)	lehaftsits	לְהַפצִיץ
explosión (f)	pitsuts	פִּיצוּץ (ז)
tiro (m), disparo (m)	yeriya	יְרִייָה (נ)
disparar (vi)	lirot	לִירוֹת
tiro (m) (de artillería)	'yeri	יֶרִי (ז)
apuntar a ...	leχaven 'neʃek	לְכַווֵן נֶשֶק
encarar (apuntar)	leχaven	לְכַווֵן
alcanzar (el objetivo)	lik'lo'a	לִקלוֹעַ

hundir (vt)	lehat'biʿa	לְהַטבִּיעַ
brecha (f) (~ en el casco)	pirtsa	פִּרצָה (נ)
hundirse (vr)	lit'boʿa	לִטבּוֹעַ
frente (m)	χazit	חֲזִית (נ)
evacuación (f)	pinui	פִּינוּי (ז)
evacuar (vt)	lefanot	לְפַנוֹת
trinchera (f)	teʿala	תְּעָלָה (נ)
alambre (m) de púas	'tayil dokrani	תַּיִל דוֹקרָנִי (ז)
barrera (f) (~ antitanque)	maχsom	מַחסוֹם (ז)
torre (f) de vigilancia	migdal ʃmira	מִגדַל שמִירָה (ז)
hospital (m)	beit χolim tsvaʾi	בֵּית חוֹלִים צבָאִי (ז)
herir (vt)	lif'tsoʿa	לִפצוֹעַ
herida (f)	'petsa	פֶּצַע (ז)
herido (m)	pa'tsuʿa	פָּצוּעַ (ז)
recibir una herida	lehipatsa	לְהִיפָּצַע
grave (herida)	kaʃe	קָשֶה

156. Las armas

arma (f)	'neʃek	נֶשֶק (ז)
arma (f) de fuego	'neʃek χam	נֶשֶק חַם (ז)
arma (f) blanca	'neʃek kar	נֶשֶק קַר (ז)
arma (f) química	'neʃek 'χimi	נֶשֶק כִּימִי (ז)
nuclear (adj)	garʿini	גַרעִינִי
arma (f) nuclear	'neʃek garʿini	נֶשֶק גַרעִינִי (ז)
bomba (f)	ptsatsa	פּצָצָה (נ)
bomba (f) atómica	ptsatsa a'tomit	פּצָצָה אָטוֹמִית (נ)
pistola (f)	ekdaχ	אֶקדָח (ז)
fusil (m)	rove	רוֹבֶה (ז)
metralleta (f)	tat mak'leʿa	תַת־מַקלֵעַ (ז)
ametralladora (f)	mak'leʿa	מַקלֵעַ (ז)
boca (f)	kane	קָנֶה (ז)
cañón (m) (del arma)	kane	קָנֶה (ז)
calibre (m)	ka'liber	קָלִיבֶּר (ז)
gatillo (m)	'hedek	הֶדֶק (ז)
alza (f)	ka'venet	כַּוֶונֶת (נ)
cargador (m)	maχsanit	מַחסָנִית (נ)
culata (f)	kat	קַת (נ)
granada (f) de mano	rimon	רִימוֹן (ז)
explosivo (m)	'χomer 'nefets	חוֹמֶר נֶפֶץ (ז)
bala (f)	ka'liʿa	קָלִיעַ (ז)
cartucho (m)	kadur	כַּדוּר (ז)
carga (f)	teʿina	טְעִינָה (נ)
pertrechos (m pl)	taχ'moʃet	תַחמוֹשֶת (נ)

bombardero (m)	maftsits	מַפצִיץ (ז)
avión (m) de caza	metos krav	מְטוֹס קְרָב (ז)
helicóptero (m)	masok	מַסוֹק (ז)
antiaéreo (m)	totaχ 'neged metosim	תוֹתָח נֶגֶד מְטוֹסִים (ז)
tanque (m)	tank	טַנק (ז)
cañón (m) (de un tanque)	totaχ	תוֹתָח (ז)
artillería (f)	arti'lerya	אַרטִילֶרִיָה (נ)
cañón (m) (arma)	totaχ	תוֹתָח (ז)
dirigir (un misil, etc.)	leχaven	לְכַוֵון
mortero (m)	margema	מַרגֵמָה (נ)
bomba (f) de mortero	ptsatsat margema	פְּצָצַת מַרגֵמָה (נ)
obús (m)	pagaz	פָּגָז (ז)
trozo (m) de obús	resis	רְסִיס (ז)
submarino (m)	tso'lelet	צוֹלֶלֶת (נ)
torpedo (m)	tor'pedo	טוֹרפֶּדוֹ (ז)
misil (m)	til	טִיל (ז)
cargar (pistola)	lit'on	לִטעוֹן
tirar (vi)	lirot	לִירוֹת
apuntar a …	leχaven	לְכַוֵון
bayoneta (f)	kidon	כִּידוֹן (ז)
espada (f) (duelo a ~)	'χerev	חֶרֶב (נ)
sable (m)	'χerev paraʃim	חֶרֶב פָּרָשִים (ז)
lanza (f)	χanit	חֲנִית (נ)
arco (m)	'keʃet	קֶשֶת (נ)
flecha (f)	χets	חֵץ (ז)
mosquete (m)	musket	מוּסקֶט (ז)
ballesta (f)	'keʃet metsu'levet	קֶשֶת מְצוּלֶבֶת (נ)

157. Los pueblos antiguos

primitivo (adj)	kadmon	קַדמוֹן
prehistórico (adj)	prehis'tori	פּרֶהִיסטוֹרִי
antiguo (adj)	atik	עַתִיק
Edad (f) de Piedra	idan ha''even	עִידַן הָאֶבֶן (ז)
Edad (f) de Bronce	idan ha'arad	עִידַן הָאָרָד (ז)
Edad (f) de Hielo	idan ha'keraχ	עִידַן הַקֶּרַח (ז)
tribu (f)	'ʃevet	שֶבֶט (ז)
caníbal (m)	oχel adam	אוֹכֵל אָדָם (ז)
cazador (m)	tsayad	צַייָד (ז)
cazar (vi, vt)	latsud	לָצוּד
mamut (m)	ma'muta	מָמוּטָה (נ)
caverna (f)	me'ara	מְעָרָה (נ)
fuego (m)	eʃ	אֵש (נ)
hoguera (f)	medura	מְדוּרָה (נ)
pintura (f) rupestre	pet'roglif	פֶּטרוֹגלִיף (ז)

herramienta (f), útil (m)	kli	כְּלִי (ז)
lanza (f)	χanit	חֲנִית (נ)
hacha (f) de piedra	garzen ha'even	גַרזֶן הָאֶבֶן (ז)
estar en guerra	lehilaχem	לְהִילָחֵם
domesticar (vt)	levayet	לְבַיֵית
ídolo (m)	'pesel	פֶּסֶל (ז)
adorar (vt)	laʿavod et	לַעֲבוֹד אֶת
superstición (f)	emuna tfela	אֱמוּנָה תפֵלָה (נ)
rito (m)	'tekes	טֶקֶס (ז)
evolución (f)	evo'lutsya	אֶבוֹלוּציָה (נ)
desarrollo (m)	hitpatχut	הִתפַּתחוּת (נ)
desaparición (f)	heʿalmut	הֵיעָלמוּת (נ)
adaptarse (vr)	lehistagel	לְהִסתַגֵל
arqueología (f)	arχe'o'logya	אַרכֵיאוֹלוֹגיָה (נ)
arqueólogo (m)	arχe'olog	אַרכֵיאוֹלוֹג (ז)
arqueológico (adj)	arχe'o'logi	אַרכֵיאוֹלוֹגִי
sitio (m) de excavación	atar χafirot	אֲתַר חֲפִירוֹת (ז)
excavaciones (f pl)	χafirot	חֲפִירוֹת (נ"ר)
hallazgo (m)	mimtsa	מִמצָא (ז)
fragmento (m)	resis	רְסִיס (ז)

158. La Edad Media

pueblo (m)	am	עַם (ז)
pueblos (m pl)	amim	עַמִים (ז"ר)
tribu (f)	'ʃevet	שֵׁבֶט (ז)
tribus (f pl)	ʃvatim	שבָטִים (ז"ר)
bárbaros (m pl)	bar'barim	בַּרבָּרִים (ז"ר)
galos (m pl)	'galim	גָאלִים (ז"ר)
godos (m pl)	'gotim	גוֹתִים (ז"ר)
eslavos (m pl)	'slavim	סלָאבִים (ז"ר)
vikingos (m pl)	'vikingim	וִיקִינגִים (ז"ר)
romanos (m pl)	romaʾim	רוֹמָאִים (ז"ר)
romano (adj)	'romi	רוֹמִי
bizantinos (m pl)	bi'zantim	בִּיזַנטִים (ז"ר)
Bizancio (m)	bizantion, bizants	בִּיזַנטיוֹן, בִּיזַנץ (נ)
bizantino (adj)	bi'zanti	בִּיזַנטִי
emperador (m)	keisar	קֵיסָר (ז)
jefe (m)	manhig	מַנהִיג (ז)
poderoso (adj)	rav 'koaχ	רַב־כּוֹחַ
rey (m)	'meleχ	מֶלֶך (ז)
gobernador (m)	ʃalit	שַלִיט (ז)
caballero (m)	abir	אַבִּיר (ז)
señor (m) feudal	feʾodal	פֵיאוֹדָל (ז)
feudal (adj)	feʾo'dali	פֵיאוֹדָלִי

vasallo (m)	vasal	וַסָל (ז)
duque (m)	dukas	דוּכָּס (ז)
conde (m)	rozen	רוֹזֵן (ז)
barón (m)	baron	בָּרוֹן (ז)
obispo (m)	'biʃof	בִּישׁוֹף (ז)
armadura (f)	ʃiryon	שִׁריוֹן (ז)
escudo (m)	magen	מָגֵן (ז)
espada (f) (danza de ~s)	'χerev	חֶרֶב (נ)
visera (f)	magen panim	מָגֵן פָּנִים (ז)
cota (f) de malla	ʃiryon kaskasim	שִׁריוֹן קַשׂקַשִׂים (ז)
cruzada (f)	masa tslav	מַסָע צְלָב (ז)
cruzado (m)	tsalban	צַלבָּן (ז)
territorio (m)	'ʃetaχ	שֶׁטַח (ז)
atacar (~ a un país)	litkof	לִתקוֹף
conquistar (vt)	liχboʃ	לִכבּוֹשׁ
ocupar (invadir)	lehiʃtalet	לְהִשתַלֵט
asedio (m), sitio (m)	matsor	מָצוֹר (ז)
sitiado (adj)	natsur	נָצוּר
asediar, sitiar (vt)	latsur	לָצוּר
inquisición (f)	inkvi'zitsya	אִינקוִיזִיצִיָה (נ)
inquisidor (m)	inkvi'zitor	אִינקוִיזִיטוֹר (ז)
tortura (f)	inui	עִינוּי (ז)
cruel (adj)	aχzari	אַכזָרִי
hereje (m)	kofer	כּוֹפֵר (ז)
herejía (f)	kfira	כְּפִירָה (נ)
navegación (f) marítima	haflaga bayam	הַפלָגָה בַּיָם (נ)
pirata (m)	ʃoded yam	שׁוֹדֵד יָם (ז)
piratería (f)	pi'ratiyut	פִּירָטִיוּת (נ)
abordaje (m)	la'alot al	לַעֲלוֹת עַל
botín (m)	ʃalal	שָׁלָל (ז)
tesoros (m pl)	otsarot	אוֹצָרוֹת (ז"ר)
descubrimiento (m)	taglit	תַגלִית (נ)
descubrir (tierras nuevas)	legalot	לְגַלוֹת
expedición (f)	miʃ'laχat	מִשלַחַת (נ)
mosquetero (m)	musketer	מוּסקֶטֶר (ז)
cardenal (m)	χaʃman	חַשמָן (ז)
heráldica (f)	he'raldika	הֶרַלדִיקָה (נ)
heráldico (adj)	he'raldi	הֶרַלדִי

159. El líder. El jefe. Las autoridades

rey (m)	'meleχ	מֶלֶך (ז)
reina (f)	malka	מַלכָּה (נ)
real (adj)	malχuti	מַלכוּתִי
reino (m)	mamlaχa	מַמלָכָה (נ)
príncipe (m)	nasiχ	נָסִיך (ז)

princesa (f)	nesiχa	נְסִיכָה (נ)
presidente (m)	nasi	נָשִׂיא (ז)
vicepresidente (m)	sgan nasi	סגַן נָשִׂיא (ז)
senador (m)	se'nator	סֶנָאטוֹר (ז)
monarca (m)	'meleχ	מֶלֶך (ז)
gobernador (m)	ʃalit	שַׁלִּיט (ז)
dictador (m)	rodan	רוֹדָן (ז)
tirano (m)	aruts	עָרוּץ (ז)
magnate (m)	eil hon	אֵיל הוֹן (ז)
director (m)	menahel	מְנַהֵל (ז)
jefe (m)	menahel, roʃ	מְנַהֵל (ז), רֹאש (ז)
gerente (m)	menahel	מְנַהֵל (ז)
amo (m)	bos	בּוֹס (ז)
dueño (m)	'baʿal	בַּעַל (ז)
jefe (m), líder (m)	manhig	מַנהִיג (ז)
jefe (m) (~ de delegación)	roʃ	רֹאש (ז)
autoridades (f pl)	ʃiltonot	שִׁלטוֹנוֹת (ז"ר)
superiores (m pl)	memunim	מְמוּנִים (ז"ר)
gobernador (m)	moʃel	מוֹשֵׁל (ז)
cónsul (m)	'konsul	קוֹנסוּל (ז)
diplomático (m)	diplomat	דִיפּלוֹמָט (ז)
alcalde (m)	roʃ ha'ir	רֹאש הָעִיר (ז)
sheriff (m)	ʃerif	שֶׁרִיף (ז)
emperador (m)	keisar	קֵיסָר (ז)
zar (m)	tsar	צָאר (ז)
faraón (m)	parʿo	פַּרעֹה (ז)
jan (m), kan (m)	χan	חָאן (ז)

160. Violar la ley. Los criminales. Unidad 1

bandido (m)	ʃoded	שׁוֹדֵד (ז)
crimen (m)	'peʃa	פֶּשַׁע (ז)
criminal (m)	po'ʃeʿa	פּוֹשֵׁעַ (ז)
ladrón (m)	ganav	גַנָב (ז)
robar (vt)	lignov	לִגנוֹב
robo (m)	gneva	גנֵיבָה (נ)
secuestrar (vt)	laχatof	לַחֲטוֹף
secuestro (m)	χatifa	חֲטִיפָה (נ)
secuestrador (m)	χotef	חוֹטֵף (ז)
rescate (m)	'kofer	כּוֹפֶר (ז)
exigir un rescate	lidroʃ 'kofer	לִדרוֹש כּוֹפֶר
robar (vt)	liʃdod	לִשדוֹד
robo (m)	ʃod	שׁוֹד (ז)
atracador (m)	ʃoded	שׁוֹדֵד (ז)
extorsionar (vt)	lisχot	לִסחוֹט

extorsionista (m)	saχtan	סַחטָן (ז)
extorsión (f)	saχtanut	סַחטָנוּת (נ)
matar, asesinar (vt)	lir'tsoaχ	לִרצוֹחַ
asesinato (m)	'retsaχ	רֶצַח (ז)
asesino (m)	ro'tseaχ	רוֹצֵחַ (ז)
tiro (m), disparo (m)	yeriya	יְרִייָה (נ)
disparar (vi)	lirot	לִירוֹת
matar (a tiros)	lirot la'mavet	לִירוֹת לַמָוֶות
tirar (vi)	lirot	לִירוֹת
tiroteo (m)	'yeri	יְרִי (ז)
incidente (m)	takrit	תַקרִית (נ)
pelea (f)	ktata	קְטָטָה (נ)
¡Socorro!	ha'tsilu!	הַצִילוּ!
víctima (f)	nifga	נִפגָע (ז)
perjudicar (vt)	lekalkel	לְקַלקֵל
daño (m)	'nezek	נֶזֶק (ז)
cadáver (m)	gufa	גוּפָה (נ)
grave (un delito ~)	χamur	חָמוּר
atacar (vt)	litkof	לִתקוֹף
pegar (golpear)	lehakot	לְהַכּוֹת
apporear (vt)	lehakot	לְהַכּוֹת
quitar (robar)	la'kaχat be'koaχ	לָקַחַת בְּכוֹחַ
acuchillar (vt)	lidkor le'mavet	לִדקוֹר לְמָוֶות
mutilar (vt)	lehatil mum	לְהָטִיל מוּם
herir (vt)	lif'tso'a	לִפצוֹעַ
chantaje (m)	saχtanut	סַחטָנוּת (נ)
hacer chantaje	lisχot	לִסחוֹט
chantajista (m)	saχtan	סַחטָן (ז)
extorsión (f)	dmei χasut	דמֵי חָסוּת (ז"ר)
extorsionador (m)	gove χasut	גוֹבֶה חָסוּת (ז)
gángster (m)	'gangster	גַנגסטֶר (ז)
mafia (f)	'mafya	מַאפִיָה (נ)
carterista (m)	kayas	כַּייָס (ז)
ladrón (m) de viviendas	porets	פּוֹרֵץ (ז)
contrabandismo (m)	havraχa	הַברָחָה (נ)
contrabandista (m)	mav'riaχ	מַברִיחַ (ז)
falsificación (f)	ziyuf	זִיוּף (ז)
falsificar (vt)	lezayef	לְזַייֵף
falso (falsificado)	mezuyaf	מְזוּיָף

161. Violar la ley. Los criminales. Unidad 2

violación (f)	'ones	אוֹנֶס (ז)
violar (vt)	le'enos	לֶאֱנוֹס
violador (m)	anas	אַנָס (ז)

maniaco (m)	'manyak	מַנְיָאק (ז)
prostituta (f)	zona	זוֹנָה (נ)
prostitución (f)	znut	זנוּת (נ)
chulo (m), proxeneta (m)	sarsur	סַרסוּר (ז)
drogadicto (m)	narkoman	נַרקוֹמָן (ז)
narcotraficante (m)	soχer samim	סוֹחֵר סַמִים (ז)
hacer explotar	lefotsets	לְפוֹצֵץ
explosión (f)	pitsuts	פִּיצוּץ (ז)
incendiar (vt)	lehatsit	לְהַצִית
incendiario (m)	matsit	מַצִית (ז)
terrorismo (m)	terorizm	טֶרוֹרִיזם (ז)
terrorista (m)	meχabel	מְחַבֵּל (ז)
rehén (m)	ben aruba	בֶּן עֲרוּבָּה (ז)
estafar (vt)	lehonot	לְהוֹנוֹת
estafa (f)	hona'a	הוֹנָאָה (נ)
estafador (m)	ramai	רַמַאי (ז)
sobornar (vt)	leʃaχed	לְשַׁחֵד
soborno (m) (delito)	'ʃoχad	שׁוֹחַד (ז)
soborno (m) (dinero, etc.)	'ʃoχad	שׁוֹחַד (ז)
veneno (m)	'ra'al	רַעַל (ז)
envenenar (vt)	lehar'il	לְהַרעִיל
envenenarse (vr)	lehar'il et atsmo	לְהַרעִיל אֶת עַצמוֹ
suicidio (m)	hit'abdut	הִתאַבְּדוּת (נ)
suicida (m, f)	mit'abed	מִתאַבֵּד (ז)
amenazar (vt)	le'ayem	לְאַייֵם
amenaza (f)	iyum	אִיוּם (ז)
atentar (vi)	lehitnakeʃ	לְהִתנַקֵשׁ
atentado (m)	nisayon hitnakʃut	נִיסָיוֹן הִתנַקשׁוּת (ז)
robar (un coche)	lignov	לִגנוֹב
secuestrar (un avión)	laχatof matos	לַחֲטוֹף מָטוֹס
venganza (f)	nekama	נְקָמָה (נ)
vengar (vt)	linkom	לִנקוֹם
torturar (vt)	la'anot	לְעַנוֹת
tortura (f)	inui	עִינוּי (ז)
atormentar (vt)	leyaser	לְייַסֵר
pirata (m)	ʃoded yam	שׁוֹדֵד יָם (ז)
gamberro (m)	χuligan	חוּלִיגָאן (ז)
armado (adj)	mezuyan	מְזוּיָן
violencia (f)	alimut	אַלִימוּת (נ)
ilegal (adj)	'bilti le'gali	בִּלתִי לֶגָלִי
espionaje (m)	rigul	רִיגוּל (ז)
espiar (vi, vt)	leragel	לְרַגֵל

162. La policía. La ley. Unidad 1

justicia (f)	'tsedek	צֶדֶק (ז)
tribunal (m)	beit miʃpat	בֵּית מִשפָּט (ז)
juez (m)	ʃofet	שוֹפֵט (ז)
jurados (m pl)	muʃbaʿim	מוּשבָּעִים (ז"ר)
tribunal (m) de jurados	χaver muʃbaʿim	חֶבֶר מוּשבָּעִים (ז)
juzgar (vt)	liʃpot	לִשפּוֹט
abogado (m)	oreχ din	עוֹרֵך דִין (ז)
acusado (m)	omed lemiʃpat	עוֹמֵד לְמִשפָּט (ז)
banquillo (m) de los acusados	safsal neʾeʃamim	סַפסָל נֶאֱשָמִים (ז)
inculpación (f)	haʾaʃama	הַאֲשָמָה (נ)
inculpado (m)	neʾeʃam	נֶאֱשָם (ז)
sentencia (f)	gzar din	גזַר דִין (ז)
sentenciar (vt)	lifsok	לִפסוֹק
culpable (m)	aʃem	אָשֵם (ז)
castigar (vt)	lehaʿaniʃ	לְהַעֲנִיש
castigo (m)	'oneʃ	עוֹנֶש (ז)
multa (f)	knas	קנָס (ז)
cadena (f) perpetua	maʾasar olam	מַאֲסָר עוֹלָם (ז)
pena (f) de muerte	'oneʃ 'mavet	עוֹנֶש מָוֶות (ז)
silla (f) eléctrica	kise χaʃmali	כִּיסֵא חַשמַלִי (ז)
horca (f)	gardom	גַרדוֹם (ז)
ejecutar (vt)	lehotsi la'horeg	לְהוֹצִיא לַהוֹרֵג
ejecución (f)	hatsaʾa le'horeg	הוֹצָאָה לְהוֹרֵג (ז)
prisión (f)	beit 'sohar	בֵּית סוֹהַר (ז)
celda (f)	ta	תָא (ז)
escolta (f)	miʃmar livui	מִשמָר לִיווּי (ז)
guardia (m) de prisiones	soher	סוֹהֵר (ז)
prisionero (m)	asir	אָסִיר (ז)
esposas (f pl)	azikim	אֲזִיקִים (ז"ר)
esposar (vt)	liχbol beʾazikim	לִכבּוֹל בַּאֲזִיקִים
escape (m)	briχa	בּרִיחָה (נ)
escaparse (vr)	liv'roaχ	לִברוֹחַ
desaparecer (vi)	leheʿalem	לְהֵיעָלֵם
liberar (vt)	leʃaχrer	לְשַחרֵר
amnistía (f)	χanina	חֲנִינָה (נ)
policía (f) (~ nacional)	miʃtara	מִשטָרָה (נ)
policía (m)	ʃoter	שוֹטֵר (ז)
comisaría (f) de policía	taχanat miʃtara	תַחֲנַת מִשטָרָה (נ)
porra (f)	ala	אַלָה (נ)
megáfono (m)	megafon	מֶגָפוֹן (ז)
coche (m) patrulla	na'yedet	נַיֶידֶת (נ)

sirena (f)	tsofar	צוֹפָר (ז)
poner la sirena	lehafʿil tsofar	לְהַפעִיל צוֹפָר
sonido (m) de sirena	tsfira	צפִירָה (נ)
escena (f) del delito	zirat 'peʃa	זִירַת פֶּשַע (נ)
testigo (m)	ed	עֵד (ז)
libertad (f)	'χofeʃ	חוֹפֶש (ז)
cómplice (m)	ʃutaf	שוּתָף (ז)
escapar de ...	lehiχave	לְהֵיחָבֵא
rastro (m)	akev	עָקֵב (ז)

163. La policía. La ley. Unidad 2

búsqueda (f)	χipus	חִיפּוּש (ז)
buscar (~ el criminal)	leχapes	לְחַפֵּש
sospecha (f)	χaʃad	חָשָד (ז)
sospechoso (adj)	χaʃud	חָשוּד
parar (~ en la calle)	laʿatsor	לַעֲצוֹר
retener (vt)	laʿatsor	לַעֲצוֹר
causa (f) (~ penal)	tik	תִיק (ז)
investigación (f)	χakira	חֲקִירָה (נ)
detective (m)	balaʃ	בַּלָש (ז)
investigador (m)	χoker	חוֹקֵר (ז)
versión (f)	haʃʿara	הַשעָרָה (נ)
motivo (m)	me'niʿa	מֵנִיעַ (ז)
interrogatorio (m)	χakira	חֲקִירָה (נ)
interrogar (vt)	laχkor	לַחקוֹר
interrogar (al testigo)	letaʃel	לְתַשאֵל
control (m) (de vehículos, etc.)	bdika	בּדִיקָה (נ)
redada (f)	matsod	מָצוֹד (ז)
registro (m) (~ de la casa)	χipus	חִיפּוּש (ז)
persecución (f)	mirdaf	מִרדָף (ז)
perseguir (vt)	lirdof aχarei	לִרדוֹף אַחֲרֵי
rastrear (~ al criminal)	laʿakov aχarei	לַעֲקוֹב אַחֲרֵי
arresto (m)	maʾasar	מַאֲסָר (ז)
arrestar (vt)	leʾesor	לֶאֱסוֹר
capturar (vt)	lilkod	לִלכּוֹד
captura (f)	leχida	לְכִידָה (נ)
documento (m)	mismaχ	מִסמָך (ז)
prueba (f)	hoχaχa	הוֹכָחָה (נ)
probar (vt)	leho'χiaχ	לְהוֹכִיחַ
huella (f) (pisada)	akev	עָקֵב (ז)
huellas (f pl) digitales	tviʿot etsbaʿot	טבִיעוֹת אֶצבָּעוֹת (נ"ר)
elemento (m) de prueba	reʾaya	רְאָיָה (נ)
coartada (f)	'alibi	אָלִיבִּי (ז)
inocente (no culpable)	χaf mi'peʃa	חַף מִפֶּשַע
injusticia (f)	i 'tsedek	אִי צֶדֶק (ז)
injusto (adj)	lo tsodek	לֹא צוֹדֵק

criminal (adj)	plili	פלילי
confiscar (vt)	lehaχrim	לְהַחרִים
narcótico (m)	sam	סַם (ז)
arma (f)	'neʃek	נֶשֶק (ז)
desarmar (vt)	lifrok mi'neʃek	לפרוק מִנֶשֶק
ordenar (vt)	lifkod	לפקוד
desaparecer (vi)	lehe'alem	לְהֵיעָלֵם
ley (f)	χok	חוק (ז)
legal (adj)	χuki	חוקי
ilegal (adj)	'bilti χuki	בִּלתִי חוקי
responsabilidad (f)	aχrayut	אַחרָיוּת (נ)
responsable (adj)	aχrai	אַחרַאי

LA NATURALEZA

La tierra. Unidad 1

164. El espacio

cosmos (m)	χalal	חָלָל (ז)
espacial, cósmico (adj)	ʃel χalal	שֶׁל חָלָל
espacio (m) cósmico	χalal χitson	חָלָל חִיצוֹן (ז)
mundo (m)	olam	עוֹלָם (ז)
universo (m)	yekum	יְקוּם (ז)
galaxia (f)	ga'laksya	גָלַקסִיָה (נ)
estrella (f)	koχav	כּוֹכָב (ז)
constelación (f)	tsvir koχavim	צבִיר כּוֹכָבִים (ז)
planeta (m)	koχav 'leχet	כּוֹכָב לֶכֶת (ז)
satélite (m)	lavyan	לַווייָן (ז)
meteorito (m)	mete'orit	מֶטֶאוֹרִיט (ז)
cometa (m)	koχav ʃavit	כּוֹכָב שָׁבִיט (ז)
asteroide (m)	aste'ro'id	אַסטֶרוֹאִיד (ז)
órbita (f)	maslul	מַסלוּל (ז)
girar (vi)	lesovev	לסוֹבֵב
atmósfera (f)	atmos'fera	אַטמוֹספֵרָה (נ)
Sol (m)	'ʃemeʃ	שֶׁמֶשׁ (נ)
sistema (m) solar	ma'a'reχet ha'ʃemeʃ	מַעֲרֶכֶת הַשֶּׁמֶשׁ (נ)
eclipse (m) de Sol	likui χama	לִיקוּי חַמָה (ז)
Tierra (f)	kadur ha"arets	כַּדוּר הָאָרֶץ (ז)
Luna (f)	ya'reaχ	יָרֵחַ (ז)
Marte (m)	ma'adim	מַאֲדִים (ז)
Venus (f)	'noga	נוֹגַה (ז)
Júpiter (m)	'tsedek	צֶדֶק (ז)
Saturno (m)	ʃabtai	שַׁבּתַאי (ז)
Mercurio (m)	koχav χama	כּוֹכָב חַמָה (ז)
Urano (m)	u'ranus	אוּרָנוּס (ז)
Neptuno (m)	neptun	נֶפטוּן (ז)
Plutón (m)	'pluto	פלוּטוֹ (ז)
la Vía Láctea	ʃvil haχalav	שבִיל הֶחָלָב (ז)
la Osa Mayor	duba gdola	דוּבָּה גדוֹלָה (נ)
la Estrella Polar	koχav hatsafon	כּוֹכָב הַצָפוֹן (ז)
marciano (m)	toʃav ma'adim	תוֹשָׁב מַאֲדִים (ז)
extraterrestre (m)	χutsan	חוּצָן (ז)

planetícola (m)	χaizar	חַייזָר (ז)
platillo (m) volante	tsa'laχat meʿo'fefet	צַלַחַת מְעוֹפֶפֶת (נ)
nave (f) espacial	χalalit	חֲלָלִית (נ)
estación (f) orbital	taχanat χalal	תַחֲנַת חָלָל (נ)
despegue (m)	hamraʾa	הַמרָאָה (נ)
motor (m)	ma'noʿa	מָנוֹעַ (ז)
tobera (f)	neχir	נְחִיר (ז)
combustible (m)	'delek	דֶלֶק (ז)
carlinga (f)	'kokpit	קוֹקפִּיט (ז)
antena (f)	an'tena	אַנטֶנָה (נ)
ventana (f)	eʃnav	אֶשנָב (ז)
batería (f) solar	'luaχ so'lari	לוּחַ סוֹלָרִי (ז)
escafandra (f)	χalifat χalal	חֲלִיפַת חָלָל (נ)
ingravidez (f)	'χoser miʃkal	חוֹסֶר מִשקָל (ז)
oxígeno (m)	χamtsan	חַמצָן (ז)
atraque (m)	agina	עֲגִינָה (נ)
realizar el atraque	laʿagon	לַעֲגוֹן
observatorio (m)	mitspe koχavim	מִצפֵּה כּוֹכָבִים (ז)
telescopio (m)	teleskop	טֶלֶסקוֹפ (ז)
observar (vt)	litspot, lehaʃkif	לִצפּוֹת, לְהַשקִיף
explorar (~ el universo)	laχkor	לַחקוֹר

165. La tierra

Tierra (f)	kadur ha"arets	כַּדוּר הָאָרֶץ (ז)
globo (m) terrestre	kadur ha"arets	כַּדוּר הָאָרֶץ (ז)
planeta (m)	koχav 'leχet	כּוֹכַב לֶכֶת (ז)
atmósfera (f)	atmos'fera	אַטמוֹספֶרָה (נ)
geografía (f)	geʾo'grafya	גֵיאוֹגרַפיָה (נ)
naturaleza (f)	'teva	טֶבַע (ז)
globo (m) terráqueo	'globus	גלוֹבּוּס (ז)
mapa (m)	mapa	מַפָּה (נ)
atlas (m)	'atlas	אַטלָס (ז)
Europa (f)	ei'ropa	אֵירוֹפָּה (נ)
Asia (f)	'asya	אַסיָה (נ)
África (f)	'afrika	אַפרִיקָה (נ)
Australia (f)	ost'ralya	אוֹסטרַליָה (נ)
América (f)	a'merika	אָמֶרִיקָה (נ)
América (f) del Norte	a'merika hatsfonit	אָמֶרִיקָה הַצפוֹנִית (נ)
América (f) del Sur	a'merika hadromit	אָמֶרִיקָה הַדרוֹמִית (נ)
Antártida (f)	ya'beʃet an'tarktika	יַבֶּשֶת אַנטַארקטִיקָה (נ)
Ártico (m)	'arktika	אַרקטִיקָה (נ)

166. Los puntos cardinales

norte (m)	tsafon	צָפוֹן (ז)
al norte	tsa'fona	צָפוֹנָה
en el norte	batsafon	בַּצָפוֹן
del norte (adj)	tsfoni	צפוֹנִי
sur (m)	darom	דָרוֹם (ז)
al sur	da'roma	דָרוֹמָה
en el sur	badarom	בַּדָרוֹם
del sur (adj)	dromi	דרוֹמִי
oeste (m)	ma'arav	מַעֲרָב (ז)
al oeste	ma'a'rava	מַעֲרָבָה
en el oeste	bama'arav	בַּמַעֲרָב
del oeste (adj)	ma'aravi	מַעֲרָבִי
este (m)	mizraχ	מִזרָח (ז)
al este	miz'raχa	מִזרָחָה
en el este	bamizraχ	בַּמִזרָח
del este (adj)	mizraχi	מִזרָחִי

167. El mar. El océano

mar (m)	yam	יָם (ז)
océano (m)	ok'yanos	אוֹקיָאנוֹס (ז)
golfo (m)	mifrats	מִפרָץ (ז)
estrecho (m)	meitsar	מֵיצַר (ז)
tierra (f) firme	yabaʃa	יַבָּשָה (נ)
continente (m)	ya'beʃet	יַבֶּשֶת (נ)
isla (f)	i	אִי (ז)
península (f)	χatsi i	חֲצִי אִי (ז)
archipiélago (m)	arχipelag	אַרכִיפֶּלָג (ז)
bahía (f)	mifrats	מִפרָץ (ז)
ensenada, bahía (f)	namal	נָמָל (ז)
laguna (f)	la'guna	לָגוּנָה (נ)
cabo (m)	kef	כֵּף (ז)
atolón (m)	atol	אָטוֹל (ז)
arrecife (m)	ʃunit	שוּנִית (נ)
coral (m)	almog	אַלמוֹג (ז)
arrecife (m) de coral	ʃunit almogim	שוּנִית אַלמוֹגִים (נ)
profundo (adj)	amok	עָמוֹק
profundidad (f)	'omek	עוֹמֶק (ז)
abismo (m)	tehom	תְהוֹם (נ)
fosa (f) oceánica	maχteʃ	מַכתֵש (ז)
corriente (f)	'zerem	זֶרֶם (ז)
bañar (rodear)	lehakif	לְהַקִיף
orilla (f)	χof	חוֹף (ז)

costa (f)	χof yam	חוֹף יָם (ז)
flujo (m)	ge'ut	גֵאוּת (נ)
reflujo (m)	'ʃefel	שֵׁפֶל (ז)
banco (m) de arena	sirton	שִׂרטוֹן (ז)
fondo (m)	karka'it	קַרקָעִית (נ)
ola (f)	gal	גַל (ז)
cresta (f) de la ola	pisgat hagal	פִּסגַת הַגַל (נ)
espuma (f)	'ketsef	קֶצֶף (ז)
tempestad (f)	sufa	סוּפָה (נ)
huracán (m)	hurikan	הוּרִיקָן (ז)
tsunami (m)	tsu'nami	צוּנָאמִי (ז)
bonanza (f)	'roga	רוֹגַע (ז)
calmo, tranquilo	ʃalev	שָׁלֵו
polo (m)	'kotev	קוֹטֶב (ז)
polar (adj)	kotbi	קוֹטבִּי
latitud (f)	kav 'roχav	קַו רוֹחַב (ז)
longitud (f)	kav 'oreχ	קַו אוֹרֶך (ז)
paralelo (m)	kav 'roχav	קַו רוֹחַב (ז)
ecuador (m)	kav hamaʃve	קַו הַמַשווֶה (ז)
cielo (m)	ʃa'mayim	שָׁמַיִים (ז"ר)
horizonte (m)	'ofek	אוֹפֶק (ז)
aire (m)	avir	אֲווִיר (ז)
faro (m)	migdalor	מִגדַלוֹר (ז)
bucear (vi)	litslol	לִצלוֹל
hundirse (vr)	lit'bo'a	לִטבּוֹעַ
tesoros (m pl)	otsarot	אוֹצָרוֹת (ז"ר)

168. Las montañas

montaña (f)	har	הַר (ז)
cadena (f) de montañas	'reχes harim	רֶכֶס הָרִים (ז)
cresta (f) de montañas	'reχes har	רֶכֶס הַר (ז)
cima (f)	pisga	פִּסגָה (נ)
pico (m)	pisga	פִּסגָה (נ)
pie (m)	margelot	מַרגְלוֹת (נ"ר)
cuesta (f)	midron	מִדרוֹן (ז)
volcán (m)	har 'ga'aʃ	הַר גַעַש (ז)
volcán (m) activo	har 'ga'aʃ pa'il	הַר גַעַש פָּעִיל (ז)
volcán (m) apagado	har 'ga'aʃ radum	הַר גַעַש רָדוּם (ז)
erupción (f)	hitpartsut	הִתפָּרצוּת (נ)
cráter (m)	lo'a	לוֹעַ (ז)
magma (m)	megama	מְגָמָה (נ)
lava (f)	'lava	לָאבָה (נ)
fundido (lava ~a)	lohet	לוֹהֵט
cañón (m)	kanyon	קָניוֹן (ז)

desfiladero (m)	gai	גַיא (ז)
grieta (f)	'beka	בֶּקַע (ז)
precipicio (m)	tehom	תְהוֹם (נ)
puerto (m) (paso)	maʿavar harim	מַעֲבַר הָרִים (ז)
meseta (f)	rama	רָמָה (נ)
roca (f)	tsuk	צוּק (ז)
colina (f)	givʿa	גִבעָה (נ)
glaciar (m)	karχon	קַרחוֹן (ז)
cascada (f)	mapal 'mayim	מַפַּל מַיִם (ז)
geiser (m)	'geizer	גֵייזֶר (ז)
lago (m)	agam	אֲגַם (ז)
llanura (f)	miʃor	מִישוֹר (ז)
paisaje (m)	nof	נוֹף (ז)
eco (m)	hed	הֵד (ז)
alpinista (m)	metapes harim	מְטַפֵּס הָרִים (ז)
escalador (m)	metapes slaʿim	מְטַפֵּס סלָעִים (ז)
conquistar (vt)	liχboʃ	לִכבּוֹש
ascensión (f)	tipus	טִיפּוּס (ז)

169. Los ríos

río (m)	nahar	נָהָר (ז)
manantial (m)	maʿayan	מַעֲייָן (ז)
lecho (m) (curso de agua)	afik	אָפִיק (ז)
cuenca (f) fluvial	agan nahar	אַגַן נָהָר (ז)
desembocar en ...	lehiʃapeχ	לְהִישָפֵך
afluente (m)	yuval	יוּבַל (ז)
ribera (f)	χof	חוֹף (ז)
corriente (f)	'zerem	זֶרֶם (ז)
río abajo (adv)	bemorad hanahar	בְּמוֹרַד הַנָהָר
río arriba (adv)	bemaʿale hanahar	בְּמַעֲלֵה הַזֶרֶם
inundación (f)	hatsafa	הֲצָפָה (נ)
riada (f)	ʃitafon	שִיטָפוֹן (ז)
desbordarse (vr)	laʿalot al gdotav	לַעֲלוֹת עַל גדוֹתָיו
inundar (vt)	lehatsif	לְהָצִיף
bajo (m) arenoso	sirton	שִׂרטוֹן (ז)
rápido (m)	'eʃed	אֶשֶד (ז)
presa (f)	'seχer	סֶכֶר (ז)
canal (m)	teʿala	תְעָלָה (נ)
lago (m) artificiale	maʾagar 'mayim	מַאֲגַר מַיִם (ז)
esclusa (f)	ta 'ʃayit	תָא שַיִט (ז)
cuerpo (m) de agua	maʾagar 'mayim	מַאֲגַר מַיִם (ז)
pantano (m)	bitsa	בִּיצָה (נ)
ciénaga (f)	bitsa	בִּיצָה (נ)

remolino (m)	me'ar'bolet	מְעַרבּוֹלֶת (נ)
arroyo (m)	'naχal	נַחַל (ז)
potable (adj)	ʃel ʃtiya	שֶל שתִייָה
dulce (agua ~)	metukim	מְתוּקִים
hielo (m)	'keraχ	קֶרַח (ז)
helarse (el lago, etc.)	likpo	לִקפּוֹא

170. El bosque

bosque (m)	'ya'ar	יַעַר (ז)
de bosque (adj)	ʃel 'ya'ar	שֶל יַעַר
espesura (f)	avi ha'ya'ar	עֲבִי הַיַעַר (ז)
bosquecillo (m)	χurʃa	חוּרשָה (נ)
claro (m)	ka'raχat 'ya'ar	קָרַחַת יַעַר (נ)
maleza (f)	svaχ	סבַך (ז)
matorral (m)	'siaχ	שִׂיחַ (ז)
senda (f)	ʃvil	שבִיל (ז)
barranco (m)	'emek tsar	עֵמֶק צַר (ז)
árbol (m)	ets	עֵץ (ז)
hoja (f)	ale	עָלֶה (ז)
follaje (m)	alva	עַלוָוה (נ)
caída (f) de hojas	ʃa'leχet	שַלֶכֶת (נ)
caer (las hojas)	linʃor	לִנשוֹר
cima (f)	tsa'meret	צַמֶרֶת (נ)
rama (f)	anaf	עָנָף (ז)
rama (f) (gruesa)	anaf ave	עָנָף עָבֶה (ז)
brote (m)	nitsan	נִיצָן (ז)
aguja (f)	'maχat	מַחַט (נ)
piña (f)	itstrubal	אִצטרוּבָּל (ז)
agujero (m)	χor ba'ets	חוֹר בָּעֵץ (ז)
nido (m)	ken	קֵן (ז)
tronco (m)	'geza	גֶזַע (ז)
raíz (f)	'ʃoreʃ	שוֹרֶש (ז)
corteza (f)	klipa	קלִיפָּה (נ)
musgo (m)	taχav	טַחַב (ז)
extirpar (vt)	la'akor	לַעֲקוֹר
talar (vt)	liχrot	לִכרוֹת
deforestar (vt)	levare	לְבָרֵא
tocón (m)	'gedem	גֶדֶם (ז)
hoguera (f)	medura	מְדוּרָה (נ)
incendio (m) forestal	srefa	שׂרֵיפָה (נ)
apagar (~ el incendio)	leχabot	לְכַבּוֹת
guarda (m) forestal	ʃomer 'ya'ar	שוֹמֵר יַעַר (ז)

protección (f)	ʃmira	שמִירָה (נ)
proteger (vt)	liʃmor	לִשמוֹר
cazador (m) furtivo	tsayad lelo reʃut	צַיָיד לְלֹא רְשוּת (ז)
cepo (m)	mal'kodet	מַלכּוֹדֶת (נ)
recoger (setas, bayas)	lelaket	לְלַקֵט
perderse (vr)	lit'ot	לְתעוֹת

171. Los recursos naturales

recursos (m pl) naturales	otsarot 'teva	אוֹצָרוֹת טֶבַע (ז"ר)
recursos (m pl) subterráneos	mine'ralim	מִינֶרָלִים (ז"ר)
depósitos (m pl)	mirbats	מִרבָּץ (ז)
yacimiento (m)	mirbats	מִרבָּץ (ז)
extraer (vt)	liχrot	לִכרוֹת
extracción (f)	kriya	כּרִייָה (נ)
mena (f)	afra	עַפרָה (נ)
mina (f)	miχre	מִכרֶה (ז)
pozo (m) de mina	pir	פִּיר (ז)
minero (m)	kore	כּוֹרֶה (ז)
gas (m)	gaz	גָז (ז)
gasoducto (m)	tsinor gaz	צִינוֹר גָז (ז)
petróleo (m)	neft	נֵפט (ז)
oleoducto (m)	tsinor neft	צִינוֹר נֵפט (ז)
pozo (m) de petróleo	be'er neft	בְּאֵר נֵפט (נ)
torre (f) de sondeo	migdal ki'duaχ	מִגדַל קִידוּחַ (ז)
petrolero (m)	meχalit	מֵיכָלִית (נ)
arena (f)	χol	חוֹל (ז)
caliza (f)	'even gir	אֶבֶן גִיר (נ)
grava (f)	χatsats	חָצָץ (ז)
turba (f)	kavul	כָּבוּל (ז)
arcilla (f)	tit	טִיט (ז)
carbón (m)	peχam	פֶּחָם (ז)
hierro (m)	barzel	בַּרזֶל (ז)
oro (m)	zahav	זָהָב (ז)
plata (f)	'kesef	כֶּסֶף (ז)
níquel (m)	'nikel	נִיקֶל (ז)
cobre (m)	ne'χoʃet	נְחוֹשֶת (נ)
zinc (m)	avats	אָבָץ (ז)
manganeso (m)	mangan	מַנגָן (ז)
mercurio (m)	kaspit	כַּספִּית (נ)
plomo (m)	o'feret	עוֹפֶרֶת (נ)
mineral (m)	mineral	מִינֶרָל (ז)
cristal (m)	gaviʃ	גָבִיש (ז)
mármol (m)	'ʃayiʃ	שַיִש (ז)
uranio (m)	u'ranyum	אוּרַניוּם (ז)

La tierra. Unidad 2

172. El tiempo

tiempo (m)	'mezeg avir	מֶזֶג אֲווִיר (ז)
previsión (f) del tiempo	taχazit 'mezeg ha'avir	תַּחֲזִית מֶזֶג הָאֲווִיר (נ)
temperatura (f)	tempera'tura	טֶמפֶּרָטוּרָה (נ)
termómetro (m)	madχom	מַדחוֹם (ז)
barómetro (m)	ba'rometer	בָּרוֹמֶטֶר (ז)
húmedo (adj)	laχ	לַח
humedad (f)	laχut	לַחוּת (נ)
bochorno (m)	χom	חוֹם (ז)
tórrido (adj)	χam	חַם
hace mucho calor	χam	חַם
hace calor (templado)	χamim	חָמִים
templado (adj)	χamim	חָמִים
hace frío	kar	קַר
frío (adj)	kar	קַר
sol (m)	'ʃemeʃ	שֶׁמֶשׁ (נ)
brillar (vi)	lizhor	לִזהוֹר
soleado (un día ~)	ʃimʃi	שִׁמשִׁי
elevarse (el sol)	liz'roaχ	לִזרוֹחַ
ponerse (vr)	liʃ'koʿa	לִשקוֹעַ
nube (f)	anan	עָנָן (ז)
nuboso (adj)	meʿunan	מְעוּנָן
nubarrón (m)	av	עָב (ז)
nublado (adj)	sagriri	סַגרִירִי
lluvia (f)	'geʃem	גֶשֶׁם (ז)
está lloviendo	yored 'geʃem	יוֹרֵד גֶשֶׁם
lluvioso (adj)	gaʃum	גָשוּם
lloviznar (vi)	letaftef	לְטַפטֵף
aguacero (m)	matar	מָטָר (ז)
chaparrón (m)	mabul	מַבּוּל (ז)
fuerte (la lluvia ~)	χazak	חָזָק
charco (m)	ʃlulit	שלוּלִית (נ)
mojarse (vr)	lehitratev	לְהִתרַטֵב
niebla (f)	arapel	עֲרָפֶל (ז)
nebuloso (adj)	meʿurpal	מְעוּרפָּל
nieve (f)	'ʃeleg	שֶׁלֶג (ז)
está nevando	yored 'ʃeleg	יוֹרֵד שֶׁלֶג

173. Los eventos climáticos severos. Los desastres naturales

tormenta (f)	sufat re'amim	סוּפַת רְעָמִים (נ)
relámpago (m)	barak	בָּרָק (ז)
relampaguear (vi)	livhok	לִבהוֹק
trueno (m)	'ra'am	רַעַם (ז)
tronar (vi)	lir'om	לִרעוֹם
está tronando	lir'om	לִרעוֹם
granizo (m)	barad	בָּרָד (ז)
está granizando	yored barad	יוֹרֵד בָּרָד
inundar (vt)	lehatsif	לְהָצִיף
inundación (f)	ʃitafon	שִׁיטָפוֹן (ז)
terremoto (m)	re'idat adama	רְעִידַת אֲדָמָה (נ)
sacudida (f)	re'ida	רְעִידָה (נ)
epicentro (m)	moked	מוֹקֵד (ז)
erupción (f)	hitpartsut	הִתפָּרצוּת (נ)
lava (f)	'lava	לָאבָה (נ)
torbellino (m)	hurikan	הוּרִיקָן (ז)
tornado (m)	tor'nado	טוֹרנָדוֹ (ז)
tifón (m)	taifun	טַייפוּן (ז)
huracán (m)	hurikan	הוּרִיקָן (ז)
tempestad (f)	sufa	סוּפָה (נ)
tsunami (m)	tsu'nami	צוּנָאמִי (ז)
ciclón (m)	tsiklon	צִיקלוֹן (ז)
mal tiempo (m)	sagrir	סַגרִיר (ז)
incendio (m)	srefa	שְׂרֵיפָה (נ)
catástrofe (f)	ason	אָסוֹן (ז)
meteorito (m)	mete'orit	מֶטֶאוֹרִיט (ז)
avalancha (f)	ma'polet ʃlagim	מַפּוֹלֶת שלָגִים (נ)
alud (m) de nieve	ma'polet ʃlagim	מַפּוֹלֶת שלָגִים (נ)
ventisca (f)	sufat ʃlagim	סוּפַת שלָגִים (נ)
nevasca (f)	sufat ʃlagim	סוּפַת שלָגִים (נ)

La fauna

174. Los mamíferos. Los predadores

carnívoro (m)	χayat 'teref	חַיַּית טֶרֶף (נ)
tigre (m)	'tigris	טִיגְרִיס (ז)
león (m)	arye	אַרְיֵה (ז)
lobo (m)	ze'ev	זְאֵב (ז)
zorro (m)	ʃu'al	שׁוּעָל (ז)
jaguar (m)	yagu'ar	יָגוּאָר (ז)
leopardo (m)	namer	נָמֵר (ז)
guepardo (m)	bardelas	בַּרדְלָס (ז)
pantera (f)	panter	פַּנתֵר (ז)
puma (f)	'puma	פּוּמָה (נ)
leopardo (m) de las nieves	namer 'ʃeleg	נָמֵר שֶׁלֶג (ז)
lince (m)	ʃunar	שׁוּנָר (ז)
coyote (m)	ze'ev ha'aravot	זְאֵב הָעֲרָבוֹת (ז)
chacal (m)	tan	תַּן (ז)
hiena (f)	tsa'vo'a	צָבוֹעַ (ז)

175. Los animales salvajes

animal (m)	'ba'al χayim	בַּעַל חַיִּים (ז)
bestia (f)	χaya	חַיָּה (נ)
ardilla (f)	sna'i	סנָאִי (ז)
erizo (m)	kipod	קִיפּוֹד (ז)
liebre (f)	arnav	אַרנָב (ז)
conejo (m)	ʃafan	שָׁפָן (ז)
tejón (m)	girit	גִירִית (נ)
mapache (m)	dvivon	דבִיבוֹן (ז)
hámster (m)	oger	אוֹגֵר (ז)
marmota (f)	mar'mita	מַרמִיטָה (נ)
topo (m)	χafar'peret	חֲפַרפֶּרֶת (נ)
ratón (m)	aχbar	עַכבָּר (ז)
rata (f)	χulda	חוּלדָה (נ)
murciélago (m)	atalef	עֲטַלֵף (ז)
armiño (m)	hermin	הֶרמִין (ז)
cebellina (f)	tsobel	צוֹבֶל (ז)
marta (f)	dalak	דָלָק (ז)
comadreja (f)	χamus	חָמוּס (ז)
visón (m)	χorfan	חוֹרפָן (ז)

castor (m)	bone	בּוֹנֶה (ז)
nutria (f)	lutra	לוּטרָה (נ)
caballo (m)	sus	סוּס (ז)
alce (m)	ayal hakore	אַיַּל הַקוֹרֵא (ז)
ciervo (m)	ayal	אַיָּל (ז)
camello (m)	gamal	גָּמָל (ז)
bisonte (m)	bizon	בִּיזוֹן (ז)
uro (m)	bizon ei'ropi	בִּיזוֹן אֵירוֹפִּי (ז)
búfalo (m)	te'o	תְּאוֹ (ז)
cebra (f)	'zebra	זֶבּרָה (נ)
antílope (m)	anti'lopa	אַנטִילוֹפָּה (ז)
corzo (m)	ayal hakarmel	אַיַּל הַכַּרמֶל (ז)
gamo (m)	yaχmur	יַחמוּר (ז)
gamuza (f)	yaʿel	יָעֵל (ז)
jabalí (m)	χazir bar	חֲזִיר בָּר (ז)
ballena (f)	livyatan	לְווייָתָן (ז)
foca (f)	'kelev yam	כֶּלֶב יָם (ז)
morsa (f)	sus yam	סוּס יָם (ז)
oso (m) marino	dov yam	דוֹב יָם (ז)
delfín (m)	dolfin	דוֹלפִין (ז)
oso (m)	dov	דוֹב (ז)
oso (m) blanco	dov 'kotev	דוֹב קוֹטֶב (ז)
panda (f)	'panda	פַּנדָה (נ)
mono (m)	kof	קוֹף (ז)
chimpancé (m)	ʃimpanze	שִימפַּנזָה (נ)
orangután (m)	orang utan	אוֹרַנג־אוּטָן (ז)
gorila (m)	go'rila	גוֹרִילָה (נ)
macaco (m)	makak	מָקָק (ז)
gibón (m)	gibon	גִיבּוֹן (ז)
elefante (m)	pil	פִּיל (ז)
rinoceronte (m)	karnaf	קַרנַף (ז)
jirafa (f)	dʒi'rafa	ג'ירָפָה (נ)
hipopótamo (m)	hipopotam	הִיפּוֹפּוֹטָם (ז)
canguro (m)	'kenguru	קֶנגוּרוּ (ז)
koala (f)	ko''ala	קוֹאָלָה (ז)
mangosta (f)	nemiya	נְמִייָה (נ)
chinchilla (f)	tʃin'tʃila	צִ'ינצִ'ילָה (נ)
mofeta (f)	bo'eʃ	בּוֹאֵש (ז)
espín (m)	darban	דָרבָּן (ז)

176. Los animales domésticos

gata (f)	χatula	חָתוּלָה (נ)
gato (m)	χatul	חָתוּל (ז)
perro (m)	'kelev	כֶּלֶב (ז)

caballo (m)	sus	סוּס (ז)
garañón (m)	sus harba'a	סוּס הַרְבָּעָה (ז)
yegua (f)	susa	סוּסָה (נ)
vaca (f)	para	פָּרָה (נ)
toro (m)	ʃor	שׁוֹר (ז)
buey (m)	ʃor	שׁוֹר (ז)
oveja (f)	kivsa	כִּבשָׂה (נ)
carnero (m)	'ayil	אַיִל (ז)
cabra (f)	ez	עֵז (נ)
cabrón (m)	'tayiʃ	תַּיִשׁ (ז)
asno (m)	χamor	חֲמוֹר (ז)
mulo (m)	'pered	פֶּרֶד (ז)
cerdo (m)	χazir	חֲזִיר (ז)
cerdito (m)	χazarzir	חֲזַרזִיר (ז)
conejo (m)	arnav	אַרנָב (ז)
gallina (f)	tarne'golet	תַּרנְגוֹלֶת (נ)
gallo (m)	tarnegol	תַּרנְגוֹל (ז)
pato (m)	barvaz	בַּרווָז (ז)
ánade (m)	barvaz	בַּרווָז (ז)
ganso (m)	avaz	אֲווָז (ז)
pavo (m)	tarnegol 'hodu	תַּרנְגוֹל הוֹדוּ (ז)
pava (f)	tarne'golet 'hodu	תַּרנְגוֹלֶת הוֹדוּ (נ)
animales (m pl) domésticos	χayot 'bayit	חַיוֹת בַּיִת (נ"ר)
domesticado (adj)	mevuyat	מְבוּיָת
domesticar (vt)	levayet	לְבַייֵת
criar (vt)	lehar'bi'a	לְהַרבִּיעַ
granja (f)	χava	חַווָה (נ)
aves (f pl) de corral	ofot 'bayit	עוֹפוֹת בַּיִת (נ"ר)
ganado (m)	bakar	בָּקָר (ז)
rebaño (m)	'eder	עֵדֶר (ז)
caballeriza (f)	urva	אורווָה (נ)
porqueriza (f)	dir χazirim	דִיר חֲזִירִים (ז)
vaquería (f)	'refet	רֶפֶת (נ)
conejal (m)	arnaviya	אַרנָבִייָה (נ)
gallinero (m)	lul	לוּל (ז)

177. Los perros. Las razas de perros

perro (m)	'kelev	כֶּלֶב (ז)
perro (m) pastor	'kelev ro'e	כֶּלֶב רוֹעֶה (ז)
pastor (m) alemán	ro'e germani	רוֹעֶה גֶרמָנִי (ז)
caniche (m)	'pudel	פּוּדֶל (ז)
teckel (m)	'taχaʃ	תַּחַשׁ (ז)
bulldog (m)	buldog	בּוּלדוֹג (ז)

bóxer (m)	'bokser	בּוֹקסֶר (ז)
mastín (m) inglés	mastif	מַסטִיף (ז)
rottweiler (m)	rot'vailer	רוֹטווַיילֶר (ז)
doberman (m)	'doberman	דוֹבֶּרמָן (ז)
basset hound (m)	'baset 'ha'und	בָּאסֶט־הָאוּנד (ז)
bobtail (m)	bobteil	בּוֹבּטֵייל (ז)
dálmata (m)	dal'mati	דַלמָטִי (ז)
cocker spaniel (m)	'koker 'spani'el	קוֹקֶר ספָנִיאֵל (ז)
terranova (m)	nyu'fa'undlend	ניוּפָאוּנדלֶנד (ז)
san bernardo (m)	sen bernard	סֶן בֶּרנָרד (ז)
husky (m)	'haski	הָאסקִי (ז)
chow chow (m)	'ʧa'u 'ʧa'u	צ'אוּ צ'אוּ (ז)
pomerania (m)	ʃpits	שפִּיץ (ז)
pug (m), carlino (m)	pag	פָּאג (ז)

178. Los sonidos de los animales

ladrido (m)	neviχa	נְבִיחָה (נ)
ladrar (vi)	lin'boaχ	לִנבּוֹחַ
maullar (vi)	leyalel	לְייַלֵל
ronronear (vi)	legarger	לְגַרגֵר
mugir (vi)	lig'ot	לִגעוֹת
bramar (toro)	lig'ot	לִגעוֹת
rugir (vi)	linhom	לִנהוֹם
aullido (m)	yelala	יְלָלָה (נ)
aullar (vi)	leyalel	לְייַלֵל
gañir (vi)	leyabev	לְייַבֵּב
balar (vi)	lif'ot	לִפעוֹת
gruñir (cerdo)	leχarχer	לְחַרחֵר
chillar (vi)	lits'voaχ	לִצווֹחַ
croar (vi)	lekarker	לְקַרקֵר
zumbar (vi)	lezamzem	לְזַמזֵם
chirriar (vi)	letsartser	לְצַרצֵר

179. Los pájaros

pájaro (m)	tsipor	צִיפּוֹר (נ)
paloma (f)	yona	יוֹנָה (נ)
gorrión (m)	dror	דרוֹר (ז)
carbonero (m)	yargazi	יַרגָזִי (ז)
urraca (f)	orev neχalim	עוֹרֵב נְחָלִים (ז)
cuervo (m)	orev ʃaχor	עוֹרֵב שָחוֹר (ז)
corneja (f)	orev afor	עוֹרֵב אָפוֹר (ז)
chova (f)	ka'ak	קָאָק (ז)

grajo (m)	orev hamizra	עוֹרֵב הַמִזרָע (ז)
pato (m)	barvaz	בַּרווָז (ז)
ganso (m)	avaz	אֲווָז (ז)
faisán (m)	pasyon	פַּסיוֹן (ז)
águila (f)	'ayit	עַיִט (ז)
azor (m)	nets	נֵץ (ז)
halcón (m)	baz	בַּז (ז)
buitre (m)	ozniya	עוֹזנִייָה (ז)
cóndor (m)	kondor	קוֹנדוֹר (ז)
cisne (m)	barbur	בַּרבּוּר (ז)
grulla (f)	agur	עָגוּר (ז)
cigüeña (f)	χasida	חֲסִידָה (נ)
loro (m), papagayo (m)	'tuki	תוּכִּי (ז)
colibrí (m)	ko'libri	קוֹלִיבּרִי (ז)
pavo (m) real	tavas	טַווָס (ז)
avestruz (m)	bat yaʿana	בַּת יַעֲנָה (נ)
garza (f)	anafa	אֲנָפָה (נ)
flamenco (m)	fla'mingo	פלָמִינגוֹ (ז)
pelícano (m)	saknai	שַׂקנַאי (ז)
ruiseñor (m)	zamir	זָמִיר (ז)
golondrina (f)	snunit	סנוּנִית (נ)
tordo (m)	kiχli	קִיכלִי (ז)
zorzal (m)	kiχli mezamer	קִיכלִי מְזַמֵר (ז)
mirlo (m)	kiχli ʃaχor	קִיכלִי שָחוֹר (ז)
vencejo (m)	sis	סִיס (ז)
alondra (f)	efroni	עֶפרוֹנִי (ז)
codorniz (f)	slav	שׂלָיו (ז)
pájaro carpintero (m)	'neker	נַקָר (ז)
cuco (m)	kukiya	קוּקִייָה (נ)
lechuza (f)	yanʃuf	יַנשוּף (ז)
búho (m)	'oaχ	אוֹחַ (ז)
urogallo (m)	seχvi 'yaʿar	שֶׂכווִי יַעַר (ז)
gallo lira (m)	seχvi	שֶׂכווִי (ז)
perdiz (f)	χogla	חוֹגלָה (נ)
estornino (m)	zarzir	זַרזִיר (ז)
canario (m)	ka'narit	קַנָרִית (נ)
ortega (f)	seχvi hayaʿarot	שֶׂכווִי הַיְעָרוֹת (ז)
pinzón (m)	paroʃ	פָּרוּש (ז)
camachuelo (m)	admonit	אַדמוֹנִית (נ)
gaviota (f)	'ʃaχaf	שַחַף (ז)
albatros (m)	albatros	אַלבַּטרוֹס (ז)
pingüino (m)	pingvin	פִּינגווִין (ז)

180. Los pájaros. El canto y los sonidos

cantar (vi)	laʃir	לָשִיר
gritar, llamar (vi)	lits'ok	לִצעוֹק
cantar (el gallo)	lekarker	לְקַרקֵר
quiquiriquí (m)	kuku'riku	קוּקוּרִיקוּ
cloquear (vi)	lekarker	לְקַרקֵר
graznar (vi)	lits'roax	לִצרוֹחַ
graznar, parpar (vi)	lega'a'ge'a	לְגַעְגֵעַ
piar (vi)	letsayets	לְצַיֵיץ
gorjear (vi)	letsaftsef, letsayets	לְצַפצֵף, לְצַיֵיץ

181. Los peces. Los animales marinos

brema (f)	avroma	אַברוֹמָה (נ)
carpa (f)	karpiyon	קַרפִּיוֹן (ז)
perca (f)	'okunus	אוֹקוּנוּס (ז)
siluro (m)	sfamnun	שְׂפַמנוּן (ז)
lucio (m)	ze'ev 'mayim	זְאֵב מַיִם (ז)
salmón (m)	'salmon	סַלמוֹן (ז)
esturión (m)	xidkan	חִדקָן (ז)
arenque (m)	ma'liax	מָלִיחַ (ז)
salmón (m) del Atlántico	iltit	אִילתִית (נ)
caballa (f)	makarel	מָקָרֶל (ז)
lenguado (m)	dag moʃe ra'benu	דָג מֹשֶה רַבֵּנוּ (ז)
lucioperca (f)	amnun	אַמנוּן (ז)
bacalao (m)	ʃibut	שִיבּוּט (ז)
atún (m)	'tuna	טוּנָה (נ)
trucha (f)	forel	פוֹרֶל (ז)
anguila (f)	tslofax	צלוֹפָח (ז)
raya (f) eléctrica	trisanit	תְרִיסָנִית (נ)
morena (f)	mo'rena	מוֹרֶנָה (נ)
piraña (f)	pi'ranya	פִּירַנְיָה (נ)
tiburón (m)	kariʃ	כָּרִיש (ז)
delfín (m)	dolfin	דוֹלפִין (ז)
ballena (f)	livyatan	לִוויָיתָן (ז)
centolla (f)	sartan	סַרטָן (ז)
medusa (f)	me'duza	מֶדוּזָה (נ)
pulpo (m)	tamnun	תְמנוּן (ז)
estrella (f) de mar	koxav yam	כּוֹכָב יָם (ז)
erizo (m) de mar	kipod yam	קִיפּוֹד יָם (ז)
caballito (m) de mar	suson yam	סוּסוֹן יָם (ז)
ostra (f)	tsidpa	צִדפָה (נ)
camarón (m)	xasilon	חֲסִילוֹן (ז)

bogavante (m) 'lobster לוֹבּסטֶר (ז)
langosta (f) 'lobster kotsani לוֹבּסטֶר קוֹצָנִי (ז)

182. Los anfibios. Los reptiles

serpiente (f) naχaʃ נָחָש (ז)
venenoso (adj) arsi אַרסִי

víbora (f) 'tsefa צֶפַע (ז)
cobra (f) 'peten פֶּתֶן (ז)
pitón (m) piton פִּיתוֹן (ז)
boa (f) χanak חַנָק (ז)

culebra (f) naχaʃ 'mayim נָחָש מַיִם (ז)
serpiente (m) de cascabel ʃfifon שפִיפוֹן (ז)
anaconda (f) ana'konda אָנָקוֹנדָה (נ)

lagarto (m) leta'a לְטָאָה (נ)
iguana (f) igu''ana אִיגוּאָנָה (נ)
varano (m) 'koaχ כּוֹחַ (ז)
salamandra (f) sala'mandra סָלָמַנדרָה (נ)
camaleón (m) zikit זִיקִית (נ)
escorpión (m) akrav עַקרָב (ז)

tortuga (f) tsav צָב (ז)
rana (f) tsfar'de'a צפַרדֵעַ (נ)
sapo (m) karpada קַרפָּדָה (נ)
cocodrilo (m) tanin תַנִין (ז)

183. Los insectos

insecto (m) χarak חָרָק (ז)
mariposa (f) parpar פַּרפַּר (ז)
hormiga (f) nemala נְמָלָה (נ)
mosca (f) zvuv זבוּב (ז)
mosquito (m) (picadura de ~) yatuʃ יַתוּש (ז)
escarabajo (m) χipuʃit חִיפּוּשִית (נ)

avispa (f) tsir'a צִרעָה (נ)
abeja (f) dvora דבוֹרָה (נ)
abejorro (m) dabur דַבּוּר (ז)
moscardón (m) zvuv hasus זבוּב הַסוּס (ז)

araña (f) akaviʃ עַכָּבִיש (ז)
telaraña (f) kurei akaviʃ קוּרֵי עַכָּבִיש (ז"ר)

libélula (f) ʃapirit שַפִּירִית (נ)
saltamontes (m) χagav חָגָב (ז)
mariposa (f) nocturna aʃ עָש (ז)

cucaracha (f) makak מַקָק (ז)
garrapata (f) kartsiya קַרצִייָה (נ)

pulga (f)	parʿoʃ	פַּרְעוֹשׁ (ז)
mosca (f) negra	yavχuʃ	יַבחוּשׁ (ז)
langosta (f)	arbe	אַרבֶּה (ז)
caracol (m)	χilazon	חִילָזוֹן (ז)
grillo (m)	tsartsar	צְרָצַר (ז)
luciérnaga (f)	gaχlilit	גַחלִילִית (נ)
mariquita (f)	parat moʃe ra'benu	פָּרַת מֹשֶׁה רַבֵּנוּ (נ)
sanjuanero (m)	χipuʃit aviv	חִיפּוּשִׁית אָבִיב (נ)
sanguijuela (f)	aluka	עֲלוּקָה (נ)
oruga (f)	zaχal	זַחַל (ז)
lombriz (m) de tierra	to'laʿat	תוֹלַעַת (נ)
larva (f)	'deren	דֶרֶן (ז)

184. Los animales. Las partes del cuerpo

pico (m)	makor	מָקוֹר (ז)
alas (f pl)	kna'fayim	כְּנָפַיִים (נ"ר)
pata (f)	'regel	רֶגֶל (נ)
plumaje (m)	pluma	פלוּמָה (נ)
pluma (f)	notsa	נוֹצָה (נ)
penacho (m)	tsitsa	צִיצָה (נ)
branquias (f pl)	zimim	זִימִים (ז"ר)
huevas (f pl)	beitsei dagim	בֵּיצֵי דָגִים (נ"ר)
larva (f)	'deren	דֶרֶן (ז)
aleta (f)	snapir	סנַפִּיר (ז)
escamas (f pl)	kaskasim	קַשׂקַשִׂים (ז"ר)
colmillo (m)	niv	נִיב (ז)
garra (f), pata (f)	'regel	רֶגֶל (נ)
hocico (m)	partsuf	פַּרצוּף (ז)
boca (f)	loʿa	לוֹעַ (ז)
cola (f)	zanav	זָנָב (ז)
bigotes (m pl)	safam	שָׂפָם (ז)
casco (m) (pezuña)	parsa	פַּרסָה (נ)
cuerno (m)	'keren	קֶרֶן (נ)
caparazón (m)	ʃiryon	שִׁריוֹן (ז)
concha (f) (de moluscos)	konχiya	קוֹנכִייָה (נ)
cáscara (f) (de huevo)	klipa	קלִיפָּה (נ)
pelo (m) (de perro)	parva	פַּרווָה (נ)
piel (f) (de vaca, etc.)	or	עוֹר (ז)

185. Los animales. El hábitat

hábitat (m)	beit gidul	בֵּית גִידוּל (ז)
migración (f)	hagira	הֲגִירָה (נ)
montaña (f)	har	הַר (ז)

arrecife (m)	ʃunit	שׁוּנִית (נ)
roca (f)	'sela	סֶלַע (ז)
bosque (m)	'ya'ar	יַעַר (ז)
jungla (f)	'dʒungel	ג'ונגֶל (ז)
sabana (f)	sa'vana	סָוָונָה (נ)
tundra (f)	'tundra	טוּנדרָה (נ)
estepa (f)	arava	עֲרָבָה (נ)
desierto (m)	midbar	מִדבָּר (ז)
oasis (m)	neve midbar	נְווֵה מִדבָּר (ז)
mar (m)	yam	יָם (ז)
lago (m)	agam	אֲגַם (ז)
océano (m)	ok'yanos	אוֹקיָאנוֹס (ז)
pantano (m)	bitsa	בִּיצָה (נ)
de agua dulce (adj)	ʃel 'mayim metukim	שֶׁל מַיִם מְתוּקִים
estanque (m)	breχa	בְּרֵיכָה (נ)
río (m)	nahar	נָהָר (ז)
cubil (m)	me'ura	מְאוּרָה (נ)
nido (m)	ken	קֵן (ז)
agujero (m)	χor ba'ets	חוֹר בָּעֵץ (ז)
madriguera (f)	meχila	מְחִילָה (נ)
hormiguero (m)	kan nemalim	קַן נְמָלִים (ז)

La flora

186. Los árboles

árbol (m)	ets	עֵץ (ז)
foliáceo (adj)	naʃir	נָשִיר
conífero (adj)	maχtani	מַחטָנִי
de hoja perenne	yarok ad	יָרוֹק עַד
manzano (m)	ta'puaχ	תַפּוּחַ (ז)
peral (m)	agas	אַגָס (ז)
cerezo (m)	gudgedan	גוּדגְדָן (ז)
guindo (m)	duvdevan	דוּבדְבָן (ז)
ciruelo (m)	ʃezif	שְזִיף (ז)
abedul (m)	ʃadar	שַדָר (ז)
roble (m)	alon	אַלוֹן (ז)
tilo (m)	'tilya	טִילִיָה (נ)
pobo (m)	aspa	אַספָּה (נ)
arce (m)	'eder	אֶדֶר (ז)
pícea (f)	a'ʃuaχ	אַשוּחַ (ז)
pino (m)	'oren	אוֹרֶן (ז)
alerce (m)	arzit	אַרזִית (נ)
abeto (m)	a'ʃuaχ	אַשוּחַ (ז)
cedro (m)	'erez	אֶרֶז (ז)
álamo (m)	tsaftsefa	צַפצָפָה (נ)
serbal (m)	ben χuzrar	בֶּן־חוּזרָר (ז)
sauce (m)	arava	עֲרָבָה (נ)
aliso (m)	alnus	אַלנוּס (ז)
haya (f)	aʃur	אָשוּר (ז)
olmo (m)	bu'kitsa	בּוּקִיצָה (נ)
fresno (m)	mela	מֵילָה (נ)
castaño (m)	armon	עַרמוֹן (ז)
magnolia (f)	mag'nolya	מַגנוֹלִיָה (נ)
palmera (f)	'dekel	דֶקֶל (ז)
ciprés (m)	broʃ	בּרוֹש (ז)
mangle (m)	mangrov	מַנגרוֹב (ז)
baobab (m)	ba'obab	בָּאוֹבָּב (ז)
eucalipto (m)	eika'liptus	אֵיקָלִיפּטוּס (ז)
secoya (f)	sek'voya	סֶקווֹיָה (נ)

187. Los arbustos

mata (f)	'siaχ	שִׂיחַ (ז)
arbusto (m)	'siaχ	שִׂיחַ (ז)

vid (f)	'gefen	גֶפֶן (ז)
viñedo (m)	'kerem	כֶּרֶם (ז)
frambueso (m)	'petel	פֶּטֶל (ז)
grosellero (m) negro	'siaχ dumdemaniyot ʃχorot	שִׂיחַ דומדְמָנִיוֹת שחורות (ז)
grosellero (m) rojo	'siaχ dumdemaniyot adumot	שִׂיחַ דומדְמָנִיוֹת אֲדוּמוֹת (ז)
grosellero (m) espinoso	χazarzar	חֲזַרזָר (ז)
acacia (f)	ʃita	שִׁיטָה (נ)
berberís (m)	berberis	בֶּרבֶּרִיס (ז)
jazmín (m)	yasmin	יַסמִין (ז)
enebro (m)	arʿar	עַרעָר (ז)
rosal (m)	'siaχ vradim	שִׂיחַ וְרָדִים (ז)
escaramujo (m)	'vered bar	וֶרֶד בָּר (ז)

188. Los hongos

seta (f)	pitriya	פִּטרִייָה (נ)
seta (f) comestible	pitriya raʾuya lemaʾaχal	פִּטרִייָה רְאוּיָה לְמַאֲכָל
seta (f) venenosa	pitriya raʿila	פִּטרִייָה רַעִילָה (נ)
sombrerete (m)	kipat pitriya	כִּיפַּת פִּטרִייָה (נ)
estipe (m)	'regel	רֶגֶל (נ)
seta calabaza (f)	por'ʧini	פּוֹרצִ'ינִי (ז)
boleto (m) castaño	pitriyat 'kova aduma	פִּטרִיַית כּוֹבַע אֲדוּמָה (נ)
boleto (m) áspero	pitriyat 'yaʿar	פִּטרִיַית יַעַר (נ)
rebozuelo (m)	gviʿonit neʾe'χelet	גבִיעוֹנִית נֶאֱכֶלֶת (נ)
rúsula (f)	χarifit	חֲרִיפִית (נ)
colmenilla (f)	gamtsuts	גַמצוּץ (ז)
matamoscas (m)	zvuvanit	זבוּבָנִית (נ)
oronja (f) verde	pitriya raʿila	פִּטרִייָה רַעִילָה (נ)

189. Las frutas. Las bayas

fruto (m)	pri	פְּרִי (ז)
frutos (m pl)	perot	פֵּירוֹת (ז"ר)
manzana (f)	ta'puaχ	תַפּוּחַ (ז)
pera (f)	agas	אַגָס (ז)
ciruela (f)	ʃezif	שְׁזִיף (ז)
fresa (f)	tut sade	תוּת שָׂדֶה (ז)
guinda (f)	duvdevan	דוּבדְבָן (ז)
cereza (f)	gudgedan	גוּדגְדָן (ז)
uva (f)	anavim	עֲנָבִים (ז"ר)
frambuesa (f)	'petel	פֶּטֶל (ז)
grosella (f) negra	dumdemanit ʃχora	דוּמדְמָנִית שחוֹרָה (נ)
grosella (f) roja	dumdemanit aduma	דוּמדְמָנִית אֲדוּמָה (נ)
grosella (f) espinosa	χazarzar	חֲזַרזָר (ז)
arándano (m) agrio	χamutsit	חֲמוּצִית (נ)

naranja (f)	tapuz	תַּפּוּז (ז)
mandarina (f)	klemen'tina	קְלֶמֶנְטִינָה (נ)
piña (f)	'ananas	אָנָנָס (ז)
banana (f)	ba'nana	בָּנָנָה (נ)
dátil (m)	tamar	תָּמָר (ז)
limón (m)	limon	לִימוֹן (ז)
albaricoque (m)	'miʃmeʃ	מִשְׁמֵשׁ (ז)
melocotón (m)	afarsek	אֲפַרְסֵק (ז)
kiwi (m)	'kivi	קִיווִי (ז)
toronja (f)	eʃkolit	אֶשְׁכּוֹלִית (נ)
baya (f)	garger	גַּרְגֵּר (ז)
bayas (f pl)	gargerim	גַּרְגְּרִים (ז"ר)
arándano (m) rojo	uχmanit aduma	אוּכְמָנִית אֲדוּמָה (נ)
fresa (f) silvestre	tut 'yaʿar	תּוּת יַעַר (ז)
arándano (m)	uχmanit	אוּכְמָנִית (נ)

190. Las flores. Las plantas

flor (f)	'peraχ	פֶּרַח (ז)
ramo (m) de flores	zer	זֵר (ז)
rosa (f)	'vered	וֶרֶד (ז)
tulipán (m)	tsivʿoni	צִבְעוֹנִי (ז)
clavel (m)	tsi'poren	צִיפּוֹרֶן (ז)
gladiolo (m)	glad'yola	גְלַדְיוֹלָה (נ)
aciano (m)	dganit	דְּגָנִיָה (נ)
campanilla (f)	paʿamonit	פַּעֲמוֹנִית (נ)
diente (m) de león	ʃinan	שִׁינָן (ז)
manzanilla (f)	kamomil	קָמוֹמִיל (ז)
áloe (m)	alvai	אַלְוַוי (ז)
cacto (m)	'kaktus	קַקְטוּס (ז)
ficus (m)	'fikus	פִיקוּס (ז)
azucena (f)	ʃoʃana	שׁוֹשַׁנָּה (נ)
geranio (m)	ge'ranyum	גֶּרַנְיוּם (ז)
jacinto (m)	yakinton	יָקִינְטוֹן (ז)
mimosa (f)	mi'moza	מִימוֹזָה (נ)
narciso (m)	narkis	נַרְקִיס (ז)
capuchina (f)	'kova hanazir	כּוֹבַע הַנָּזִיר (ז)
orquídea (f)	saχlav	סַחְלָב (ז)
peonía (f)	admonit	אַדְמוֹנִית (נ)
violeta (f)	sigalit	סִיגָלִית (נ)
trinitaria (f)	amnon vetamar	אַמְנוֹן וְתָמָר (ז)
nomeolvides (f)	ziχ'rini	זְכְרִינִי (ז)
margarita (f)	marganit	מַרְגָּנִית (נ)
amapola (f)	'pereg	פֶּרֶג (ז)
cáñamo (m)	ka'nabis	קַנָּאבִּיס (ז)

menta (f)	'menta	מֶנתָה (נ)
muguete (m)	zivanit	זִיווָנִית (נ)
campanilla (f) de las nieves	ga'lantus	גָלַנטוּס (ז)
ortiga (f)	sirpad	סִרפָד (ז)
acedera (f)	χumʿa	חוּמעָה (נ)
nenúfar (m)	nufar	נוּפָר (ז)
helecho (m)	ʃaraχ	שָרָך (ז)
liquen (m)	χazazit	חֲזָזִית (נ)
invernadero (m) tropical	χamama	חֲמָמָה (נ)
césped (m)	midʃaʾa	מִדשָאָה (נ)
macizo (m) de flores	arugat praχim	עֲרוּגַת פּרָחִים (נ)
planta (f)	'tsemaχ	צֶמַח (ז)
hierba (f)	'deʃe	דֶשֶא (ז)
hoja (f) de hierba	givʿol 'esev	גִבעוֹל עֵשֶׂב (ז)
hoja (f)	ale	עָלֶה (ז)
pétalo (m)	ale ko'teret	עֲלֵה כּוֹתֶרֶת (ז)
tallo (m)	givʿol	גִבעוֹל (ז)
tubérculo (m)	'pkaʿat	פְּקַעַת (נ)
retoño (m)	'nevet	נֶבֶט (ז)
espina (f)	kots	קוֹץ (ז)
florecer (vi)	lif'roaχ	לִפרוֹחַ
marchitarse (vr)	linbol	לִנבּוֹל
olor (m)	'reaχ	רֵיחַ (ז)
cortar (vt)	ligzom	לִגזוֹם
coger (una flor)	liktof	לִקטוֹף

191. Los cereales, los granos

grano (m)	tvuʾa	תבוּאָה (נ)
cereales (m pl) (plantas)	dganim	דגָנִים (ז"ר)
espiga (f)	ʃi'bolet	שִיבּוֹלֶת (נ)
trigo (m)	χita	חִיטָה (נ)
centeno (m)	ʃifon	שִיפוֹן (ז)
avena (f)	ʃi'bolet ʃuʿal	שִיבּוֹלֶת שוּעָל (נ)
mijo (m)	'doχan	דוֹחַן (ז)
cebada (f)	seʿora	שְׂעוֹרָה (נ)
maíz (m)	'tiras	תִירָס (ז)
arroz (m)	'orez	אוֹרֶז (ז)
alforfón (m)	ku'semet	כּוּסֶמֶת (נ)
guisante (m)	afuna	אֲפוּנָה (נ)
fréjol (m)	ʃuʿit	שְעוּעִית (נ)
soya (f)	'soya	סוֹיָה (נ)
lenteja (f)	adaʃim	עֲדָשִים (נ"ר)
habas (f pl)	pol	פּוֹל (ז)

GEOGRAFÍA REGIONAL

192. La política. El gobierno. Unidad 1

política (f)	po'litika	פּוֹלִיטִיקָה (נ)
político (adj)	po'liti	פּוֹלִיטִי
político (m)	politikai	פּוֹלִיטִיקַאי (ז)
estado (m)	medina	מְדִינָה (נ)
ciudadano (m)	ezraχ	אֶזרָח (ז)
ciudadanía (f)	ezraχut	אֶזרָחוּת (נ)
escudo (m) nacional	'semel leʾumi	סֶמֶל לְאוּמִי (ז)
himno (m) nacional	himnon leʾumi	הִמנוֹן לְאוּמִי (ז)
gobierno (m)	memʃala	מֶמשָׁלָה (נ)
jefe (m) de estado	roʃ medina	רֹאשׁ מְדִינָה (ז)
parlamento (m)	parlament	פַּרלָמֶנט (ז)
partido (m)	miflaga	מִפלָגָה (נ)
capitalismo (m)	kapitalizm	קַפִּיטָלִיזם (ז)
capitalista (adj)	kapita'listi	קַפִּיטָלִיסטִי
socialismo (m)	soʦyalizm	סוֹצִיָאלִיזם (ז)
socialista (adj)	soʦya'listi	סוֹצִיָאלִיסטִי
comunismo (m)	komunizm	קוֹמוּנִיזם (ז)
comunista (adj)	komu'nisti	קוֹמוּנִיסטִי
comunista (m)	komunist	קוֹמוּנִיסט (ז)
democracia (f)	demo'kratya	דֶמוֹקרַטיָה (נ)
demócrata (m)	demokrat	דֶמוֹקרָט (ז)
democrático (adj)	demo'krati	דֶמוֹקרָטִי
Partido (m) Democrático	miflaga demo'kratit	מִפלָגָה דֶמוֹקרָטִית (נ)
liberal (m)	libe'rali	לִיבֶּרָלִי (ז)
liberal (adj)	libe'rali	לִיבֶּרָלִי
conservador (m)	ʃamran	שַׁמרָן (ז)
conservador (adj)	ʃamrani	שַׁמרָנִי
república (f)	re'publika	רֶפּוּבּלִיקָה (נ)
republicano (m)	republi'kani	רֶפּוּבּלִיקָנִי (ז)
Partido (m) Republicano	miflaga republi'kanit	מִפלָגָה רֶפּוּבּלִיקָנִית (נ)
elecciones (f pl)	bχirot	בְּחִירוֹת (נ"ר)
elegir (vi)	livχor	לִבחוֹר
elector (m)	maʦ'biʿa	מַצבִּיעַ (ז)
campaña (f) electoral	masa bχirot	מַסָע בְּחִירוֹת (ז)
votación (f)	haʦbaʿa	הַצבָּעָה (נ)
votar (vi)	lehaʦ'biʿa	לְהַצבִּיעַ

derecho (m) a voto	zχut hatsba'a	זכות הַצבָּעָה (נ)
candidato (m)	mu'amad	מוּעָמָד (ז)
presentarse como candidato	lehatsig mu'amadut	לְהַצִיג מוּעָמָדוּת
campaña (f)	masa	מַסָע (ז)
de oposición (adj)	opozitsyoni	אוֹפּוֹזִיצִיוֹנִי
oposición (f)	opo'zitsya	אוֹפּוֹזִיצִיָה (נ)
visita (f)	bikur	בִּיקוּר (ז)
visita (f) oficial	bikur rifmi	בִּיקוּר רִשמִי (ז)
internacional (adj)	benle'umi	בֵּינלְאוּמִי
negociaciones (f pl)	masa umatan	מַשָׂא וּמַתָן (ז)
negociar (vi)	laset velatet	לָשֵׂאת וְלָתֵת

193. La política. El gobierno. Unidad 2

sociedad (f)	χevra	חֶברָה (נ)
constitución (f)	χuka	חוּקָה (נ)
poder (m)	ʃilton	שָלטוֹן (ז)
corrupción (f)	ʃχitut	שחִיתוּת (נ)
ley (f)	χok	חוֹק (ז)
legal (adj)	χuki	חוּקִי
justicia (f)	'tsedek	צֶדֶק (ז)
justo (adj)	tsodek	צוֹדֵק
comité (m)	'va'ad	וַעַד (ז)
proyecto (m) de ley	hatsa'at χok	הַצָעַת חוֹק (נ)
presupuesto (m)	taktsiv	תַקצִיב (ז)
política (f)	mediniyut	מְדִינִיוּת (נ)
reforma (f)	re'forma	רֶפוֹרמָה (נ)
radical (adj)	radi'kali	רָדִיקָלִי
potencia (f) (~ militar, etc.)	otsma	עוֹצמָה (נ)
poderoso (adj)	rav 'koaχ	רַב־כּוֹחַ
partidario (m)	tomeχ	תוֹמֵך (ז)
influencia (f)	haʃpa'a	הַשפָּעָה (נ)
régimen (m)	miʃtar	מִשטָר (ז)
conflicto (m)	siχsuχ	סִכסוּך (ז)
complot (m)	'keʃer	קֶשֶר (ז)
provocación (f)	provo'katsya, hitgarut	פּרוֹבוֹקַציָה, הִתגָרוּת (נ)
derrocar (al régimen)	leha'diaχ	לְהַדִיחַ
derrocamiento (m)	hadaχa mikes malχut	הַדָחָה מִכֵּס מַלכוּת (נ)
revolución (f)	mahapeχa	מַהְפֵּכָה (נ)
golpe (m) de estado	hafiχa	הֲפִיכָה (ז)
golpe (m) militar	mahapaχ tsva'i	מַהְפָּך צבָאִי (ז)
crisis (f)	maʃber	מַשבֵּר (ז)
recesión (f) económica	mitun kalkali	מִיתוּן כַּלכָּלִי (ז)

manifestante (m)	mafgin	מַפגִין (ז)
manifestación (f)	hafgana	הַפגָנָה (נ)
ley (f) marcial	miʃtar tsva'i	מִשטָר צבָאִי (ז)
base (f) militar	basis tsva'i	בָּסִיס צבָאִי (ז)
estabilidad (f)	yatsivut	יַצִיבוּת (נ)
estable (adj)	yatsiv	יַצִיב
explotación (f)	nitsul	נִיצוּל (ז)
explotar (vt)	lenatsel	לְנַצֵל
racismo (m)	giz'anut	גִזעָנוּת (נ)
racista (m)	giz'ani	גִזעָנִי (ז)
fascismo (m)	faʃizm	פָשִיזם (ז)
fascista (m)	faʃist	פָשִיסט (ז)

194. Los países. Miscelánea

extranjero (m)	zar	זָר (ז)
extranjero (adj)	zar	זָר
en el extranjero	beχul	בְּחוּ"ל
emigrante (m)	mehager	מְהַגֵר (ז)
emigración (f)	hagira	הֲגִירָה (נ)
emigrar (vi)	lehager	לְהַגֵר
Oeste (m)	ma'arav	מַעֲרָב (ז)
Oriente (m)	mizraχ	מִזרָח (ז)
Extremo Oriente (m)	hamizraχ haraχok	הַמִזרָח הָרָחוֹק (ז)
civilización (f)	tsivili'zatsya	צִיבִילִיזַציָה (ז)
humanidad (f)	enoʃut	אֱנוֹשוּת (נ)
mundo (m)	olam	עוֹלָם (ז)
paz (f)	ʃalom	שָלוֹם (ז)
mundial (adj)	olami	עוֹלָמִי
patria (f)	mo'ledet	מוֹלֶדֶת (נ)
pueblo (m)	am	עַם (ז)
población (f)	oχlusiya	אוֹכלוּסִיָה (נ)
gente (f)	anaʃim	אֲנָשִים (ז"ר)
nación (f)	uma	אוּמָה (נ)
generación (f)	dor	דוֹר (ז)
territorio (m)	'ʃetaχ	שֶטַח (ז)
región (f)	ezor	אֵזוֹר (ז)
estado (m) (parte de un país)	medina	מְדִינָה (נ)
tradición (f)	ma'soret	מָסוֹרֶת (נ)
costumbre (f)	minhag	מִנהָג (ז)
ecología (f)	eko'logya	אֶקוֹלוֹגיָה (נ)
indio (m)	ind'yani	אִינדִיָאנִי (ז)
gitano (m)	tso'ani	צוֹעֲנִי (ז)
gitana (f)	tso'aniya	צוֹעֲנִיה (נ)

gitano (adj)	tso'ani	צוֹעֲנִי
imperio (m)	im'perya	אִימפֶּרְיָה (נ)
colonia (f)	ko'lonya	קוֹלוֹנְיָה (נ)
esclavitud (f)	avdut	עַבדוּת (נ)
invasión (f)	plija	פּלִישָׁה (נ)
hambruna (f)	'ra'av	רָעָב (ז)

195. Grupos religiosos principales. Las confesiones

religión (f)	dat	דָת (נ)
religioso (adj)	dati	דָתִי
creencia (f)	emuna	אֱמוּנָה (נ)
creer (en Dios)	leha'amin	לְהַאֲמִין
creyente (m)	ma'amin	מַאֲמִין
ateísmo (m)	ate'izm	אָתֵאִיזם (ז)
ateo (m)	ate'ist	אָתֵאִיסט (ז)
cristianismo (m)	natsrut	נַצרוּת (נ)
cristiano (m)	notsri	נוֹצרִי (ז)
cristiano (adj)	notsri	נוֹצרִי
catolicismo (m)	ka'toliyut	קָתוֹלִיוּת (נ)
católico (m)	ka'toli	קָתוֹלִי (ז)
católico (adj)	ka'toli	קָתוֹלִי
protestantismo (m)	protes'tantiyut	פּרוֹטֶסטַנטִיוּת (נ)
Iglesia (f) protestante	knesiya protes'tantit	כְּנֵסִייָה פּרוֹטֶסטַנטִית (נ)
protestante (m)	protestant	פּרוֹטֶסטַנט (ז)
ortodoxia (f)	natsrut orto'doksit	נַצרוּת אוֹרתוֹדוֹקסִית (נ)
Iglesia (f) ortodoxa	knesiya orto'doksit	כְּנֵסִייָה אוֹרתוֹדוֹקסִית (נ)
ortodoxo (m)	orto'doksi	אוֹרתוֹדוֹקסִי
presbiterianismo (m)	presbiteryanizm	פְּרֶסבִּיטֶרְיָאנִיזם (ז)
Iglesia (f) presbiteriana	knesiya presviteri"anit	כְּנֵסִייָה פְּרֶסבִּיטֶרִיאָנִית (נ)
presbiteriano (m)	presbiter'yani	פְּרֶסבִּיטֶרְיָאנִי (ז)
Iglesia (f) luterana	knesiya lute'ranit	כְּנֵסִייָה לוּתֶרָנִית (נ)
luterano (m)	lute'rani	לוּתֶרָנִי (ז)
Iglesia (f) bautista	knesiya bap'tistit	כְּנֵסִייָה בַּפּטִיסטִית (נ)
bautista (m)	baptist	בַּפּטִיסט (ז)
Iglesia (f) anglicana	knesiya angli'kanit	כְּנֵסִייָה אַנגלִיקָנִית (נ)
anglicano (m)	angli'kani	אַנגלִיקָנִי (ז)
mormonismo (m)	mor'monim	מוֹרמוֹנִים (ז)
mormón (m)	mormon	מוֹרמוֹן (ז)
judaísmo (m)	yahadut	יַהדוּת (נ)
judío (m)	yehudi, yehudiya	יְהוּדִי (ז), יְהוּדִיָה (נ)
budismo (m)	budhizm	בּוּדהִיזם (ז)
budista (m)	budhist	בּוּדהִיסט (ז)

hinduismo (m)	hindu'izm	הִינדוּאִיזם (ז)
hinduista (m)	'hindi	הִינדִי (ז)
Islam (m)	islam	אִיסלָאם (ז)
musulmán (m)	'muslemi	מוּסלְמִי (ז)
musulmán (adj)	'muslemi	מוּסלְמִי
chiísmo (m)	islam 'ʃi'i	אִסלָאם שִיעִי (ז)
chiita (m)	'ʃi'i	שִיעִי (ז)
sunismo (m)	islam 'suni	אִסלָאם סוּנִי (ז)
suní (m, f)	'suni	סוּנִי (ז)

196. Las religiones. Los sacerdotes

sacerdote (m)	'komer	כּוֹמֶר (ז)
Papa (m)	apifyor	אַפִּיפיוֹר (ז)
monje (m)	nazir	נָזִיר (ז)
monja (f)	nazira	נְזִירָה (נ)
pastor (m)	'komer	כּוֹמֶר (ז)
abad (m)	roʃ minzar	רֹאש מִנזָר (ז)
vicario (m)	'komer hakehila	כּוֹמֶר הַקְהִילָה (ז)
obispo (m)	'biʃof	בִּישוֹף (ז)
cardenal (m)	χaʃman	חַשמָן (ז)
predicador (m)	matif	מַטִיף (ז)
prédica (f)	hatafa, draʃa	הַטָפָה, דרָשָה (נ)
parroquianos (pl)	χaver kehila	חָבֵר קְהִילָה (ז)
creyente (m)	ma'amin	מַאֲמִין (ז)
ateo (m)	ate'ist	אָתֵאִיסט (ז)

197. La fe. El cristianismo. El islamismo

Adán	adam	אָדָם
Eva	χava	חַוָה
Dios (m)	elohim	אֱלוֹהִים
Señor (m)	adonai	אֲדוֹנָי
el Todopoderoso	kol yaχol	כָּל יָכוֹל
pecado (m)	χet	חֵטא (ז)
pecar (vi)	laχato	לַחֲטוֹא
pecador (m)	χote	חוֹטֵא (ז)
pecadora (f)	χo'ta'at	חוֹטֵאת (נ)
infierno (m)	gehinom	גֵיהִינוֹם (ז)
paraíso (m)	gan 'eden	גַן עֵדֶן (ז)
Jesús	'yeʃu	יֵשוּ
Jesucristo (m)	'yeʃu hanotsri	יֵשוּ הַנוֹצרִי

el Espíritu Santo	'ruaχ ha'kodeʃ	רוּחַ הַקוֹדֶשׁ (נ)
el Salvador	mo'ʃiʿa	מוֹשִיעַ (ז)
la Virgen María	'miryam hakdoʃa	מִרְיָם הַקדוֹשָה
el Diablo	satan	שָׂטָן (ז)
diabólico (adj)	stani	שׂטָנִי
Satán (m)	satan	שָׂטָן (ז)
satánico (adj)	stani	שׂטָנִי
ángel (m)	mal'aχ	מַלאָך (ז)
ángel (m) custodio	mal'aχ ʃomer	מַלאָך שוֹמֵר (ז)
angelical (adj)	mal'aχi	מַלאָכִי
apóstol (m)	ʃa'liaχ	שָלִיחַ (ז)
arcángel (m)	arχimalaχ	אַרכִימַלאָך (ז)
anticristo (m)	an'tikrist	אַנטִיכּרִיסט (ז)
Iglesia (f)	knesiya	כּנֵסִייָה (נ)
Biblia (f)	tanaχ	תַנַ"ך (ז)
bíblico (adj)	tanaχi	תַנָ"כִי
Antiguo Testamento (m)	habrit hayeʃana	הַבּרִית הַיְשָנָה (נ)
Nuevo Testamento (m)	habrit haχadaʃa	הַבּרִית הַחֲדָשָה (נ)
Evangelio (m)	evangelyon	אֶוַונגֶליוֹן (ז)
Sagrada Escritura (f)	kitvei ha'kodeʃ	כּתבֵי הַקוֹדֶש (ז"ר)
cielo (m)	malχut ʃa'mayim, gan 'eden	מַלכוּת שָמַיִים (נ), גַן עֵדֶן (ז)
mandamiento (m)	mitsva	מִצוָוה (נ)
profeta (m)	navi	נָבִיא (ז)
profecía (f)	nevu'a	נְבוּאָה (נ)
Alá	'alla	אַלְלָה
Mahoma	mu'χamad	מוּחַמַד
Corán, Korán (m)	kur'an	קוּרְאָן (ז)
mezquita (f)	misgad	מִסגָד (ז)
mulá (m), mullah (m)	'mula	מוּלָא (ז)
oración (f)	tfila	תפִילָה (נ)
orar, rezar (vi)	lehitpalel	לְהִתפַּלֵל
peregrinación (f)	aliya le'regel	עֲלִיָה לְרֶגֶל (נ)
peregrino (m)	tsalyan	צַליָין (ז)
La Meca	'meka	מֶכָּה (נ)
iglesia (f)	knesiya	כּנֵסִייָה (נ)
templo (m)	mikdaʃ	מִקדָש (ז)
catedral (f)	kated'rala	קָתֶדרָלָה (נ)
gótico (adj)	'goti	גוֹתִי
sinagoga (f)	beit 'kneset	בֵּית כּנֶסֶת (ז)
mezquita (f)	misgad	מִסגָד (ז)
capilla (f)	beit tfila	בֵּית תפִילָה (ז)
abadía (f)	minzar	מִנזָר (ז)
convento (m)	minzar	מִנזָר (ז)
monasterio (m)	minzar	מִנזָר (ז)
campana (f)	pa'amon	פַּעֲמוֹן (ז)

campanario (m)	migdal pa'amonim	מִגדָל פַּעֲמוֹנִים (ז)
sonar (vi)	letsaltsel	לְצַלצֵל
cruz (f)	tslav	צלָב (ז)
cúpula (f)	kipa	כִּיפָּה (נ)
icono (m)	ikonin	אִיקוֹנִין (ז)
alma (f)	neʃama	נְשָמָה (נ)
destino (m)	goral	גוֹרָל (ז)
maldad (f)	'ro'a	רוֹעַ (ז)
bien (m)	tuv	טוּב (ז)
vampiro (m)	arpad	עֲרפָּד (ז)
bruja (f)	maχʃefa	מַכשֵפָה (נ)
demonio (m)	ʃed	שֵד (ז)
espíritu (m)	'ruaχ	רוּחַ (נ)
redención (f)	kapara	כַּפָּרָה (נ)
redimir (vt)	leχaper al	לְכַפֵּר עַל
culto (m), misa (f)	'misa	מִיסָה (נ)
decir misa	la'aroχ 'misa	לַעֲרוֹך מִיסָה
confesión (f)	vidui	וִידוּי (ז)
confesarse (vr)	lehitvadot	לְהִתווַדוֹת
santo (m)	kadoʃ	קָדוֹש (ז)
sagrado (adj)	mekudaʃ	מְקוּדָש
agua (f) santa	'mayim kdoʃim	מַיִם קדוֹשִים (ז"ר)
rito (m)	'tekes	טֶקֶס (ז)
ritual (adj)	ʃel 'tekes	שֶל טֶקֶס
sacrificio (m)	korban	קוֹרבָּן (ז)
superstición (f)	emuna tfela	אֱמוּנָה תפֵלָה (נ)
supersticioso (adj)	ma'amin emunot tfelot	מַאֲמִין אֱמוּנוֹת תפֵלוֹת
vida (f) de ultratumba	ha'olam haba	הָעוֹלָם הַבָּא (ז)
vida (f) eterna	χayei olam, χayei 'netsaχ	חַיֵי עוֹלָם (ז"ר), חַיֵי נֶצַח (ז"ר)

MISCELÁNEA

198. Varias palabras útiles

alto (m) (parada temporal)	hafsaka	הַפסָקָה (נ)
ayuda (f)	ezra	עֶזרָה (נ)
balance (m)	izun	אִיזוּן (ז)
barrera (f)	mixʃol	מִכשוֹל (ז)
base (f) (~ científica)	basis	בָּסִיס (ז)
categoría (f)	kate'gorya	קָטֶגוֹריָה (נ)
causa (f)	siba	סִיבָּה (נ)
coincidencia (f)	hat'ama	הַתאָמָה (נ)
comienzo (m) (principio)	hatxala	הַתחָלָה (נ)
comparación (f)	haʃva'a	הַשווָאָה (נ)
compensación (f)	pitsui	פִּיצוּי (ז)
confortable (adj)	'noax	נוֹחַ
cosa (f) (objeto)	'xefets	חֵפֶץ (ז)
crecimiento (m)	gidul	גִידוּל (ז)
desarrollo (m)	hitpatxut	הִתפַּתחוּת (נ)
diferencia (f)	'ʃoni	שוֹנִי (ז)
efecto (m)	efekt	אֶפֶקט (ז)
ejemplo (m)	dugma	דוּגמָה (נ)
variedad (f) (selección)	bxina	בּחִינָה (נ)
elemento (m)	element	אֶלֶמֶנט (ז)
error (m)	ta'ut	טָעוּת (נ)
esfuerzo (m)	ma'amats	מַאֲמָץ (ז)
estándar (adj)	tikni	תִקנִי
estándar (m)	'teken	תֶקֶן (ז)
estilo (m)	signon	סִגנוֹן (ז)
fin (m)	sof	סוֹף (ז)
fondo (m) (color de ~)	'reka	רֶקַע (ז)
forma (f) (contorno)	tsura	צוּרָה (נ)
frecuente (adj)	tadir	תָדִיר
grado (m) (en mayor ~)	darga	דַרגָה (נ)
hecho (m)	uvda	עוּבדָה (נ)
ideal (m)	ide'al	אִידֵיאָל (ז)
laberinto (m)	mavox	מָבוֹך (ז)
modo (m) (de otro ~)	'ofen	אוֹפֶן (ז)
momento (m)	'rega	רֶגַע (ז)
objeto (m)	'etsem	עֶצֶם (ז)
obstáculo (m)	maxsom	מַחסוֹם (ז)
original (m)	makor	מָקוֹר (ז)
parte (f)	'xelek	חֵלֶק (ז)

partícula (f)	χelkik	חֶלקִיק (ז)
pausa (f)	hafuga	הֲפוּגָה (נ)
posición (f)	emda	עֶמדָה (נ)
principio (m) (tener por ~)	ikaron	עִיקָרוֹן (ז)
problema (m)	be'aya	בְּעָיָה (נ)
proceso (m)	tahaliχ	תַהֲלִיך (ז)
progreso (m)	kidma	קִדמָה (נ)
propiedad (f) (cualidad)	tχuna, sgula	תכוּנָה, סגוּלָה (נ)
reacción (f)	tguva	תגוּבָה (נ)
riesgo (m)	sikun	סִיכּוּן (ז)
secreto (m)	sod	סוֹד (ז)
serie (f)	sidra	סִדרָה (נ)
sistema (m)	ʃita	שִיטָה (נ)
situación (f)	matsav	מַצָב (ז)
solución (f)	pitaron	פִּיתָרוֹן (ז)
tabla (f) (~ de multiplicar)	tavla	טַבלָה (נ)
tempo (m) (ritmo)	'ketsev	קֶצֶב (ז)
término (m)	musag	מוּשָׂג (ז)
tipo (m) (p.ej. ~ de deportes)	sug	סוּג (ז)
tipo (m) (no es mi ~)	min	מִין (ז)
turno (m) (esperar su ~)	tor	תוֹר (ז)
urgente (adj)	daχuf	דָחוּף
urgentemente	bidχifut	בִּדחִיפוּת
utilidad (f)	to''elet	תוֹעֶלֶת (נ)
variante (f)	girsa	גִירסָה (נ)
verdad (f)	emet	אֱמֶת (נ)
zona (f)	ezor	אֵזוֹר (ז)

www.ingramcontent.com/pod-product-compliance
Lightning Source LLC
LaVergne TN
LVHW051346080426
835509LV00020BA/3303

* 9 7 8 1 7 8 7 1 6 4 2 1 5 *